Qualitätsmanagement
in Bildungseinrichtungen

Studienreihe Bildungs- und Wissenschaftsmanagement

Herausgegeben von
Anke Hanft

Band 6

Die Studienreihe ist hervorgegangen aus dem berufsbegleitenden internetgestützten Masterstudiengang Bildungsmanagement (MBA) an der Carl-von-Ossietzky-Universität Oldenburg.
www.mba.uni-oldenburg.de

Margret Bülow-Schramm

Qualitätsmanagement in Bildungseinrichtungen

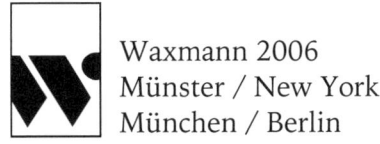

Waxmann 2006
Münster / New York
München / Berlin

Bibliografische Information Der Deutschen Bibliothek
Die Deutsche Bibliothek verzeichnet diese Publikation in der
Deutschen Nationalbibliografie; detaillierte bibliografische
Daten sind im Internet über http://dnb.ddb.de abrufbar.

ISSN 1861-3284
ISBN 978-3-8309-1752-6

© Waxmann Verlag GmbH, 2006
Postfach 8603, D-48046 Münster

www.waxmann.com
E-Mail: info@waxmann.com

Umschlaggestaltung: Pleßmann Kommunikationsdesign, Ascheberg
Satz: Stoddart Satz- und Layoutservice, Münster
Druck: Hubert & Co., Göttingen
Gedruckt auf alterungsbeständigem Papier,
säurefrei gemäß ISO 9706

Inhalt

Anhang

Vorwort

Woran macht sich Qualität in Bildungs- und Wissenschaftseinrichtungen fest? An der Zufriedenheit der Studierenden oder Teilnehmer, wenn ihnen ein Seminar oder eine Bildungsveranstaltung besonders gut gefällt? Oder an ihren Lernerfolgen, die am Ende der Veranstaltung in Form von Tests oder Prüfungen nachgewiesen werden? Sagen gemessene Lernerfolge möglicherweise gar nichts über die Qualität der Lernangebote aus, da Lernerfolge nicht nur vom Lernangebot, sondern wesentlich durch aktive Leistungen der Lernenden bestimmt werden? Und was bedeutet es, etwas gelernt zu haben, kommt es nicht vielmehr auf die Anwendung des Gelernten an? Wie wiederum kann dieser Transfer gemessen und somit Qualität nachgewiesen werden?

Diese wenigen Beispiele zeigen, dass Qualität in Bildungs- und Wissenschaftseinrichtungen anderen Logiken folgt als in Wirtschafts- und Dienstleistungsunternehmen, deren Leistungen in konkreten Produkten oder definierten Dienstleistungen bestehen. Bildungseinrichtungen fokussieren auf Lehrqualität, deren Bestimmung sich als außerordentlich schwierig erweist und möglicherweise außerhalb des Einflussbereichs betriebswirtschaftlicher Qualitätsmanagementsysteme liegt. Ähnlich schwierig gestaltet sich aber auch die Qualitätsbewertung wissenschaftlicher Leistungen. Zeigt sie sich in der Verkaufsauflage wissenschaftlicher Publikationen oder in der Häufigkeit, mit der Werke zitiert werden? Kann es nicht sein, dass die Bedeutung eines wissenschaftlichen Werkes sich erst in der Nutzung der Forschungsergebnisse und somit womöglich mit erheblichen Zeitverzögerungen ausdrückt?

Obwohl die Bestimmung von Qualität in Bildungs- und Wissenschaftseinrichtungen besonders schwer fällt, ist das öffentliche Interesse an den in diesen Einrichtungen erbrachten Leistungen besonders hoch. So haben beispielsweise die PISA-Ergebnisse eine heftige öffentliche Diskussion zur Qualität in Schulen ausgelöst. Und die Leistungsfähigkeit deutscher Hochschulen steht seit einiger Zeit in der Kritik und soll nun durch Exzellenzinitiativen gefördert werden. Der politische Druck auf Bildungs- und Wissenschaftseinrichtungen zur Leistungsmessung und -verbesserung steigt und wird – so ist zu erwarten – im Zuge der Etablierung europäischer Qualitätsstandards weiter wachsen.

Das Thema Qualitätsentwicklung hat also Konjunktur, was zunächst überrascht, da der regelmäßige Nachweis von Qualität seit einigen Jahren zu den Selbstverständlichkeiten in Bildungseinrichtungen zählt und sich in einer Flut von Audits, Evaluationen und Akkreditierungen niederschlägt. Zudem ist die Verpflichtung zum Qualitätsnachweis in vielen Landesgesetzgebungen seit Jahren fixiert, so dass die im europäischen Bildungsraum formulierten Anforderungen bereits erfüllt scheinen. Steht es deshalb auf der Tagesordnung, weil die bisherigen Qualitätsanstrengungen die in sie gesetzten Erwartungen nicht erfüllen? Das, was mit Qualitätsmanagement gemeint ist, nämlich eine gelebte Qualitätskultur, ein von allen gemeinsam getragenes Interesse an Qualitätsverbesserungen scheint in vielen Bildungseinrichtungen bislang noch nicht umgesetzt. Im Gegenteil: Die bisherigen

Qualitätssicherungsinstrumente scheinen vorrangig den Zweck zu erfüllen, von außen an die Institutionen herangetragene Berichtspflichten zu erfüllen.

Bislang stehen in Bildungs- und Wissenschaftseinrichtungen eine Vielzahl unterschiedlicher Qualitätsmanagementinstrumente nahezu unverbunden nebeneinander. Evaluationen, Akkreditierungen, Zielvereinbarungen, Zufriedenheitsbefragungen oder Controllingverfahren sind zwar implementiert, oftmals aber ohne hinreichende Klärung, welche Qualitätserwartungen an sie geknüpft sind und welche Ziele mit ihnen verfolgt werden.

Das Defizit bislang eingeführter Qualitätssicherungs- und Qualitätsmanagementansätze besteht darin, dass sie nur selten in den Dienst tatsächlicher Verbesserungen gestellt werden. Hier erscheint eine Neuausrichtung dringend erforderlich, damit schon heute bestehende Zweifel am Nutzen der Qualitätssicherungsinstrumente nicht in deren Ablehnung umschlagen. Was rechtfertigt den erheblichen Evaluationsaufwand, so die immer häufiger vernehmbare Frage, wenn die Ergebnisse nicht zu tatsächlichen organisatorischen Verbesserungen führen? Und steht der mit der Durchführung von Evaluationen verbundene Aufwand überhaupt in einem angemessenen Verhältnis zum erzielten Nutzen? Muss nicht die gegenwärtige Praxis des Qualitätsmanagements in Bildungs- und Wissenschaftseinrichtungen dringlich auf ihre Effizienz und Effektivität überprüft, also einer Qualitätsüberprüfung unterzogen werden?

In dem vorliegenden Band unternimmt Margret Bülow-Schramm, die über jahrelange und – teilweise – ernüchternde Erfahrungen mit verschiedenen Qualitätssicherungs- und Qualitätsentwicklungswerkzeugen und -verfahren verfügt, den engagierten Versuch, bisherige Ausrichtungen zu überdenken und zu einer Neuorientierung des Qualitätsmanagements in Bildungseinrichtungen zu gelangen. Die bisherige Fokussierung auf Qualitäts*messung* aufzuheben zugunsten eines Qualitäts*managements*, das auf organisationsinterne Verbesserungen abzielt, ist ihr Anliegen, das vor allem im achten Kapitel zum Ausdruck gebracht wird. Ausgehend von dem heute dominierenden Qualitätsverständnis entwickelt sie die Grundzüge eines neuen Qualitätsverständnisses, das an Prinzipien der Organisationsentwicklung anknüpft.

Mit diesem Werk wird ein weiterer Band der Studienreihe Bildungs- und Wissenschaftsmanagement vorgelegt. Die Reihe ist hervorgegangen aus den Studienmaterialien des berufsbegleitenden MBA-Studienganges „Bildungsmanagement" an der Universität Oldenburg, der sich an leitende Beschäftigte in Hochschulen, Weiterbildungs- und Wissenschaftsorganisationen richtet (www.mba.uni-oldenburg.de).

Anke Hanft

Einführung

Qualitätsmanagement in Bildungseinrichtungen ist in den letzten 10 Jahren zu einer Kernaufgabe der Bildungsorganisationen geworden. Finanzmittelknappheit, Standortsicherung und internationaler Wettbewerb sind die Schlagworte, die mit diesem Prozess verknüpft werden.

Die Qualität der Angebote der verschiedenen Bildungseinrichtungen bei gleich bleibendem oder sogar sinkendem Etat zu erhöhen ist demnach eine der Aufgaben des Qualitätsmanagements. Die bestmögliche Nutzung der vorhandenen Ressourcen, der physikalischen Gegebenheiten und der Infrastruktur zur bestmöglichen Versorgung der Region mit Bildungsangeboten ist eine weitere. Und schließlich ist das Messen an anderen Anbietern, das Herausstellen der eigenen Stärken und der Nachweis der Fähigkeit, weltweit konkurrieren zu können ein drittes Feld, das Qualitätsmanagement von einer Makrosicht aus zu beackern hat. Aber noch mehr schlägt Qualitätsmanagement auf den Mikrobereich durch. Die Notwendigkeit der Entwicklung und Erfüllung von Qualitätsstandards für den eigenen Arbeitsvollzug beeinflusst zunehmend den Berufsalltag und wirft z.T. existentielle Fragen auf: Wie wichtig ist mein Arbeitsbereich für das Profil der ganzen Einrichtung? Wer formuliert für meinen Arbeitsplatz die Qualitätskriterien? Genügt die Selbstreflexion über Qualitätskriterien oder ist Fremdkontrolle notwendig? Welchen Stellenwert erhält das Urteil der Nachfrager nach dem Bildungsangebot? Wie kann ich die Erwartungen bereits in meinem Angebot berücksichtigen und wie seine Akzeptanz erfahren? Dies sind einige der drängenden Probleme, die mit Qualitätsmanagement für den eigenen Arbeitsvollzug zunehmend wichtig werden und die in verschiedenen Ansätzen des Qualitätsmanagements unterschiedlich beantwortet werden.

Denn Qualitätsmanagement mit der Zielsetzung der Qualitätssicherung der Bildungsangebote, unterliegt einer ständigen Entwicklung, die von der bloßen Übernahme industrieller Managementkonzepte über die Adaptation des Qualitätsmodells der European Foundation for Quality Management (EFQM) bis zur Entwicklung bildungsspezifischer Modelle und Instrumente reicht. Wieweit ihre Ausgestaltung immer noch durch ihre Herkunft aus der Industrie bestimmt ist, bedarf besonderer Aufmerksamkeit. In allen Bereichen ist eine Hinwendung zu systemischen, ganzheitlichen Konzepten zu beobachten, die hierarchische Qualitätskontrollen ablösen sollen. Der Aufbau und die Inhalte der verschiedenen Qualitätssicherungskonzepte, die Frage ihrer Angemessenheit an die Erfordernisse des Bildungssektors sind wichtige Teile des Moduls.

Obgleich Qualitätssicherung in allen Bereichen des Bildungswesens nun schon lange Thema ist, ist 2001 das Jahr, in dem Qualitätssicherung mit Blick auf den gesamten Bildungsbereich nachhaltig thematisiert wurde: im Mai 2001 erscheint der Bericht der Expertengruppe des Forums Bildung, angesiedelt in der Geschäftsstelle der Bund-Länder-Kommission für Bildungsplanung und Forschungsförderung, mit dem Titel „Qualitätssicherung im Bildungswesen", im Juli 2001 veröffentlicht die

Bund-Länder-Kommission eine „Übersicht über nationale und internationale Initiativen zu Qualitätsvergleichen und zur Qualitätssicherung im Bildungswesen". In den einzelnen Bildungsbereichen mit dem Focus auf die eigenen Institutionen ist das Thema schon länger en vogue: 1999 fand die Fachtagung „Qualitätssicherung in der Weiterbildung" des Deutschen Instituts für Erwachsenbildung als Abschluss eines zweijährigen Projekts statt, das Projekt Q der Hochschulrektorenkonferenz startete 1998 und arbeitete zum Zeitpunkt der Institutionen übergreifenden Thematisierung bereits seit 3 Jahren an der Qualitätssicherung im Hochschulbereich, an den Schulen machen internationale Vergleiche wie TIMSS und PISA seit 1999 Furore und die Vorschulerziehung wird in der Studie „Wie gut sind unsere Kindergärten?" von W. Tietze u.a. thematisiert, die 1998 erschien.

Die Expertengruppe des „Forum Bildung" stellt 2001 fest:

> „In allen Bereichen des Bildungswesens ist in der einen oder anderen Form schon immer Qualitätssicherung betrieben worden. Systematisch wird dieses Thema jedoch erst seit einigen Jahren intensiv diskutiert. Diese Diskussion macht deutlich, dass die Probleme und Schwerpunkte in den verschiedenen Bildungsbereichen sehr unterschiedlich gelagert sind. Dies wiederum ist auf die Rahmenbedingungen zurückzuführen, die für die Bereiche jeweils bestimmend sind. So zeichnen sich beispielsweise die folgenden Arten von Einrichtungen durch ein hohes Maß an Heterogenität hinsichtlich ihrer Funktionen, Ziele, Adressaten, Steuerungsansätze, Finanzierungsträger usw. aus: Kindergärten, allgemeinbildende Schulen, ... Anbieter von beruflicher, allgemeiner und kultureller Weiterbildung, Hochschulen.
>
> Die verschiedenen Bereiche des Bildungswesens verfolgen teilweise sehr unterschiedliche Ziele und orientieren sich an unterschiedlichen Steuerungsmodellen. So muss beispielsweise im allgemeinbildenden Schulsystem eine Vergleichbarkeit von Bildungschancen gewährleistet sein, was die Notwendigkeit der Sicherung von Standards impliziert. In Teilen der Weiterbildung kann dagegen eine weitgehende Orientierung an Kundenwünschen im Vordergrund stehen ... Und selbst innerhalb einzelner Bildungsbereiche kann die Landschaft sehr heterogen sein. So umfasst zum Beispiel das System Weiterbildung vielfältige Einrichtungen, die sich in Bezug auf Auftrag, Trägerschaft, Normierungsbedarf usw. erheblich voneinander unterscheiden können ...
>
> Angesichts dieser Heterogenität der Bildungslandschaft kann es keine allgemeinen Lösungen für Qualitätssicherung geben. Es wäre also nicht sinnvoll zu versuchen, ein umfassendes, für alle gültiges Modell zu entwickeln." (Arbeitsstab Forum Bildung 2001, S. 6/7)

Die Probleme und Schwerpunkte in den verschiedenen Bildungsbereichen sind also sehr unterschiedlich gelagert. Die Eigenarten der Bildungsbereiche in Verantwortlichkeit, Trägerschaft und Finanzierung beeinflussen weitgehend die Ziele und Instrumente der Qualitätssicherung. Deren Analyse, ihr neuester Stand und ihre Handhabung stehen im Mittelpunkt dieses Studientextes. Damit sollen sowohl Entscheidungen für ein bestimmtes Konzept der Qualitätssicherung fundiert wie auch die Handhabung der dazugehörigen Instrumente vermittelt werden, so dass den Führungskräften und den Machern in Bildungseinrichtungen ein professioneller Umgang mit Qualitätsmanagement ermöglicht wird.

Hervorzuheben ist bereits an dieser Stelle, dass seit 2003 für die Gestaltung des europäischen Hochschulraums dem Qualitätsmanagement eine herausragende Bedeutung zugewiesen wurde und auf allen Ebenen an der Weiterentwicklung von Qualitätsmanagement gearbeitet und gestritten wird, um bei höchstmöglicher Eigenverantwortlichkeit der einzelnen Hochschulen ein für ganz Europa abgestimmtes einheitliches Vorgehen und Qualitätsniveau zu erreichen.

Der Studientext ist wie folgt aufgebaut:
- Im Kapitel 1 wird die Entwicklung der Qualitätsdebatte im Bildungsbereich dargestellt und die Begriffe und ihre Ausdifferenzierung geklärt.
- Qualitätsmanagementkonzepte (Total Quality Management, EFQM, Lernerorientierte Qualitätsentwicklung) werden im Kapitel 2 vorgestellt, bei Herkunft aus der Wirtschaft Probleme ihrer Adaption für den Bildungsbereich beschrieben.
- Das Kapitel 3 ist der Beschreibung einzelner Methoden des Qualitätsmanagements wie Zertifizierung nach DIN En ISO, Benchmarking, Best Practice Qualitätspreisen und Balanced Scorecard gewidmet.
- In den folgenden Kapiteln 4 bis 7 wird das Qualitätsmanagement in einzelnen Bildungsbereichen untersucht und mit Praxisbeispielen illustriert. Im einzelnen hat Kapitel 4 den Elementarbereich, speziell Kindertagesstätten zum Thema, Kapitel 5 ist mit Schule befasst, Kapitel 6 mit Weiterbildung und Kapitel 7 mit dem Hochschulbereich.
- Das letzte Kapitel 8 erweitert die Fragestellung über das Qualitätsmanagement hinaus auf Organisationsentwicklung.

Bei der Lektüre wünsche ich Ihnen viel Freude.

Margret Bülow-Schramm

1   Die Qualitätsdebatte im Bildungsbereich

1.1   Einleitung: Was ist Qualität?

Der Klärung und Erläuterung von Qualitätsmanagement wollen wir uns in einem
ersten Zugriff durch die Frage nähern, wie Qualität definiert werden kann. Das
erscheint auf den ersten Blick einfach, weil Qualität ein Begriff der Alltagssprache
ist und jedem geläufig erscheint. Dennoch erschwert das eher eine präzise
Begriffsbestimmung als dass es sie erleichtert. Gerade weil Qualität im Alltags-
denken verwurzelt ist, erscheint jeder analytische Bestimmungsversuch künstlich
und aufgesetzt. Jede/r scheint zu wissen, was im jeweiligen Kontext mit Qualität
gemeint ist, umso schwerer fällt es, unabhängig von einem bestimmten Kontext zu
definieren, was die Qualität einer Sache, einer Dienstleistung, einer Idee ist. Dieses
zugleich ganzheitliche und kontextgebundene Verständnis von Qualität ist für
zielorientiertes Handeln aber unzureichend, wenn auch als Folie für die Entwicklung von Dimensionen und Kennwerten hilfreich.

> „Qualität teilt in dieser Hinsicht das gleiche Schicksal wie „Freiheit", „Gleichheit"
> oder „Gerechtigkeit" etc. Solche zu Slogans werdenden Begriffe entwickeln ihre
> Karriere aufgrund einer hohen Anmutungsqualität, die im Kern daraus resultiert,
> dass alle überzeugt sind, dieser Begriff treffe genau die aktuell entscheidende
> Problemsicht bzw. die gegenwärtig dominierende Stimmungslage." (Helmke/Horn-
> stein/Terhart 2000, S. 10)

Versuchen wir einen ersten Definitionsversuch mit dem Duden. „Qualität ist die
Beschaffenheit, Güte, Wert einer Sache oder Idee" (Duden 1973). Qualität bezeichnet also nicht die bloße Existenz einer Sache/Idee, ihr Dasein, oder ihre
Menge, ihre Anzahl, als Antwort auf die Frage, wie viel von ihr vorhanden ist,
sondern Qualität gibt darüber Auskunft wie die Sache/Idee beschaffen ist. Von
qualis (lateinisch wie beschaffen? als Pendant zu talis = so beschaffen) leitet sich
der Wortstamm von Qualität ab.

Dieser erste definitorische Zugriff auf Qualität macht deutlich, dass weitere
Eingrenzungen notwendig sind: Die Beschaffenheit eines Gegenstands (Sache oder
Idee) kann in vielen Dimensionen von Interesse sein: Geruch, Schwere, Farbe,
Konsistenz, Stringenz etc. Was jeweils von Interesse ist, kann von Individuum zu
Individuum und von Kontext zu Kontext variieren und beides kann sich überla-
gern. D.h. Qualität ist verwoben in gesellschaftliche Zusammenhänge und inter-
subjektive Wahrnehmungen. Qualität ist relativ zu anderen Gegebenheiten, um es
ganz allgemein zu formulieren, und diese Gegebenheiten gilt es zu benennen,
wenn eine Bestimmung von und Verständigung über Qualität gelingen soll. Die
Vielzahl von Definitionen ist Ausdruck dieses Unterfangens.

So teilen Lee Harvey und Diana Green die „auseinander laufenden Verwen-
dungsweisen von Qualität im Bildungsbereich in fünf unterscheidbare, aber
gleichwohl miteinander in Beziehung stehende Kategorien ein." (Harvey/Green
2000, S. 18)

Qualität wird hier verstanden als

- Ausnahme (es liegen Standards vor, die erreicht oder übertroffen werden)
- Perfektion (ist bezogen auf die Prozesse, die zur Erreichung von Qualität in Gang gesetzt werden)
- Zweckmäßigkeit (Bezugspunkt für Qualität ist der Zweck eines Produkts oder Dienstleistung)
- adäquater Gegenwert (Qualität ist mit value for money gleichgesetzt und beinhaltet einen hohen Standard bei niedrigen Kosten) sowie
- transformativ (Vorstellung eines qualitativen Wandels, eines möglichen Umschlags von Quantität in Qualität). (Kuper 2002, S. 533-551)

Eine andere Ordnung schlagen Greve/Pfeiffer vor, die auf D. A. Garvin beruht und gewisse Überschneidungen mit der obigen Einteilung aufweist, aber die Beurteiler-Komponente stärker betont. Sie unterscheiden einen produktbezogenen (Qualität wird als die Summe der Eigenschaften eines Produkts/einer Dienstleistung verstanden), einen kundenbezogenen (die subjektive Wahrnehmung der Produkteigenschaften/Leistungen wird zum Maßstab und anhand von Befragungen zur Zufriedenheit geprüft), einen absoluten (ein Produkt wird gestuft mit unterschiedlichen Qualitätskriterien auf einer Skala abgebildet), einen herstellerorientierten (Einhaltung eines vorgegebenen internen Qualitätsstandards) und einen wertorientierten (die Abnehmer schätzen den Wert über den Markt ein und ob ein Produkt zu einem bestimmten Preis einen Nutzen erbringt) Qualitätsbegriff. (Greve/Pfeiffer 2002, S. 572 f.)

Nach dem Objekt der Qualität kann eine Unterscheidung in Struktur-, Prozess- und Ergebnisqualität getroffen werden. (Ollenschläger 2001, S. 100)

Auf allgemeiner Ebene bleibt Qualität unbestimmt und kaum fassbar:

> „Qualität ist nie eine stabile, dem Objekt „an sich" zukommende, sondern eine auf einer impliziten oder expliziten Beurteilung beruhende zugeschriebene Eigenschaft oder Eigenschaftskombination und insofern immer beobachter- bzw. beurteilerrelativ." (Terhart 2000, S. 814/5)

Mit dieser Definition könnte die ganze Diskussion über Qualität als Gegenstand von Management bereits ad acta (im Sinne von „beiseite") gelegt werden. Denn die rationale Sicherstellung und Entwicklung von Qualität erfordert einen intersubjektiv gültigen Maßstab. Und es war vielleicht auch die o.g. Auffassung, die dazu geführt hat, der Forderung nach Qualitätssicherungssystemen oder -management im Bildungsbereich mit dem Vorbehalt des „das machen wir lieber so wie schon immer" gegenüberzutreten.

Die Definition von Qualität, die oftmals in Unternehmen zugrunde gelegt wird und vom Deutschen Institut für Normung e.V. (DIN) aufgestellt wurde, beruht auf betriebswirtschaftlichen Denkfiguren und macht die Aspekte deutlich, auf die es im betriebswirtschaftlichen Denken ankommt:

Definition Qualität (DIN ISO)

Qualität ist das Vermögen einer Gesamtheit inhärenter Merkmale eines Produktes, Systems oder Prozesses zur Erfüllung von Forderungen von Kunden und anderen interessierten Parteien.

Diese Aspekte sind:

- Qualität ist vorhanden, wenn bestimmte Merkmale vorliegen.
- Diese Merkmale sind dem Produkt eigen, sie werden ihm nicht zugeschrieben.
- Sie bemisst sich an der Erfüllung von Anforderungen/Erwartungen seitens Kunden.

Im Unternehmensbereich wurde mit der DIN Norm der Versuch gestartet, Qualität zu normieren und intersubjektiv überprüfbar zu machen, um so Transparenz herzustellen für die Beurteilung von Produkten durch Kunden und Lieferanten oder Nachfragern und Anbietern mit dem Ziel, den Leistungsaustausch (Geld gegen Ware) zu befördern. Dabei stellte sich zunehmend heraus, dass die subjektiven Erwartungen konstitutiv für die Qualität eines Produkts oder Prozesses sind, Qualität also nicht unabhängig von diesen Erwartungen bestimmt werden kann:

> „Qualität ist demnach das Ergebnis eines Abstimmungsprozesses ..., in dem Erwartungen und Beschaffenheiten kommuniziert werden ... Durch den Vergleich von Beschaffenheit und Erwartung kann Qualität zu einem Regulativ in Produktionsprozessen werden." (Kuper 2002, S. 535)

Ist es für ein Qualitätsmanagement überhaupt notwendig, Qualität zu bestimmen? Diese anscheinend einfache Frage kann leider nicht einfach beantwortet werden. Wir nähern uns einer Antwort wieder über den Versuch einer begrifflichen Klärung und zwar von Management:

Definition Management

Zielorientierte Planung (Zielbildung und deren Operationalisierung), Steuerung und Kontrolle von Leistungsprozessen in Organisationen

---

Und Qualitätsmanagement ist demnach:

Definition Qualitätsmanagement

Alle aufeinander abgestimmte Tätigkeiten des Gesamtmanagements zur Leitung und Lenkung einer Organisation bezüglich Qualität. Sie umfassen üblicherweise die Festlegung der Qualitätspolitik, der Ziele und Verantwortungen und deren Verwirklichung durch u.a. Qualitätsplanung, -lenkung, -sicherung und -verbesserung.

Bevor von Qualitätsmanagement die Rede war, war Qualitätssicherung das Gebot der Stunde und zwar zunächst nicht im Bildungsbereich, wie schon aus den Formulierungen geschlossen werden kann, sondern im Wirtschaftssektor, in der In-

dustrie, angestoßen von der japanischen Qualitätsoffensive. Hier hat Qualitätssicherung eine längere Tradition als in Europa oder USA. Bereits vor dem zweiten
Weltkrieg wurde von Kaoru Ishikawa, Professor an der Universität Tokio, das Konzept einer umfassenden Qualitätskontrolle mit Qualitätszirkeln entwickelt.

Definition Qualitätszirkel
Ein Qualitätszirkel ist eine kleine, institutionalisierte Gruppe von ca. fünf bis zwölf
Mitarbeitern, die regelmäßig zusammentritt, um in ihrem Arbeitsbereich auftretende
Probleme freiwillig und selbstständig zu bearbeiten.

Genichi Taguchi schlug vor, qualitätssichernde Maßnahmen bereits im Entwurfs-
stadium in den Produktionsprozess einzubauen, weil sie hier am schnellsten, wir-
kungsvollsten und damit auch am kostengünstigsten zu treffen sind. Diese „Off-
Line Quality Control" wird in der Produktion als „On-Line Quality Control" prozessbegleitend fortgesetzt. Das Prinzip der Fehlerverhütung bzw. der sofortigen
Fehleraufdeckung (Zero Defects Concept) wurde von Imai ausgeweitet zu *kaizen*,
dem kontinuierlichen Verbesserungsprozess, der eine niemals endende Suche für
immer höhere Stufen der Qualität durch Erkennen der Ursachen für Fehler ist. Der
Erfolg der japanischen verarbeitenden Industrie in den sechziger Jahren des vorigen
Jahrhunderts wird mit einer Management Philosophie begründet, die Qualitätssicherung umsetzt als Verantwortlichkeit aller am Produktionsprozess Beteiligten
und langfristig in die Befähigung und das Training der Arbeiter investiert. Qualitätskontrolle ist in diesem Verständnis nicht beschränkt auf die Tätigkeit von
Qualitätsexperten. Der ungehinderte Zutritt zum Weltmarkt, die hohen Qualitäts-
ansprüche, die EDV-, Weltraum- und Militärtechnik mit sich brachten, fachten die
Qualitätsdiskussionen an. In den siebziger Jahren wurden auch in den USA Qualitätssicherung thematisiert und formalisierte Konzepte für die Identifizierung und
Messung von Qualitätserfordernissen entwickelt. In den späten siebziger Jahren
begann Philip B. Crosby japanisches Qualitätsdenken mit amerikanischen Konzepten zu verbinden und formulierte fünf Schlüsselelemente für Qualitätsmanagement:
1. "Whatever is produced should conform to requirements rather than specifica-
   tions.
2. Quality must be measured by the cost of not conforming to requirements.
3. Quality is not a choice based on economic factors; it is essential for survival.
4. Management should be satisfied with nothing less than zero defects, for which
   it has responsibility and which cannot be seen as a worker problem.
5. Problems originate throughout the organization and must be attributed to
   specific areas of origin by management to rectify those problems." (Philip B.
   Crosby 1979)

Ende der achtziger Jahre des vorigen Jahrhunderts wird die Forderung nach umfassenden Managementsystemen allenthalben erhoben. Bis sich der Begriff Qualitätsmanagement als terminus technicus durchsetzen konnte, dauerte es allerdings
noch eine Weile. Erst 1992 wurde im unternehmerischen Bereich der Begriff

„Qualitätssicherungssystem" regelhaft durch den Begriff „Qualitätsmanagement-system" ersetzt. Das wurde auf den Monat genau festgemacht an der DIN ISO Norm, die wir im übernächsten Kapitel im Kontext von Zertifizierung noch be-trachten wollen und die eine große Bedeutung in der oftmals auch kritischen Dis-kussion um Qualität in allen Unternehmensbereichen hat:

> „Im neuen Entwurf (DIN ISO 8402, im März 1992 veröffentlicht, d.V.) ist nunmehr Qualitätsmanagement eindeutig als umfassender Oberbegriff definiert. Im deutsch-sprachigen Raum wird man deshalb vom bisherigen Oberbegriff „Qualitäts-sicherung" Abschied nehmen, der zukünftig im wesentlichen eingeengt und im Sinne der internen oder externen Darlegung des Qualitätsmanagements zum Zweck der Vertrauensbildung in die Qualitätsfähigkeit der Organisation intern oder extern ver-standen wird. Umzusteigen ist nun auch von „QS-System" auf „QM-System." (Petrick 1994, S. 97)

Was hat sich damit geändert? Im betriebswirtschaftlichen Denken ist Qualitäts-management mehr und umfassender als Qualitätssicherung, weil mit dem Mana-gementgedanken Qualität zu einem Teil der Gesamtführungsaufgabe eines Unter-nehmens wird. War Qualitätssicherung im industriellen Fertigungsprozess eine zeitlich, örtlich und personell begrenzte Veranstaltung am Ende eines Leistungs-erstellungsprozesses so wird die Herstellung und Erhaltung von Qualität nun zu einer permanenten Herausforderung. Angesichts der massiven Konkurrenz auf dem Weltmarkt wird das bisherige Vorgehen kritisch betrachtet, denn die Wett-bewerbsvorteile der japanischen Industrie scheinen ein Umdenken in der Her-stellung von Qualität zu erfordern. Der Weg sollte von der Qualitätskontrolle (die beim fertigen Produkt ansetzt, also eine ex-post-Analyse darstellt) zu einem Qualitätsmanagement führen, das sich an Prozessen und zwar von Beginn an orientiert, die Betroffenen einbezieht und die Rahmen- und Umweltbedingungen berücksichtigt.

> „Die herkömmliche Qualitätskontrolle, die am Ende alle fehlerhaft produzierten Dinge oder Leistungen aussortiert und vernichtet, kommt schon zu spät: Qualitäts-sicherung bedeutet, dass bei der Planung und Vorbereitung sowie kontinuierlich im Prozess der Produktion von Gütern und Dienstleistungen in jedem Schritt dafür ge-sorgt wird, dass „gleich von Anfang an" alles richtig gemacht wird und insofern am Ende überhaupt kein Ausschuss mehr entsteht ... Qualität muss kontinuierlich gesi-chert und schließlich umfassend gemanagt werden." (Terhart 2000, S. 812)

Was bedeutet das aber für die Bestimmung von Qualität?

Im Rahmen von Qualitätsmanagement wird Qualität als operatives Problem be-handelt:

> „Wo ist welches Instrument anzusetzen? Wie wirken sich welche Strategien der Qualitätsverbesserung aus? Welche „Erfolge" kommen leichter, welche schwerer zu-stande?" (Terhart 2000, S. 819)

Es geht beim Qualitätsmanagement um den Einsatz von Strategien und die Aus-wahl der passenden Instrumente mit ständiger Rückversicherung über die Wirkungen der Instrumente, die Umsetzung der Erkenntnisse in transparente Modifikationen der Strategien und nachvollziehbare Qualitätsverbesserungen der Produkterstellung.

Dies hatte zur Folge, dass immer weniger das Augenmerk auf das Was gerichtet wurde, den Inhalt von Qualität, und immer mehr darauf, ob und wie in Organisationen die Abstimmungsprozesse über Qualität in Gang gesetzt und gehalten werden. Dies kann unabhängig von spezifischen Kontexten, subjektiven Beurteilungen und bestimmten Produkten oder Trägern von Qualitätsmerkmalen geschehen.

1.2 Geschichte der Qualitätsdebatte im Bildungsbereich

Die wichtigsten Stationen der Qualitätsdebatte im Bildungswesen werden nachfolgend skizziert. Es soll damit deutlich werden, dass eine bloße Übernahme von Konzepten und Instrumenten von einem gesellschaftlichen Bereich in den anderen kaum möglich ist: Die von Bereich zu Bereich verschiedenen Denktraditionen, Wissensbestände, Begrifflichkeiten und Logiken stehen dagegen.

Historisch wurde der Bedeutungszuwachs der Qualitätsdiskussion im Bildungsbereich mit einem Strukturwandel erklärt.

> „Einem Vorschlag von Luhmann/Schorr folgend, kann das erstarkende Interesse an Qualität als eine semantische Begleitung struktureller Veränderungen im Bildungssystem gesehen werden. So ist die auf das Bildungssystem bezogene Qualitätssemantik eingelassen in eine Bilanz der bildungsreformerischen Entwürfe aus den 1960er- und 1970er-Jahren und einen Wandel der Steuerungsstrategien für das Bildungssystem. Helmke/Hornstein/Terhart (2000, S. 9) skizzieren diese Situation mit der Ablösung der ‚vier traditionellen begrifflichen Eckpunkte des Bildungs- und Sozialbereichs – Quantität, Gleichheit bzw. Gleichverteilung, Staat und Wissenschaft – durch die Begriffe Qualität, Exzellenz, Markt und Evaluation.‘ Für die Beschreibung der strukturellen Veränderung des Bildungssystems, in die diese Verschiebung dominanter regulativer Ideen eingelassen ist, eignet sich das Begriffspaar Integration vs. Differenzierung." (Kuper 2002, S. 536)

Die Bildungsreform, die Auf- und Ausbauphase der staatlichen Bildungseinrichtungen, findet bereits in den 80er Jahren ihre Grenzen. Bei knapper werdenden öffentlichen Mitteln wird eine Bilanzierung der Erträge der Bildungsexpansion notwendig und die fällt nicht zufriedenstellend aus. Es kommen Differenzen in den Blick, die eine Qualitätsentwicklung, wenn nicht -verbesserung geboten erscheinen lassen. Dabei unterscheiden sich die Argumentationsfiguren in den verschiedenen Sektoren des Bildungssystems voneinander. Im schulischen Bereich wurde die Qualitätsdebatte nach Terhart und Kuper durch empirische Untersuchungen ausgelöst, die auf die Einzelschule fokussiert waren und erbrachten, „dass unabhängig von der Systemzugehörigkeit bzw. auch unabhängig von der Zugehörigkeit zu einer bestimmten Schulform die Differenzen zwischen einzelnen Schulen beträchtlich sein können." (Terhart 2000, S. 821) Die Qualität der einzelnen Schule stand damit im Mittelpunkt einer „inneren" Schulreform.

> „Das erstarkte Interesse an der Wirksamkeit schulischen Handelns führt unter dem Begriff der Schuleffektivität zu einer empirischen, outputorientierten Betrachtung von Schulen. ... Die Modernisierung des Bildungssystems wird hier über Leistungsparameter, eine grundsätzliche Kritik an der Effektivität zentraler Steuerungssysteme und einen durch Vergleiche ausgeübten Erneuerungsdruck betrieben." (Kuper 2002, S. 538)

In der Erwachsenen- und Weiterbildung gewinnt der Qualitätsdiskurs von der entgegengesetzten Seite her Bedeutung. Hier bestand schon immer eine Vielfalt institutioneller Formen, deren Zusammenführung unter ein Systemdach nie gelang und ohne sie auch keine Professionalisierung. Diese scheint sich aber nun über die Qualitätssicherung „indirekt" und nicht als Professionalisierungsstrategie durchzusetzen und es wird provokant gefragt „Können wir in der Weiterbildung heute noch unabhängig von der Diskussion um ISO 9000 über Qualität diskutieren?" (Giesecke 1997, S. 29) Umso größer ist die Kritik an einer nur scheinbar Transparenz schaffenden Zertifizierung nach der ISO Norm, die „als industriekompatibel (gilt), die hilft, Standards zu sichern, ohne sich der öffentlichen Kontrolle oder verpflichtenden professionellen Ansprüchen auszusetzen". (a.a.O.) Stattdessen werden Forderungen nach der Entwicklung von eigenständigen Standards, Instrumenten und Begrifflichkeiten, nach reflektierten Qualitätsüberprüfungen in der eigenen Einrichtung und daraus abgeleitete Schlussfolgerungen erhoben. (a.a.O., sowie Krug 1997)

Im öffentlichen Hochschulsektor hat die Qualitätsdebatte in den späten 60er Jahren einen Aufschwung erlebt in der Gestalt von Selbstevaluation (studentischen Veranstaltungsrezensionen) und verschiedene Phasen durchlaufen, an deren vorläufigem Ende ein dreistufiges peer-review-Verfahren steht, das für den Hochschulsektor als besonders geeignet erscheint. Parallel dazu wurden die Hochschulen in den 90er Jahren in die Debatte über internationale Qualitätssicherungssysteme eingebunden, die wesentlich angestoßen worden war durch die institutionellen Wandlungsprozesse. Die wachsende Autonomie der Hochschulen sollte durch Selbstverpflichtung und Wettbewerb gesteuert werden statt durch staatliche Vorgaben und Genehmigungsverfahren. (Bülow-Schramm 2000)

In allen Sektoren des Bildungssystems wird trotz unterschiedlicher Geschichte und Widerständigkeit im einzelnen auf Qualitätssicherungs- und Managementkonzepte aus dem privatwirtschaftlichen Sektor zurückgegriffen. Dabei bewegten sich die Maßnahmen zur Qualitätsüberprüfung lange Zeit auf der Ebene einzelner kontextabhängiger Evaluationsmaßnahmen und es dauerte wieder 10 Jahre, bis sich die Rede von Systemen zur Qualitätssicherung durchgesetzt hatte. Der gesamtgesellschaftliche Kontext und die internationalen Qualitätsvergleiche, die unter Wettbewerbsgesichtspunkten dem deutschen Bildungswesen eher Nachteile bescheinigten, übten einen Druck zur Systematisierung der individuell schon recht vielfältigen Ansätze zur Qualitätsüberprüfung und -sicherung aus. So stehen seit den 90er Jahren in allen Bildungssektoren die Frage der internen Qualitätssicherung und die Suche nach umfassenden Konzepten auf der Tagesordnung.

Dies hat die Managementkonzepte selbst nicht unberührt gelassen. Die Erweiterung der Anwendungsbereiche, die Beteiligung des Dienstleistungs- und Bildungssektors an der Debatte über Qualitätsmanagement haben auch hier einen Paradigmenwechsel begünstigt von der bloßen Zertifizierung hin zur Orientierungshilfe, sowie eine Hinwendung zu Prozessen bzw. kontinuierlicher Verbesserung und eine stärkere Gewichtung der Selbstbeurteilung in Kombination mit externer Begutachtung – wie sie insbes. im Hochschulsektor vorherrschte – bewirkt. (Simon 2001)

> „Beide Seiten sind dabei aufeinander zugegangen, denn auch für das Management einer Firma sind „weiche" Elemente wie Organisationskultur, Mitarbeitermotivation, Personalentwicklung, **corporate identity** etc. zu Problem- und Handlungsfeldern geworden, die man nicht mehr mechanisch (durch eine Kombination von Anordnungen und materiellen Anreizen), sondern nur noch i.w.S. pädagogisch gestalten kann … Im Bild von der „lernenden Organisation" kommen Managementdenken und pädagogisches Denken zusammen …, wobei die angestrebten Ziele inhaltlich zwar unterschiedlich sind, – im wirtschaftlichen Bereich: Effizienz und Profit, im Schulbereich: Lernen und Bildung –, sich in formaler Hinsicht aber durchaus ähneln: beide Ziele können „endlos" angestrebt werden und kennen keine definierbare oder natürliche obere Grenze." (Terhart 2000, S. 822)

Fragen zur „Qualitätsdebatte im Bildungsbereich":

Die Hauptkritik an Qualitätsmanagement beruht darauf, dass es auf die Qualität der Prozesse zur Qualitätssicherung gerichtet ist und nicht auf die Qualität des zur Rede stehen Produktes, der Dienstleistung, des Prozesses. Welcher Begriff von Qualität könnte dazu beitragen, der Produktqualität mehr Bedeutung zu verleihen?

Die Ansätze für Qualitätsmanagement sind in den verschiedenen Bildungsbereichen recht unterschiedlich. Versuchen Sie herauszuarbeiten, welches ihr gemeinsamer Kern ist und worin die Unterschiedlichkeiten begründet sind.

Literatur zur Vertiefung

Arbeitsstab des Forum Bildung (Hg.)(2001): Qualitätsentwicklung und Qualitätssicherung im internationalen Wettbewerb. Vorläufige Empfehlungen des Forum Bildung. Materialien des Forum Bildung Nr. 8, Bonn. S. 6–20.

Helmke, A./Hornstein, W./Terhart, E. (2000): Qualität und Qualitätssicherung im Bildungsbereich, Einleitung, Zeitschrift für Pädagogik, 41. Beiheft, S. 7–14.

Kuper, H. (2002): Stichwort Qualität im Bildungssystem. Zeitschrift für Erziehungswissenschaft, Heft 4/2002, 5. Jahrgang, Schwerpunkt Qualitätsmanagement im Bildungswesen, S. 533–551.

Titze, H. (2002): Die Evaluierung des Bildungswesens in historischer Sicht, Zeitschrift für Erziehungswissenschaft, Heft 4/2002, 5. Jahrgang Schwerpunkt Qualitätsmanagement im Bildungswesen S. 552–569.

2 Qualitätsmanagementkonzepte

Vorbemerkung

In großen Teilen sind immer noch die für Unternehmen und Dienstleistungen entwickelten Managementkonzepte und -instrumente die Grundlage für ein Qualitätsmanagement im Bildungsbereich. Dazu zählen TQM, EFQM, Benchmarking, Zertifizierung nach DIN EN ISO 9000:2000 oder die Balanced Scorecard, deren Grundzüge bekannt sein sollten, um darauf aufbauend eventuell auch eklektisch Qualitätssicherung im Bildungsbereich zu entwerfen, seine Anwendung zu konzipieren und konkret vorbereiten zu können oder auch nur zu verstehen, woher die Qualitätssicherungsmaßnahmen stammen, an denen die eigene Teilnahme/Unterstützung erwartet wird. Ausgehend vom Weiterbildungsbereich liegt nun als jüngste Entwicklung in Grundzügen auch ein umfassendes Qualitätskonzept für den Bildungsbereich (außer den Hochschulen) vor, das die vorhandenen Ansätze eine dem Bildungsbereich angemessene Umdeutung unterzogen hat und als ein in sich schlüssiges Qualitätsmanagementsystem betrachtet werden kann. Es ist unter dem Kürzel LQ (Lernerorientierte Qualitätsentwicklung und -testierung) bekannt geworden. In diesem und dem folgenden Kapitel werden in erster Linie Grundzüge und Fakten vermittelt, die es sich anzueignen gilt. Praktische Beispiele, die einen Anwendungsbezug der Fakten herstellen sollen, sind hier eher die Ausnahme. Sie tauchen vermehrt in den Kapiteln 4 bis 7 auf, wo es um Qualitätsmanagement in den einzelnen Bildungsbereichen, vom Elementar- bis zum Tertiärbereich, geht.

2.1 Einleitung

Angestoßen von den Erfolgen der japanischen Produktion und ihrer Behauptung auf dem Weltmarkt begann das MIT (Massachusetts Institute of Technology in Cambridge, Mass.) systematisch „die Geheimnisse des „japanischen Wunders" (Simon 2001, S. 114) zu erforschen und präsentierte gegen 1990 als Ergebnis das „Lean-Management" mit den Kennzeichen

- Dezentralisierung von Verantwortung weit nach unten,
- Priorität wertschöpfender Tätigkeiten
- Ständige Verbesserung in kleinen Schritten
- Starke Kundenorientierung
- Gruppenarbeit

Fußend auf den Forschungen des MIT wurde Qualitätsmanagement zum integralen Bestandteil umfassender Managementkonzepte und zunehmend als Führungsaufgabe begriffen. Grundsätze für das Handeln des Managements wurden entwickelt, die als Leitlinien dienen sollen:

> „Die systematische Berücksichtigung und Anwendung soll die Verbesserung der Gesamtleistung eines Unternehmens unterstützen:

- Kundenfokussierte Organisation: Organisationen hängen von ihren Kunden ab und sollten daher gegenwärtige und zukünftige Erfordernisse der Kunden verstehen, deren Anforderungen erfüllen und danach streben, die Erwartungen zu übertreffen.
- Führung mit Zielen: Führungskräfte schaffen die Übereinstimmung von Zweck und Ausrichtung der Organisation. Sie sollten das interne Umfeld schaffen und erhalten, in dem sich Personen voll und ganz für die Erreichung der Ziele der Organisation einsetzen können.
- Einbeziehung der Mitarbeiter: Auf allen Ebenen machen Personen das Wesen einer Organisation aus, und ihre vollständige Einbeziehung ermöglicht es, ihre Fähigkeiten zum Nutzen der Organisation einzusetzen.
- Prozessorientierter Ansatz: Ein erwünschtes Ergebnis lässt sich effizienter erreichen, wenn Tätigkeiten und dazugehörige Ressourcen als Prozess geleitet und gelenkt werden.
- Systemorientierter Managementansatz: Erkennen, Verstehen, Leiten und Lenken von miteinander in Wechselbeziehung stehenden Prozessen als System tragen zur Wirksamkeit und Effizienz der Organisation beim Erreichen der Ziele bei.
- Kontinuierliche Verbesserung: Die ständige Verbesserung der Gesamtleistung der Organisation stellt ein permanentes Ziel der Organisation dar.
- Sachbasierter Ansatz zur Entscheidungsfindung: Wirksame Entscheidungen basieren auf der Analyse von Daten und Informationen.
- Lieferantenbeziehungen zum gegenseitigen Nutzen: Eine Organisation und ihre Lieferanten sind voneinander abhängig. Beziehungen zum gegenseitigen Nutzen erhöhen die Wertschöpfungsfähigkeit beider Seiten." (Greve/Pfeiffer 2002, S. 573/4)

Ganz in Übereinstimmung mit der Auffassung von Qualität als ein Bewertungs- und Beurteilungsergebnis von Objekteigenschaften (vgl. Kap. 1.1) spielen in allen Konzepten die Kundenansprüche eine zentrale Rolle für die Produktionsprozesse und mit deren Änderung ändert sich über einen Feedback Regelkreis auch die Herstellung des Produkts. Dieser Regelkreis taucht in verschiedenen Variationen in modernen Managementkonzepten immer wieder auf.

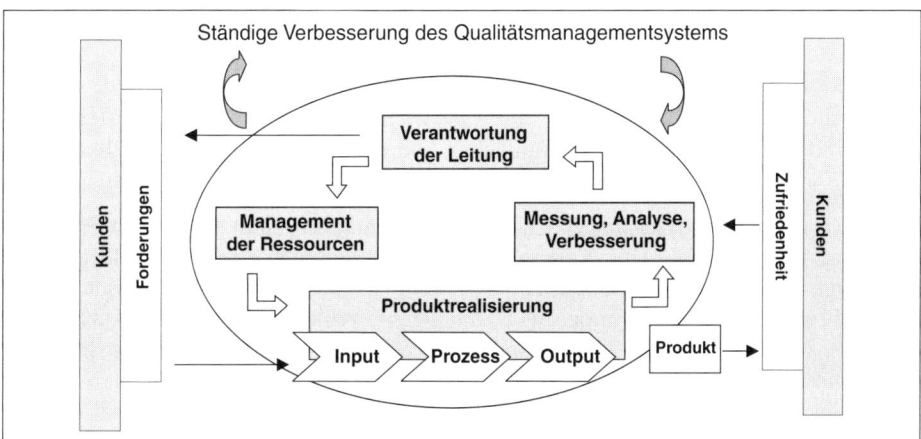

Abbildung 1:
Struktur eines Prozessorientierten Qualitätsmanagement-Systems (Greve/Pfeiffer 2002, S. 575)

Diesen Kreislauf am Leben zu halten ist Daueraufgabe des Qualitätsmanagements. Die Idee eines kontinuierlichen Verbesserungsprozesses mittels ständiger Verbesserungsschleifen als Vorgehen in kleinen Schritten, das in allen Organisationsbereichen und von allen Mitabeitern vollzogen wird, ist in dieser Konzeption tragend. W.E. Deming hat diese Verbesserungsschleife zuerst beschrieben als PDCA-Zyklus. (plan, do, check, act, Deming 1986) Sie speist sich aus dem japanischen KAIZEN (verändern zum Guten hin), das allerdings eine philosophische Grundhaltung, eine allgemeine Sicht der Dinge impliziert, die eine große Überzeugtheit und eine tiefe Identifikation mit der Organisation erfordert.

> „Die Idee des Kaizen erfordert kontinuierliches Engagement, nicht nur der Führungsebene, sondern auch der einzelnen Mitarbeiter, die den Verbesserungsprozess aktiv und kreativ mitgestalten sollen. Kaizen ist nicht allein beschränkt auf Unternehmen, sondern lässt sich für alle Organisationsformen als Management-Prinzip anwenden." (Greve/Pfeiffer 2002, S. 576)

2.2 Total Quality Management (TQM)

2.2.1 Grundlagen

In die Richtung einer grundlegenden Geisteshaltung und weniger in die eines operationalisierten Handlungsschemas geht insbesondere das Total Quality Management mit seinem Anspruch, umfassend im Hinblick auf die angezielten Prozesse und auf die Personen, die sie tragen, zu wirken. Im Handbuch für Qualitätsmanagement steht der Ausspruch von Carl Borgward „Qualität beginnt im Kopf" am Anfang:

> „TQM muss im Kopf des Unternehmens – sprich in der Unternehmensleitung – beginnen, und es muss im Kopf aller Mitarbeiter – sprich in dem Willen und der Überzeugung aller – anfangen." (Frehr 1994, S. 32)

In anderen Publikationen über TQM wird dies noch emphatischer ausgedrückt zur Verdeutlichung der Grundsätze, die ein wirksames, Wettbewerbsvorteile versprechendes Management im deutschen bzw. europäischen Wirtschaftsraum schaffen sollen:

> „TQM geht alle Geschäftsbereiche an. Seine Einführung und langfristige Stabilisierung stellt allerdings eine große Aufgabe dar, die nur dann erfolgreich gelöst werden kann, wenn es von der Unternehmensleitung als zukunftsweisend erkannt und als Führungsmodell übernommen wird. Intelligenz, Willenskraft und Herz – sowie ein Schuss missionarischer Eifer – sind nötig, um alle Hierarchieebenen im gesamten Unternehmen von der Notwendigkeit des Wandels und der damit verbundenen Mühsal zuerst zu überzeugen und schließlich zu begeistern. Denn Qualität entsteht nur zum Teil durch die Anwendung der verschiedenen Techniken und Methoden. Von ganz wesentlicher Bedeutung aber ist **die Geisteshaltung** der Mitarbeiter." (Kamiske 1994, S. VII)

Das klingt, als ziele es direkt gegen die Haltung, ein Zertifikat um des Zertifikats willens anzustreben und als müsste eine Fehlentwicklung korrigiert werden. So haben W. Edwards Deming und Joseph M. Juran, die als Pioniere des modernen Qualitätsmanagements in den 50er Jahren nach Japan gingen, um hier den wirtschaftlichen Neuaufbau nach dem Zweiten Weltkrieg zu unterstützen, Standards wie die DIN EN ISO Norm zur Qualitätssicherung abgelehnt. „Für Sie waren solche formalistischen Systeme eher hinderlich als hilfreich." (Glaap 1996, S. 21)

Definition DIN/ISO Norm
International gültige, branchenneutrale Normensammlung, die Anforderungen an ein betriebliches Qualitätsmanagement-System formuliert, speziell an die schriftliche Dokumentation von Abläufen und Zuständigkeiten. Die Erfüllung der Norm, die im Rahmen der Auditierung durch unabhängige und akkreditierte Sachverständige geprüft wird, ist die Voraussetzung für ein Qualitätszertifikat. (Hirsch-Kreiensen 1997, S. 287)

Die bis dahin insbesondere in der Industrie weit verbreitete DIN EN ISO Norm hat inzwischen bereits einige Grundsätze eines Lean-Management übernommen und damit ist der für die allgemeine Anwendung hinderliche „Öl- und Schraubengeruch verschwunden" (Simon 2001, S. 123). Dennoch bleibt sie insgesamt dem System der Qualitätsbeschreibung nach festen Normen, der Überprüfung durch unparteiische Dritte und der Zertifizierung (vgl. unten Kap. 3) verhaftet. Auch die Übernahme des Begriffs Qualitätsmanagement, der den Begriff Qualitätssicherung im DIN Bereich ersetzt hat, reicht für eine grundlegende Umorientierung nach Meinung vieler nicht aus. (Moldaschl 1997/Glaap 1996/Zink 1995)

> „Soll Normierung dem TQM-Gedanken nicht zuwiderlaufen, bieten sich zwei Strategien des Umgangs mit der Zertifizierung an. Entweder eine rein legitimatorische, d.h. Erlangung des Zertifikats mit geringstmöglichem Aufwand. Oder eine instrumentelle, welche die Gültigkeit und Verwendung normierter Vorgehensweisen ausschließlich aus übergeordneten Zielen einer TQM-Strategie ableitet." (Modaschl 1997, S. 70)

Die zweitgenannte Strategie ist vor allem dann erforderlich, wenn es wie in unserem Fall, um die Anwendung von TQM im Bildungsbereich geht. Für das Verhältnis der ISO Norm zum Total Quality Management gilt auch hier:

> „TQM kann man auch ohne ISO 9000 Systeme praktizieren, ISO 9000 Systeme ohne TQM-Einstellung sind jedoch nicht viel wert." (Glaap 1996, S. 22)

2.2.2 Qualitätskontrolle vs. Kontinuierliche Qualitätsverbesserung

Am besten werden die Grundzüge des TQM sichtbar, wenn sie konfrontiert werden mit dem herkömmlichen Ansatz der Qualitätssicherung, wie dies Ollenschläger getan hat, der die beiden Konzepte für ein Qualitätsmanagement im Gesundheitsbereich abwägt. (Ollenschläger 2001, S. 102)

Qualitätskontrolle/ Qualitätssicherung	Kontinuierliche Qualitätsverbesserung (Total Quality Management)
Primär Dokumentation von Qualitätsindikatoren	Primär Optimierung von Prozessen
Vorrangig retrospektiv	Prospektiv und kontinuierlich
Unzureichende Qualität wird bestraft	Unzureichende Qualität lässt suboptimalen Prozess vermuten
Ein Individuum ist für das Ergebnis verantwortlich	Individuum ist nur eine Variable, die Prozesse beeinflusst
Zielt auf die Erfassung von Fehlern im System	Zielt auf die Optimierung des Systems
Setzt optimal geplanten Prozess voraus	Setzt voraus, dass alle Prozesse zu optimieren sind
Basiert primär auf festen Regeln	Basiert auf problemorientierten Vereinbarungen
Betont Dokumentation und Datenauswertung	Betont aus Daten abgeleitete Veränderungen
Zielt auf die Übereinstimmung mit vorgegebenen Standards	Zielt primär auf Kundenbedarf und -bedürfnis
Wird primär von QS-Spezialisten verantwortet	Wird von allen Mitarbeitern verantwortet
Beruht auf Kontrolle	Beruht auf Problemidentifizierung
Der QS-Spezialist kennt Fehler und Fehlerlösung	Die Mitarbeiter wissen am besten, wie Qualität zu verbessern ist

Nichts weniger als der langfristige Wandel der Unternehmenskultur wird eingefordert, um von zeitlich, personell und sachlich begrenzter Qualitätskontrolle zu einem Management von Qualität zu kommen, das alle Prozesse erfasst und Mitarbeiter nicht nur beteiligt, sondern zu verantwortlichen Akteuren macht.

Definition Total Quality Management

Umfassende Managementkonzeption, nach der sich das gesamte Management verpflichtet, TQM vorzuleben. Einbezogen sind alle Mitarbeiter, die in der Organisation permanent lernen und verbessern. Die Ausrichtung der Organisation erfolgt auf den Kunden, wobei die Tatsachen zählen, d.h. Maßnahmen sind mit Daten zu belegen, einfache Begründungen reichen nicht. Prozesse stehen in der Organisation im Mittelpunkt und wirken als Katalysator zwischen Input und Output. Die externen und internen Kunden-/Lieferantenbeziehungen sind Bestandteil von TQM.

2.2.3 Die Kundenorientierung

Die Bedürfnisse der Kunden sind der alleinige Maßstab für Qualität – nicht die Interessen des Marketing oder der Produktion. Die ständige Verbesserung des Kundennutzens ist das Hauptziel von TQM und die Grundlage für Verbesserungen in anderen Bereichen. (Zink 1995, S. 6/7)

Der Kunde ist nicht nur als Käufer eines Produkts oder einer Dienstleistung definiert, sondern auch als der Kollege, mit dem Arbeitsbeziehungen bestehen: Er ist ein – interner – Kunde, dessen Anforderungen zur Optimierung des Gesamtprozesses erfüllt werden müssen (vgl. Abschnitt Mitarbeiterorientierung). Dieses Verständnis von Qualität ist subjektiv und damit beurteilerrelativ, d.h. vom jeweiligen Kunden abhängig.

> „Eine objektive hohe Qualität gibt es also im Qualitätsmanagement eigentlich nicht. … Wer mehr macht, als der Kunde erwartet, wird das nicht immer honoriert bekommen und kann sehr wohl am Markt vorbei produzieren. An diese Tatsache, dass der Kunde die Qualität … bestimmt und nicht das Unternehmen selbst, müssen sich viele Anbieter erst noch gewöhnen." (Glaap 1996, S. 27/28)

Zu den Kernprozessen eines Betriebs gehört als Folge dieses Qualitätsverständnisses, die Anforderungen und Erwartungen des Kunden zu erheben. Die Wichtigkeit dieser unternehmerischen Aufgabe soll durch eine Geschichte, die Winfried Glaap im oben zitierten Buch wiedergibt, illustriert werden:

> Die United Parcel Service Inc. hatte „immer vorausgesetzt, dass die pünktliche Auslieferung der Sendung die höchste Priorität bei den Qualitätserwartungen der Kunden hat. … Bei den durchgeführten Kundeninterviews hatte man sich also auf die Fragen konzentriert, ob man mit der Lieferzeit von UPS zufrieden sei, oder ob man eine noch schnellere Zustellung erwarte. Erst als man diese Frage viel allgemeiner formulierte, erhielt man eine überraschende Antwort … Das Management musste sich damit auseinandersetzen, dass die Kunden vielmehr das Gespräch und den Kontakt zu dem ausliefernden Fahrer wünschten … Die Führung von UPS hat diese Qualitätserwartung ihrer Kunden ernst genommen … Diese Entscheidung kostete das Unternehmen einige Millionen Dollar an Arbeitszeit der Fahrer, aber sie hat ein Vielfaches an neuen Aufträgen und Kundenzufriedenheit und damit Kundentreue gebracht." (Glaap 1996, S. 28)

2.2.4 Die Bedeutung der Leitung

Um einen Wandel der Einstellungen und Haltungen durchzusetzen oder auch nur anzustoßen und am Leben zu halten ist eine starke Organisationsleitung notwendig, was in der Gegenüberstellung von Qualitätssicherung und Qualitätsmanagement oben nicht explizit gemacht wird. Demgegenüber wird in betriebswirtschaftlichen Analysen der Führungsaspekt hervorgehoben und die Notwendigkeit der Vorbildfunktion des Top-Managements betont:

> „Eine unerlässliche Voraussetzung, sowohl während der Einführung als auch zur Stabilisierung von TQM ist die vorbehaltlose Unterstützung durch das (insbesondere obere) Management. Dabei ist die alleinige Bereitstellung von Ressourcen nicht ausreichend. Die Unternehmensleitung muss die Qualitätsphilosophie vorleben und „als gutes Beispiel" vorangehen … Von besonderer Bedeutung sind folglich:
> ▪ ein sichtbares Engagement der Führung,
> ▪ die Sicherung einer beständigen, umfassenden Qualitätskultur,

- die rechtzeitige Anerkennung der Anstrengungen – nicht nur der Erfolge – einzelner und von Teams,
- das aktive Engagement bei Kunden und Lieferanten,
- die Förderung von TQM außerhalb der Organisation sowie
- die Förderung von TQM durch die Bereitstellung geeigneter Ressourcen und durch die aktive Unterstützung." (Zink 1995, S. 10)

Oft wird das Bild eines Gebäudes benutzt um die Geschlossenheit, den umfassenden Charakter und last not least die Bedeutung des Daches/der Leitung zu veranschaulichen:

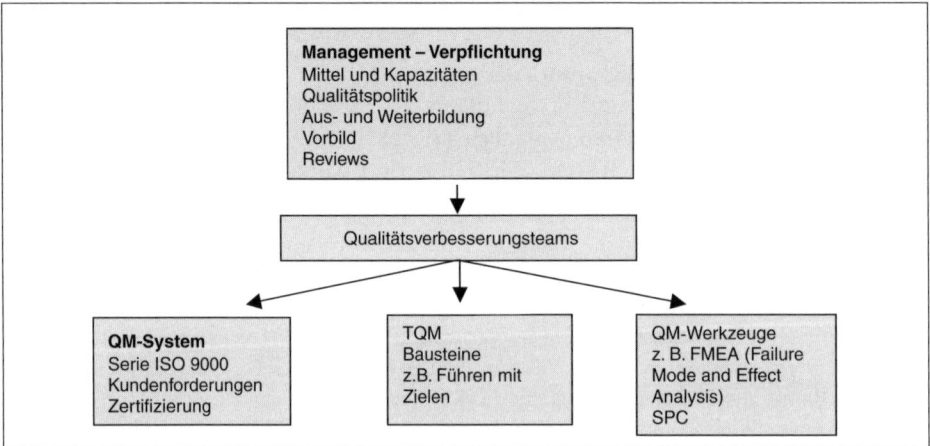

Abbildung 2:
Das TQM Gebäude (Frehr 1994, S. 36)

Die Betonung einer starken Leitung bei gleichzeitiger Orientierung an jedem einzelnen Mitarbeiter, seiner entscheidenden Rolle im Qualitätsprozess bei Dezentralisierung der Verantwortlichkeiten könnte einen Widerspruch darstellen. Die Lösung liegt in der Abkehr von einem hierarchischen und autoritären Führungsstil, bei dem Mitarbeiter genauso gemanagt werden wie andere Materialien, und die Entwicklung einer völlig anderen Art von Führungsverhalten, das kooperativ, permissiv, kommunikativ und wertschätzend und klar an Zielen orientiert ist. Hilfreich ist es dabei, auch die Mitarbeiter als direkte Kunden der Führung zu betrachten. Alle Anforderungen, die für das Verhältnis Kunde/Lieferant gelten, sollten auch im Verhältnis Mitarbeiter/Vorgesetzter erfüllt werden, um einen maximalen Beitrag aller Mitarbeiter zur kontinuierlichen Verbesserung zu erreichen und kein Potential verloren gehen zu lassen. Dazu gehört die Möglichkeit, das Arbeitsumfeld nach den Bedürfnissen der Mitarbeiter zu gestalten. Freude an der Arbeit/Arbeitszufriedenheit ist wieder ein wichtiger Topos der Personalpolitik und die Leitung ist gehalten, alle Hindernisse aus dem Weg zu räumen, die eine vorbehaltlose Mitarbeit hemmen. Konfliktgefahr sollte abgebaut, Überwachen der Tätigkeiten minimiert werden.

„Es ist vorrangige Aufgabe des Vorgesetzten, den Mitarbeitern die Erledigung der Arbeiten und die Lösung der Probleme zu ermöglichen, nicht aber ihre Arbeiten ständig zu kontrollieren und zu korrigieren." (Glaap 1996, S. 67)

Dazu sind Schulungen erforderlich, denen sich die Führungskräfte auf allen Ebenen unterziehen sollten und die für das Top-Management den gleichen Umfang und die gleiche Dauer haben sollte wie für alle anderen. Denn „das Ändern lange praktizierter Führungsmethoden zählt zu den schwierigsten Umstellungsprozessen bei der Einführung von TQM" (Frehr 1994, S. 39). Hat sich die Unternehmensleitung für TQM als Unternehmensstrategie entschieden, übernimmt sie mindestens zwei Verpflichtungen: ständige fördernde Begleitung der TQM Prozesse und Vorleben der kontinuierlichen Qualitätsverbesserung im persönlichen Auftreten und Handeln.

Im Wesentlichen liegen die Aufgaben des oberen Managements in der strategischen Ausrichtung der Organisation. Dazu gehört die Formulierung von Zielen für die gesamte Organisation mit weitreichendem Charakter und die Einbeziehung der Umwelt der Organisation:

Vision, Mission, Zweck und Grundsätze

Vision	Die Vision, formuliert in ein oder zwei Sätzen, erläutert in kurzer, klarer, prägnanter und inspirierender Art, wo die Organisation in fünf oder zehn Jahren sein wird.
Zweck	Der Zweck gibt den Grund an, warum eine Organisation überhaupt existiert – ... Er sollte in einem kurzen Absatz abgefasst sein.
Mission	Die Mission beschreibt, was getan werden muss um die Vision zu erreichen.
Grundsätze und Werte	Sie geben die Leitlinien oder Richtungen für die Aktivitäten der Mitarbeiter. Sie sind in diesem Verständnis die Leitplanken der Autobahn, außerhalb derer kein Verkehr erlaubt ist.

Aus: Öss 1994, S. 212

2.2.5 Mitarbeiterorientierung

„Die eigentliche Schwierigkeit bei der Anwendung von TQM-Gedankengut ist der Mensch. Alle müssen einbezogen werden, um ihre volle Erfahrung und ihr volles Potential zur Erreichung der kontinuierlichen Verbesserung in das Unternehmen einzubringen." (Glaap 1996, S. 53)

Die Einführung einer neuen Unternehmensstrategie erfordert die Änderung eingefahrener organisatorischer Regelungen, von der die Positionen und Interessen der Mitarbeiter im Unternehmen berührt sind und die Widerstande und Blockaden hervorrufen kann. Wie ist in einer solchen Situation, in der das Neue schon begonnen, das Alte aber noch nicht abgeschafft ist, Unsicherheit, Überforderung, Stress zu vermeiden und die Übernahme von Eigenverantwortung zu fördern? Hirsch-Kreiensen nennt zwei Gestaltungsprinzipen als zentrale Voraussetzungen eines funktionierenden Qualitätsmanagements:

- „Zu berücksichtigen ist einmal die Wechselwirkung zwischen organisatorischen Strukturen einerseits und den Denkweisen und Arbeitshaltungen der Mitarbeiter andererseits. Weder festgefahrene Denkweisen noch traditionelle Formen der Arbeitsorganisation sind allein für den häufig beklagten „alten Trott" verantwortlich; beides, Organisationsveränderungen und Überzeugungsarbeit sind gleichermaßen notwendig

- Zum zweiten erfordern qualitätsorientierte Reorganisationsmaßnahmen eine systematische Umsetzungsstrategie mit klar durchdachten Zielen und hinreichenden zeitlichen und sachlichen Ressourcen für das Personal, das die Maßnahmen durchführt. Der Realisierungserfolg hängt dabei davon ab, inwieweit das Management hinter den Zielsetzungen und Maßnahmen steht und sie gleichzeitig „vorlebt". Zudem ist eine weitreichende Partizipation der Mitarbeiter am Reorganisationsprozess unverzichtbar." (Hirsch-Kreiensen 1997, S. 268/9)

Diese Partizipation sollte die Beteiligung des Betriebsrates an qualitätsorientierten Reorganisations- und Gestaltungsmaßnahmen umfassen, die Beteiligung der Mitarbeiter an der Festlegung von Zielen des Qualitätsmanagements etwa durch Zielvereinbarungen und am kontinuierlichen Verbesserungsprozess etwa durch die Bildung von Qualitätszirkeln, die flexibel gehandhabt werden müssen, um nicht zu einer formalisierten Metastruktur zu erstarren. Die Spielregeln für alle Formen der Beteiligung können in Schulungen erlernt und gestaltet werden, an denen sich, wie oben schon erwähnt, alle beteiligen sollten. So gibt es ausgearbeitete Konzepte für workshops über „Zielfindung", „Werteidentifikation", „Benchmarking" oder „Kontinuierliche Verbesserung". Mit der Schulung soll erreicht werden,

> „dass jeder Mitarbeiter sein eigenes Vorgehen und die Abläufe im Unternehmen in Frage stellt und zwar unter der Fragestellung „Was kann ich besser machen? Was können wir besser machen? Wie können wir es besser machen?" (Braun/Lawrence 1997, S. 3)

Damit die Arbeit der Qualitätszirkel erfolgreich sein kann, müssen auch die Arbeit in Teams und Grundzüge von Moderation erlernt werden.

Die Kommunikation spielt in keinem anderen Modell eine solch große Rolle wie im TQM und kann zugleich eine seiner Schwachstelle sein.

2.2.6 Ein idealtypischer Ablauf von TQM

Die einzelnen Schritte zur Umsetzung und Durchführung von TQM sind sehr unternehmensspezifisch, aber um über allgemeine Grundsätze hinaus ein Bild davon zu vermitteln was konkret getan werden muss, um mit diesem Konzept die Qualität eines Unternehmens zu erhöhen, sei im Folgenden versucht, Verfahrensschritte zu benennen.

1. Die Leitung legt die Qualitätspolitik fest und bringt sie allen Mitarbeitern zur Kenntnis. Die hier geäußerten Absichten und Zielsetzungen sind auch als Botschaft an die Kunden heranzutragen. Ihre griffige Formulierung kann zur

Weckung des allgemeinen Interesses auch als Ideenwettbewerb ausgeschrieben werden.

2. Ein Lenkungsteam wird eingesetzt, das die TQM-Entwicklung begleitet „und regelmäßig über unterstützende Maßnahmen nachdenkt und entscheidet." (Glaap 1996, S. 120)

3. Dem Lenkungsteam wird eine hauptamtliche TQM-KoordinatorIn (Qualitätsbeauftragte) zur Seite gestellt.

4. Neben der Verwaltung der Aktivitäten organisiert die TQM-KoordinatorIn die Trainings der Leitung und der MitarbeiterInnen für die TQM Durchführung.

5. Arbeits- und Projektteams werden gebildet und beauftragt, Arbeitsprozesse in allen Bereichen des Unternehmens zu definieren und zu identifizieren, die der kontinuierlichen Verbesserung unterzogen werden sollen.

6. Das Lenkungsteam legt Prioritäten, Zeitrahmen und Mittel für die Projekte fest.

7. Abteilungsübergreifende Projektteams/Qualitätszirkel (7–8 Mitglieder) leisten die Hauptarbeit, indem sie sich mit der Beseitigung von Schwachstellen und mit der Verbesserung von Arbeitsabläufen beschäftigen.

8. Die Ergebnisse der Arbeit wird dokumentiert, die Wirkungen der Verbesserungsarbeit gemessen.

9. Erfolge werden an die gesamte Belegschaft kommuniziert und – möglichst teamfördernd – prämiiert.

2.2.7 Risiken und Chancen

1994 wird in einem Beitrag konstatiert, dass 80%–90% der Projekte zur Einführung von TQM scheitern. (Öss 1994, S. 217) Ohne Spezifizierung (Welches ist die Grundgesamtheit? Was gilt als TQM-Projekt? Was als versuchte Einführung? etc.) ist der Aussagewert der Prozentzahlen natürlich nicht einzuschätzen und diese Angaben bleibt uns der Autor schuldig. Dennoch gibt uns diese Bilanz und die Nennung einzelner Misserfolge, wie der Konkurs eines Unternehmens, das mit Preisen, die unten unter Tools beschrieben werden, geehrt wurde, drastischer Rückgang von Bewerbern für solche Preise, Abschaffung von TQM-Elementen in einem preisgekrönten Betrieb etc. zu denken. Was können wir aus einer Ursachenanalyse lernen?

Ganz allgemein kann als Grund identifiziert werden, dass es nicht gelingt, eine qualitätsfördernde Kultur zu schaffen. Irreale Zeitvorstellungen, die z.T. der Euphorie, z.T. der Überdrüssigkeit geschuldet sind, mit der TQM aufgenommen wird, führen zu einem hohen Erwartungsdruck. Realistischerweise ist mit ersten Ergebnissen nach zwei Jahren zu rechnen, vom Workshop „Zieldefinition" bis zur Einführung können Jahre vergehen, was die Zweifler bestätigen und anfänglich Begeisterte resignieren lassen kann. Ungenaue Zielsetzungen behindern auch den notwendigen Veränderungsprozess von einem instrumentellen zu einem ganzheitlichen Verständnis von Qualitätsmanagement. Misserfolge und Enttäuschungen mit TQM aber können zu einer allgemeinen Veränderungsresistenz führen, der es im Interesse einer Steigerung der Qualität der Produkte und Dienstleistungen und der Arbeitsbeziehungen zu begegnen gilt. Zum Erfolg führt

TQM nach Meinung wichtiger Experten nur, wenn folgende Bedingungen erfüllt werden, die uns nun nicht mehr neu sind, aber als Minimalplattform hier abschließend zitiert werden sollen:

- „die Unternehmensleitung muss voll hinter TQM stehen,
- alle Verbesserungen müssen sich am Kundennutzen orientieren,
- Konzentration auf drei bis vier kritische Ziele,
- Entwicklung und Anwendung eines eigenen Konzeptes, statt Verwendung von Standardprogrammen
- Revision des eingeschlagenen Weges." (Öss 1994, S. 220)

Die Nützlichkeit von Pilotprojekten oder vorrangigen Teilprojekten, die kurzfristige Erfolge zeitigen sollen für eine langfristige TQM-Planung, wird an anderer Stelle hervorgehoben.

Die Abbildung „Das TQM Gebäude" enthält einen wichtigen Hinweis auf das Verhältnis von TQM zu speziellen Methoden: Die Verfahren der DIN/ISO Normen können durchaus im TQM verwendet werden als Einordnung und Beschreibung des Qualitätsmanagements einer Organisation, wie schon in dem Zitat oben von Moldaschl angedeutet wurde. Als Voraussetzung dafür muss allerdings gegeben sein, dass sie instrumentellen Charakter haben und den Zielen des TQM untergeordnet werden. D.h. sie müssen die besten verfügbaren Verfahren als Standard aufweisen und als ein Ausgangspunkt für ständige Verbesserungen eingesetzt werden können. Dies trifft auch auf die Methoden des Benchmarking oder der Balanced Scorecard zu, die als Teil eines umfassenden Qualitätsmanagementsystems verstanden und eingesetzt werden können. Ihre Beschreibung erfolgt in Kapitel 3.

2.3 Das Europäische Modell für umfassendes Qualitätsmanagement (EFQM)

1988 hat die Europäische Gemeinschaft mit der Arbeit an einem Kriterienmodell begonnen, das unter der Geltung der Grundsätze des TQM entworfen wurde und insbesondere in Dienstleitungsbereichen akzeptiert ist. Die Europäische Gemeinschaft gründete die European Foundation for Quality Management (EFQM) mit dem Ziel, umfassende Qualitätsmanagementkonzepte zu fördern und konkret Unternehmen zu unterstützen, die TQM umsetzen wollen. Seit 1992 wird für hervorragendes TQM der „European Quality Award" (EQA) an Unternehmen verliehen. Seit 1997 wird auch in Deutschland eine Auszeichnung für Spitzenleistungen in der Wirtschaft verliehen, der Ludwig-Erhard-Preis. Dies wird unten im Abschnitt 3.4. noch einmal aufgegriffen.

Die neueste Version des europäischen Modells ist das EFQM Excellence Modell 2000, in dem wie schon im Vorgänger-Modell eine Abkehr von der Zertifizierung erfolgt und zwar nicht nur im Sinne einer Instrumentalisierung, sondern als eine konsequente Hinwendung zur Selbstbeurteilung. Im Modell wird unterschieden zwischen den „Befähigern/Enablers", die den Input für die Qualitätsförderung liefern, und den „Ergebnissen/Results", die mit Qualitätsmanagement erreicht werden. (Simon 2001, Zink 1995, Zollondz 2002) Es sind fünf Faktoren auf Befähigerseite und vier Faktoren auf der Ergebnisseite vorgegeben, die es zu beobachten, zu bewerten und schließlich zu beeinflussen gilt:

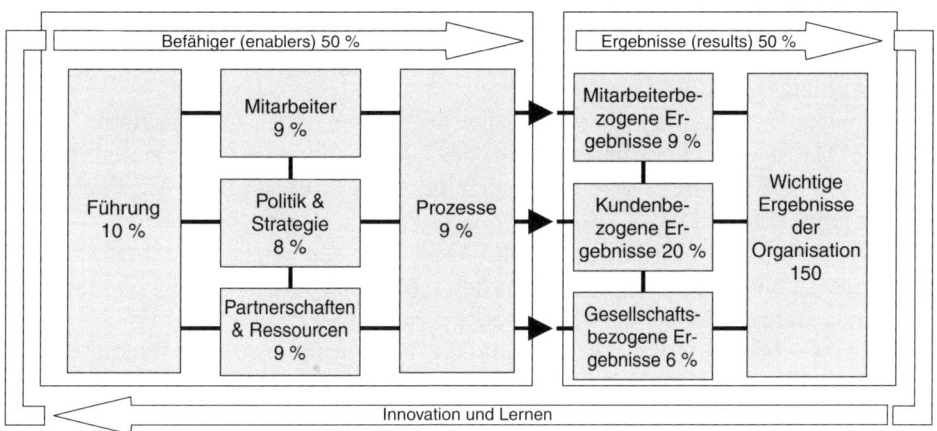

Abbildung 3:
EFQM Excellence Modell 2000 (Zollondz 2002, S. 282)

1. Befähigerfaktoren
Sie beschreiben die Potentiale der Organisation: Was macht die Organisation, um umfassende Qualität zu erreichen? Wie geht sie vor? Folgende Faktoren liefern den strukturellen und humanen Input in einen Prozess, der in einem optimalen Ergebnis münden soll (ihre Gewichtung im Gesamtergebnis der Beurteilung ist als Prozentzahl angegeben):

- Führung (sichtbares Engagement und persönliche Mitwirkung an kontinuierlicher Verbesserung, Sicherung einer Kultur der Excellence durch Vorbildverhalten, Bemühen um Kunden und Partner, Motivation und Belohnung der Mitarbeiter) 10 %
- Politik und Strategie (gehen aus von Bedürfnissen und Erwartungen der Interessentengruppen, beruhen auf Marktforschung, Informationen, Leistungsmessungen, werden entwickelt, überprüft und umgesetzt durch eine Struktur von Schlüsselprozessen, werden kommuniziert und eingeführt) 8 %
- Mitarbeiterorientierung (u.a. ständige Verbesserung der Mitarbeiterführung, Wissen und Kompetenz der Mitarbeiter werden ermittelt, ausgebaut und aufrechterhalten, Beteiligung und Ermächtigung zu selbständigem Handeln, Mitarbeiter und Organisation führen Dialog ev. über Zielvereinbarungen, Mitarbeiter werden belohnt und anerkannt) 9%
- Partnerschaften und Ressourcen (es muss dargelegt werden, wie die Ressourcen – Finanzen, Gebäude, Einrichtungen und Material, Technologie, Infor-

mation und Wissen – gemanagt werden, um die Politik und Strategie der Organisation umzusetzen, wie externe Partnerschaften genutzt werden) 9%

- Prozesse (werden systematisch gestaltet und gemanagt, Definition von Schnittstellen zwischen den Unternehmenseinheiten und zu externen Kunden und Lieferanten, Verbesserung der Prozessabläufe durch strukturelle Maßnahmen, evtl. Redesign der gesamten Prozesse von einer funktionsorientierten zu einer prozessorientierten Aufbauorganisation) 14%

2. Ergebnisfaktoren

Die Leitfragen zu einer Bewertung der Ergebnisse einer Organisation lauten: Welche Daten und Informationen in der Organisation werden zur Ergebnisbewertung herangezogen? Wie haben sich die Ausprägungen dieser Größen in den letzten Jahren entwickelt?

- Kundenbezogene Ergebnisse (Identifikation der Kundenzufriedenheit vor dem Hintergrund sozialer, ökonomischer, technologischer und ökologischer Entwicklungen, Pflege der Kundenbeziehungen als direkter und ständiger Kontakt zwischen Mitarbeitern und Kunden, Leistungsindikatoren für die Bewertung der Organisationsleistungen durch den Kunden) 20%
- Mitarbeiterbezogenen Ergebnisse (Zufriedenheit der Mitarbeiter mit Arbeitsbedingungen, Führungsverhalten und anderen Leistungen der Organisation als Messergebnis, mitarbeiterbezogenen Leistungsindikatoren) 9%
- Gesellschaftliche Verantwortung/Image (u.a. Aktivitäten zur Erhaltung globaler Ressourcen, Beseitigung von Schäden für Nachbarn, Engagement für die Gesellschaft) 6%
- Geschäftsergebnisse (u.a. Gewinn, Umsatz, Wertschöpfung als finanzielle Messgrößen; innerbetriebliche Wirtschaftlichkeit und Effektivität wie Marktanteil, Ausschuss, Zykluszeiten etwa „Time to Market" als nichtfinanzielle Messgrößen) 15%

Zu jedem Faktor werden Fragen gestellt, die auf einer Prozent- oder Notenskala beantwortet werden. Zu jeder Frage, die nicht befriedigend beantwortet werden konnte, werden Verbesserungsmöglichkeiten besprochen, beschlossen und umgesetzt. Jeder Faktor geht gewichtet in die Gesamtbeurteilung ein, wobei die Kundenzufriedenheit die höchste Gewichtung hat. Befähiger und Ergebnisse beeinflussen zu je 50 % das Gesamtergebnis (vgl. Abbildung aus Simon a.a.O. S. 126).

Entsprechend wurde die Definition von Qualität diesem Verständnis angepasst:

Definition Qualität (EFQM)
Quality now encompasses all the ways in which the organisation meets the needs and expectations of its customers, its people, its financial stakeholders and society at large. (EFQM 1993, S. 2)

Im Zusammenhang mit diesem Modell ist der Begriff der Business Excellence aufgetaucht und als Ziel des KVP (kontinuierlichen Verbesserungsprozesses) definiert worden, der jedes erreichte Qualitätsniveau als Basis für neue Zielsetzungen begreift. Und so ist schon der Qualitätsmanagementbegriff auf seinem Zenit mit seiner Ablösung durch den Begriff des Exzellenz-Management konfrontiert.

Rekapitulieren wir noch einmal die Anlässe und Beweggründe für das Aufleben von Qualitätsmanagement als umfassendes Konzept, so stehen Wettbewerbsnachteile und sinkendes Ansehen ganz vorn auf der Liste, die zuerst in der Automobilindustrie zum Handeln zwangen. Fragen wir nun nach über 10 Jahren TQM und Verleihung von Preisen für hervorragendes Qualitätsmanagement nach den Ergebnissen bezogen auf die genannten Kriterien, so bestätigt eine Zeitungsnotiz in „Die Welt" vom 11.08.2003 die oben in Abschnitt 2.3.6 benannte Skepsis eines Autors bezüglich des Erfolgs eingeführter TQM. In der Welt steht:

> „Die erfolgsgewohnten deutschen Automobilbauer erleben mitten im schönsten Hochsommer eine eiskalte Dusche. J. D. Power, einer der mächtigsten Männer der USA, ... hat ... ermittelt, was Deutschlands Autobesitzer über ihre Fahrzeuge denken. Insgesamt 16.000 Kfz-Halter haben ... einmal mehr die Japaner über den grünen Klee gelobt. Bei den Kleinwagen, in der Kompaktklasse und ebenso bei den populären Mittelklassemodellen erreichte Toyota die mit Abstand höchste Zufriedenheitsrate. Japanische Marken liegen vor allem in den Bereichen Qualität, Zuverlässigkeit und Zufriedenheit mit dem Serviceangebot vorn ..."

Die Übertragung einer Philosophie in einen anderen kulturellen Kontext scheint eben nicht leicht zu managen zu sein und bedarf mehr als der Anwendung von Konzepten und Techniken, wie alle Vertreter eines TQM nicht müde werden zu betonen. Leidensdruck alleine, etwa durch harten Wettbewerb, scheint nicht hinreichende Bedingung für Erfolg zu sein.

2.4 Lernerorientierte Qualitätstestierung (LQ)

Die Skizze eines Qualitätsmanagementsystems, das von vornherein auf den Bildungsbereich zugeschnitten ist, soll das Kapitel 2 abrunden.

Im Mittelpunkt des Konzepts LQ steht der Lernende – in welcher Bildungseinrichtung oder besser: in welchem Bildungsereignis, auch immer. Denn dieses Konzept ist nicht auf Organisationen begrenzt, sondern erstreckt sich auch auf Bildungsangebote unterhalb der Systemebene. Inzwischen gibt es sogar schulbezogene (LQS), auf Kindertagesstätten bezogene (LQK) Testierungsverfahren sowie ein Modell zur Lernerorientierten Qualitätstestierung von Bildungsveranstaltungen (LQB), bei denen der jeweilige Lerner im Mittelpunkt steht.

Setzen wir den „Lerner" in Analogie zum „Kunden" oder „Klienten", so ist dies kein Merkmal, das dieses Konzept von TQM oder EFQM wesentlich unterscheidet: auch hier steht der Kunde im Mittelpunkt, auf ihn sind die Qualitätsbemühungen gerichtet. Und der Satz „Fokus für die eigene institutionelle Entwicklung ist letztendlich die Perspektive des Lernenden", zu finden im Abschlussbericht des Projekts „Lernerorientierte Qualitätsentwicklung in Weiterbildungsnetzen" (2002), könnte auch einem Handbuch für TQM entnommen sein.

Aber diese Analogie hinkt. Denn anders als der Kunde als Abnehmer eines fertigen Produkts gestaltet der Lernende den Produktionsprozess mit: Der Lernprozess ist ohne Lernende nicht denkbar, das Lernergebnis als Produkt nicht von den Teilnehmenden des Prozesses ablösbar. Die Veränderung des Kunden ist das Produkt. Auch mit dem Kunden im Mittelpunkt ist diese Eigenart des Produkts im EFQM nur schwer darstellbar. Dieser Sachverhalt wird uns beim Qualitätsmanagement in der Schule noch einmal beschäftigen.

Die Lernerorientierte Qualitätstestierung, die zuerst für den Weiterbildungsbereich entwickelt wurde, stellt die Qualitätsbestimmung des Ergebnisses, des „einzigartigen Produkts" von Lernprozessen, – anders als die bereits vorgestellten Konzepte – auf den Prüfstand. Nicht die Vorkehrungen, um Qualität zu sichern, nicht die Qualität des Qualitätsmanagements werden beschrieben und begutachtet, sondern das gelungene Lernen beim Lerner.

> „Bildung ist ein einzigartiges ‚Produkt', mit keinem Produkt oder Dienstleistung irgendeiner Branche zu vergleichen. Dieser Sonderstatus der Bildungsbranche erzwingt die Entwicklung eines eigenständigen Qualitätsmodells. Der Kerngedanke dieses Qualitätsmodells besteht darin, nicht länger von der Qualität von Prozessen auf die Qualität von Produkten zu schließen, sondern gewissermaßen „das Pferd von hinten aufzuzäumen", also von der ausgewiesenen Vorstellung des Ergebnisses gelungenen Lernens rückzuschließen auf die Prozesse, Verfahren und Verhaltensweisen, die nötig sind, um dieses optimal zu unterstützen." (Ehses/Zech 2002, S. 7)

Der Anfang aller Bemühungen um Qualität einer Organisation ist deshalb in diesem Konzept die Definition und Beschreibung dessen, was in der Organisation als gelungenes Lernen gilt, alle Qualitätsbemühungen sind darauf zu beziehen und daraus zu begründen. Dies wird nicht durch eine Expertise von außen festgestellt, sondern ist Ergebnis eines Selbstreflexionsprozesses der Organisation und steht als erster Teil der Selbstauskunft am Beginn der Reflexion und Beschreibung weiterer Qualitätsbereiche der Organisation. Wir begegnen damit einem Verfahrensgrundsatz, der insbesondere das EFQM als Weiterentwicklung des TQM kennzeichnet: Qualitätsmanagement beruht im Wesentlichen auf der von außen angestoßenen Reflektion der Organisation über sich selbst. Darauf beruhen auch die im nächsten Kapitel dieses Buches skizzierten Qualitätspreise als Instrumente des Qualitätsmanagements. Sie beziehen sich hier allerdings auf Inputfaktoren und Prozesse und nicht auf das Produkt.

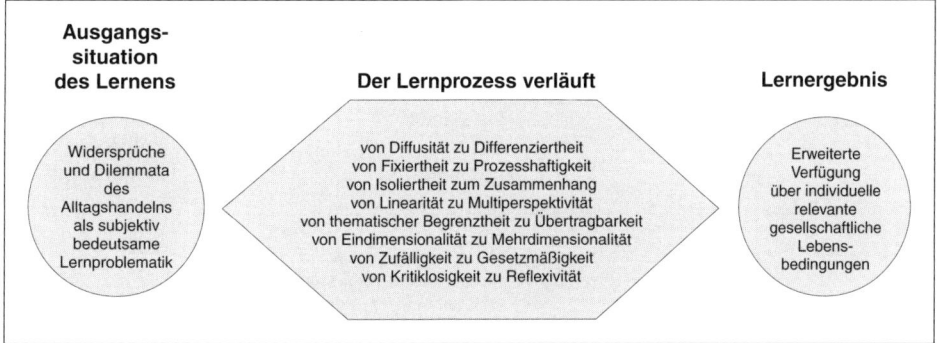

Schaubild 1: Dimensionen des gelungenen Lernens

In der Lernerorientierten Qualitätsentwicklung und -testierung liegt dem Begriff des gelungenen Lernens als Fundierung des Qualitätsmanagements eine Theorie des Lernens zugrunde, die in ihrer Ausformulierung des Lernprozesses Anhaltspunkte für die Gestaltung des Kontextes von Lernen liefert. Wenn als Zielpunkte des Lernprozesses Differenziertheit, Prozesshaftigkeit, Multiperspektivität, Reflexivität etc. genannt sind (vgl. Schaubild), so können dies zugleich Maximen für die Kontextsteuerung der Lernumgebung sein. Sie helfen der Organisation, „um ihrerseits alle Ermöglichungs- und Befähigungsfaktoren für Lernprozesse optimal bereitzustellen und auszugestalten." (Ehses/Zech 2002, S. 9) Die EFQM – Betrachtungsweise ist hier eingeflossen (Ermöglichungs- und Befähigungsfaktoren) und wohl aus modernen Qualitätsansätzen nicht mehr wegzudenken.

Auch die Ablehnung einer nach externen Normen verlaufenden Zertifizierung steht dem Denken im EFQM nahe – der Begriff Testierung ist demgegenüber weniger belastet durch eine starre DIN ISO Vergangenheit und aus diesem Grunde für die Kennzeichnung dieses Ansatzes gewählt worden.

Die sehr enge explizite Verknüpfung von Qualitäts- und Organisationsentwicklung hingegen weist über EFQM hinaus. Die Entwicklung von strategischen Entwicklungszielen ist in das Verfahren eingebettet, das wie der Regelkreis des kontinuierlichen Verbesserungsprozesses als Qualitätskreislauf abgelegt ist:

Der Qualitätskreislauf beginnt mit einer Selbstevaluation der Bildungsorganisation und der Erstellung eines Leitbildes. Daran schließt sich die Planung und Durchführung von Verbesserungsmaßnahmen an, evtl. mit Unterstützung externer Berater. Der gesamte Prozess wird von der Einrichtung dokumentiert und extern evaluiert. In einem Abschlussworkshop werden neue Entwicklungsziele für die Zukunft vereinbart, die Gegenstand der nächsten Evaluation sind (vgl. Ehses/Zech 2002).

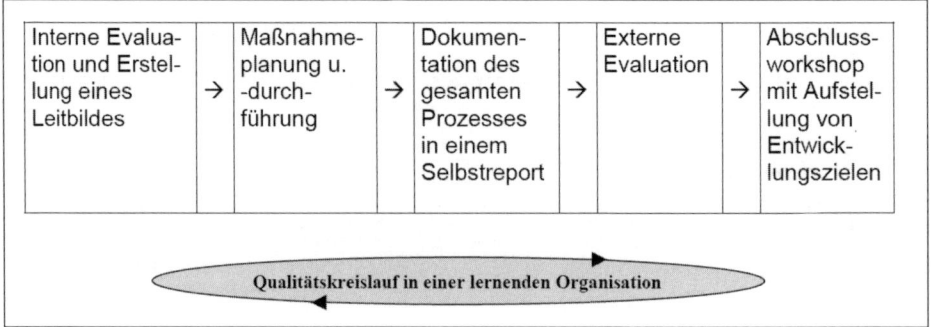

Interne Evaluation und Erstellung eines Leitbildes	→	Maßnahmeplanung u. -durchführung	→	Dokumentation des gesamten Prozesses in einem Selbstreport	→	Externe Evaluation	→	Abschlussworkshop mit Aufstellung von Entwicklungszielen

Schaubild 2: Der Qualitätskreislauf

Dem Abschlussworkshop kommt dabei eine große Bedeutung zu und erfordert eine besondere Qualifikation der Gutachter, die ihre Bewertung des Selbstreports der Organisation mit der organisationseigenen Definition gelungenen Lernens, den darauf bezogenen Qualitätsverbesserungen und den perspektivischen Qualitätszielen an die Organisation zurückspiegeln. Dabei geht es nicht darum, die „Selbstgenügsamkeitsvorstellungen" von Organisationen zu verdoppeln, sondern es geht um Irritationen und schließlich Umsteuerungen, die der spiegelnde, fremde Blick auslösen soll. „Diese Spiegelungen sind höchst bedeutsam für die Lernprozesse von Organisationen, denn sie „scheuchen" die Systeme aus ihren selbstgewissen und trägen Eigenzuständen auf und ermöglichen produktive Verstörungen ... Reflektierte Feldkompetenz äußert sich darin, dass man die organisational gespeicherten Erfahrungen in die Krise führt, d.h. sie mit neuen Erfahrungen konfrontiert und entselbstverständlicht, um ihre Umorganisation zu ermöglichen." (Ehses/Zech 2002, S. 21/22) Zum Lernerorientierten Qualitätsmodell gehört deshalb eine Gutachterqualifizierung, die zusätzlich zu den hohen Ansprüchen an die vorhandene Qualifikation der Gutachter die externe Begutachtung optimieren soll. Ein Qualifizierungsworkshop von dreien „bearbeitet die Frage, wie Eindrücke und Bewertungen an die Organisationen zurückgespiegelt werden. Diese Spiegelungsfunktion wird sowohl in den anzufertigenden Gutachten als auch in den durchzuführenden Abschlussworkshops relevant." (Ehses/Zech 2002, S. 23) Die Qualifizierungsworkshops werden ergänzt durch Erfahrungsaustausch und -reflektion unter den Gutachtern und die Bildung von Tandems aus erfahrenen und neuen Gutachtern, „so dass auf diese Weise eine Expertenkultur wächst..." (a. a. O).

In keinem anderen Ansatz wird der Gutachterschulung als Aspekt des Qualitätsmanagements eine solche zentrale Rolle zugewiesen, obgleich sich die Kombination von Selbstbeschreibung und externer Begutachtung immer mehr durchsetzt. Dies ist sicher dem Fokus auf Lernen geschuldet, den Qualitätsmanagement im Bildungsbereich hat.

Im Kapitel 6, Qualitätsmanagement in der Weiterbildung, wird dieser Ansatz in seiner weiterbildungsspezifischen Ausprägung noch einmal aufgegriffen und in Kapitel 7 eine ähnliche Expertenrolle für Evaluationen im Hochschulbereich vorgeschlagen.

Fragen zum Bereich „Qualitätsmanagementkonzepte":

Qualitätsverbesserung ist zu einem anerkannten Bestandteil von Organisations-handeln geworden. Dennoch besteht eine gewisse Skepsis, kompakte Qualitäts-management-Konzepte auf den Bildungsbereich zu übertragen. Welche Grundzüge der vorgestellten Konzepte sind Ihrer Meinung nach dafür verantwortlich?
    Welche Eigenarten des Bildungsbereichs begünstigen diese Skepsis?

Was macht TQM einerseits zu einer wichtigen Strategie der Organisations-entwicklung, was macht es andererseits anfällig für Erfolglosigkeit?

Literatur zur Vertiefung

Kühl, S. (2001): Paradoxe Effekte und ungewollte Nebenfolgen des Qualitätsmanage-ments. In: Wächter, H./Vedder, G. (Hg.): Qualitätsmanagement in Organisationen. Wiesbaden, S. 75–114.
Schwan, R./Kohlhaas, G. u.a. (2002): Qualitätsmanagement in Beratungsstellen. Kap. 2 Konzepte des EFQM-Excellence Modells, Weinheim. S. 25–34.
Zech, R. (2004): Lernerorientierte Qualitätstestierung in der Weiterbildung. Das Hand-buch. Hannover.
Zollondz, H. D. (2002): Grundlagen Qualitätsmanagements, Kap. 4.3. Allgemeine Kern-modelle des Qualitätsmanagements, München/Wien, S. 222–309.

3 Methoden des Qualitätsmanagements

3.1 Einleitung

Die Abgrenzung von Methoden und Modellen bzw. Konzepten ist nicht immer einfach, wenngleich die allgemeine Bestimmung gilt, dass Methoden in unterschiedlichen Konzepten mit unterschiedlichen Zielsetzungen angewendet werden können und sie selbst keine Zielbestimmung enthalten oder mitliefern. Einige Methoden jedoch sind so komplex, dass sie auf derselben Ebene wie Konzepte stehen. So kann die weiter unten als Methode skizzierte Balanced Scorecard auch als eigener Managementansatz bezeichnet werden. Andererseits können Konzepte im Kern eindimensional sein und einer anderen als der eigenen Zielsetzung dienstbar gemacht werden, dies trifft z.B. auf die DIN ISO Norm zu, die unten im Zusammenhang mit Zertifizierung erwähnt wird.

Die Grenzen sind also fließend und die hier getroffene Einteilung enthält ein gewisses Maß an Willkür wie jede Grenzziehung.

Wir wollen in diesem Kapitel anwendungsnah vorgehen und bei jeder von uns als solche definierten Technik oder Methode des Qualitätsmanagements nach den Übertragungsmöglichkeiten in den Bildungsbereich fragen.

3.2 Zertifizierung nach DIN EN ISO

3.2.1 Grundlagen

1987 wurden vom Deutschen Institut für Normung e. V. (DIN) Kriterien für eine Zertifizierung von Qualitätsmanagement aufgestellt (DIN EN ISO 9000), die seitdem einen Siegeszug angetreten haben „ ... und sich zunehmender Akzeptanz auch im Dienstleistungssektor erfreuen. Weltweit hat sie sich zur meist genutzten Norm überhaupt entwickelt." (Greve/Pfeiffer 2002, S. 573)

Definition DIN/ISO Norm
International gültige, branchenneutrale Normensammlung, die Anforderungen an ein betriebliches Qualitätsmanagement-System formuliert, speziell an die schriftliche Dokumentation von Abläufen und Zuständigkeiten. Die Erfüllung der Norm, die im Rahmen der Auditierung durch unabhängige und akkreditierte Sachverständige geprüft wird, ist die Voraussetzung für ein Qualitätszertifikat. (Hirsch-Kreiensen 1997, S. 287)

Damit ist ein neuer Begriff im Feld des Qualitätsmanagements aufgetaucht, der am zögerlichsten von der Produktionssphäre in den Bildungsbereich zumindest in Deutschland übernommen wurde: die Zertifizierung.

> **Definition Zertifizierung**
> Bescheinigung und Nachweis durch einen unparteiischen Dritten, dass angemessenes Vertrauen besteht, dass eine ordnungsgemäß bezeichnete Einheit die Qualitätsforderung erfüllt.

Der Qualitätsnachweis in Form einer Zertifizierung nach DIN EN ISO ist eine Nachweisnorm, die sich zu „einer Eintrittskarte für die Teilnahme am Marktgeschehen" (Simon 2001, S. 116) entwickelt hat.

Kritik an der Zertifizierung wurde aber auch laut und nicht erst mit der Überführung von dem Produktionsbereich in den Dienstleitungsbereich und hier noch einmal verschärft bei der Adaptation in den Bildungsbereich, sondern von Anfang an. Die tatsächliche Aussagekraft von Zertifikaten auf Grundlage der DIN-ISO-9000 Norm ist hoch umstritten.

„Einige Fachautoren sehen dadurch lediglich die Mindestforderungen der DIN-ISO-9000-Normen erfüllt, andere schließen von dem Zertifikat auf die Funktionsfähigkeit eines QM-Systems (zumindest zum Zeitpunkt der Auditierung), und wieder andere leiten daraus die grundsätzliche Qualitätsfähigkeit des gesamten Unternehmens ab (...). Wer mit seiner Einschätzung näher an der ‚DIN-ISO-9000-Wahrheit' liegt, lässt sich nach wie vor nur schwer einschätzen. Klar ist jedoch, dass die bewusst sehr allgemeinen Formulierungen der Normenreihe diverse Interpretationen offenlassen, die von Trittbrettfahrern zu ihren Gunsten genutzt werden können." (Vedder 2001, S. 161)

So bescheinigt das Zertifikat nach DIN EN ISO 9000 nicht die Qualität eines Produktes, sondern die Organisation seines Erstellungsprozesses. „Die Qualität der Leistung ... ist nur die erhoffte mittelbare Folge einer qualitativ hochwertigen Organisation des Herstellers oder Dienstleisters." (Greve/Pfeiffer 2002, S. 574)

3.2.2 Verfahrensschritte

Zum Nachweis der Einhaltung der Qualitätsstandards muss die Organisation entlang des geltenden Leitfadens (bei DIN EN ISO 9000 umfasst er 20 Elemente) ihre Prozesse beschreiben und zu einem Organisationshandbuch zusammenstellen. In Verbindung mit einem Organisationsleitbild kann dies die Zertifizierungsgrundlage sein.

Die Beschreibungen werden von der Zertifizierungsstelle auf ihre Konformität mit der gewählten Norm geprüft (Dokumentationsprüfung). Das Ergebnis wird mitgeteilt und bei positiver Bewertung wird der Ablauf für das Zertifizierungsaudit erstellt. In der Auditierung werden Fragen anhand einer Checkliste vor Ort gestellt, es findet eine Begehung statt, die mehrere Tage dauern kann. Die Zertifizierer oder Auditoren müssen sich dabei in ein Unternehmen hineindenken, sie haben kein Deutungsmonopol der Norm. D.h. die Anforderungen an die Auditoren sind mit der Reform der Norm gestiegen und was auf Seiten der Unternehmen an Beschreibungsleistung weggefallen ist, kommt auf der Seite der Auditoren eventuell hinzu.

Die Auditergebnisse werden bewertet, in einen Bericht gebündelt und mit der Unternehmensleitung diskutiert. In dem Zertifikat, das eine Gültigkeitsdauer von drei Jahren hat, wird die Prüfung dokumentiert.

Zertifizierungsstellen in Deutschland sind z.B. der Technische Überwachungsverein (TÜV-CERT) oder die Deutsche Gesellschaft zur Zertifizierung von Managementsystemen mbH (DQS). Auf europäischer Ebene wurde 1991 ein Memorandum unterzeichnet, das eine einheitliche Zertifizierungsagentur vorsah. Die European Accreditation of Certification (EAC) wurde gegründet, zu der Belgien, Dänemark, Irland, die Niederlande, Deutschland, Griechenland, Italien Portugal, Island, Norwegen, Schweden, die Schweiz und das United Kingdom gehören. Die größten Zertifizierer haben sich inzwischen zum EQNet (European Network for Quality Assessment and Certification) zusammengeschlossen.

Allerdings ist der Wert des Zertifikats für den Kunden stark eingeschränkt, weil es sich nicht auf das Produkt, sondern auf die Organisation, in der und durch die das Produkt erstellt wird, bezieht. Eine zweite Schwachstelle, die in den Diskussionen über Qualitätssicherung im Bildungsbereich immer wieder auftaucht, soll auch schon in diesem Kontext formuliert werden. Sie besteht in der Aufwändigkeit des Verfahrens: Es ist arbeits- und personalintensiv und verursacht Kosten für interne und externe Experten. Ein dritter Kritikpunkt schließlich ist die zunehmende Loslösung des Zertifikats von seinem Inhalt. Ein Qualitätsmanagement wird primär eingeführt, um ein Zertifikat zu bekommen, und nicht, um die Geschäftsprozesse zu analysieren und zu verbessern. Das erfolgt bei solch einer Prioritätensetzung eher notgedrungen. Dies ist ein Einwand, der im Kontext von Evaluation und Akkreditierung im Bildungsbereich wieder auftauchen wird. Dennoch sind viele Elemente der Zertifizierung in den Bildungs- und hier insbes. in den Hochschulbereich eingeflossen. Wir werden ihnen bei der Beschreibung der Peer-Review-Evaluation von Studiengängen wieder begegnen (vgl. Kap. 7).

3.3 Balanced Scorecard

Wenden wir uns als nächster Methode in diesem Kapitel der Balanced Scorecard zu, die ebenso wie die anderen vorgestellten Methoden auf den Bildungsbereich übertragbar ist – allerdings erst auf den zweiten Blick! In gebührender Kürze wird diese Methode im Kontext von Qualitätsmanagement dargestellt.

Die Balanced Scorecard wird von ihren „Erfindern" Robert S. Kaplan und David P. Norton als Herzstück eines Managementsystems bezeichnet, das in der Lage ist, die Strategie der Veränderung von Unternehmen zu optimieren – denn mit der Balanced Scorecard wird die Unternehmensstrategie als Prozess quantitativ beschreib- und nachvollziehbar und damit zu einem Qualitätsmerkmal der Unternehmensführung.

> „Die Strategie wurde Dreh- und Angelpunkt der Organisation. Dank der Balanced Scorecard war es das erste Mal möglich, Strategien so zu beschreiben und zu vermitteln, dass sie jeder im Unternehmen verstehen und danach handeln konnte." (Kaplan/Norton 2001, S. 8)

Ausgangspunkt war ein Kennzahlensystem, das vier Bereiche abdeckt: Kundenperspektive, Mitarbeiter- und Lernperspektive, Perspektive der Geschäftsprozesse, Finanzperspektive. Die Zahl der Perspektiven kann und muss mit der Eigenart der Organisation variieren. Hier sollen erst einmal die ursprünglichen und grundlegenden vier Perspektiven anhand ihrer Kennzahlen erläutert werden.

Die Kundenperspektive kann beschrieben werden z.B. als Marktanteil des eigenen Produkts, als Kundentreue, als Kundenakquisition, als Kundenzufriedenheit und die Rentabilität für den Kunden, was als betriebliche Umsetzung des Ergebnisfaktors „Kundenbezogene Ergebnisse" im EFQM gelesen werden kann.

Die Mitarbeiter- und Lernperspektive kann in den Kennzahlen Mitarbeiterzufriedenheit, Personaltreue, Mitarbeiterproduktivität oder in der Anzahl der an Verbesserungsprojekten beteiligten Mitarbeiter ausgedrückt werden. Mitarbeiterpotentiale, Motivation, Empowerment und Zielausrichtung sind die entscheidenden Felder, über die Informationen gesammelt werden.

Die Perspektive der Geschäftsprozesse zeigt, wie effizient die Organisationsprozesse ablaufen gemessen an der Befriedigung der Erwartungen von Anteilseignern und Kunden. Die gesamte Wertschöpfungskette – von der Innovation bis zum Kundendienst nach dem Produktkauf – soll hier beschrieben werden.

Aus der Finanzperspektive sind betriebswirtschaftliche Kennzahlen von Bedeutung für die Steigerung der Produktivität, die Senkung der betrieblichen Aufwendungen, die verbesserte Nutzung der Anlagevermögen etc.

Ziel der Balanced Scorecard, die mit „Ausgewogener Berichtsbogen" ins Deutsche übersetzt wurde, ist ein Soll-Ist Vergleich zwischen geplanten und erreichten Werten unter Einbeziehung nicht-monetärer Faktoren, was einen neuen Aspekt im Qualitätscontrolling darstellt.

Definition Qualitätscontrolling
Unterstützung der Unternehmensleitung bei der Entscheidungsfindung durch gezielte Informationsversorgung, Planung und Überwachung der Maßnahmen des Qualitätsmanagements zur Koordination und Messung und Bewertung der Veränderungsprozesse.

Neu ist außerdem die Verknüpfung von strategischer und operativer Ebene durch die Verbindung von Kennzahlen mit einer Fokussierung auf strategisch wichtige Entwicklungsbereiche: limitierte Ressourcen werden gebündelt und entsprechend der Strategie eingesetzt. Die Balanced Scorecard liefert die hierfür notwendigen Informationen z.B. darüber, welche materiellen wie immateriellen Vermögenswerte unerkannt oder eingefroren waren.

> „Eigentlich stellte die Scorecard nur ein „Rezept" zur Verfügung, das beschrieb, wie die bereits existierenden Ressourcen zu kombinieren waren, wenn ein langfristiger Wert geschaffen werden sollte. Denken Sie an die Zubereitung einer Mahlzeit, die eine Kombination aus Rohstoffen (Zutaten) und Anlagen (Herdplatte und Backofen) sowie Humankapital (der Küchenchef) darstellt. Damit das materielle und immaterielle Vermögen sinnvoll eingesetzt werden kann, wird ein gutes Rezept benötigt. Das Rezept ist das kritische „Soft Asset". Es wandelt die Rohstoffe in eine tolle

„Mahlzeit" um, die einen erheblichen Genuss darstellt. Das Rezept entspricht der Unternehmensstrategie, die interne Ressourcen und Fähigkeiten so einsetzt, dass eine Unique Selling Position (USP) zugunsten der Kunden und der Marktsegmente generiert werden kann. Unsere Beispielunternehmen konnten die Balanced Scorecard deshalb so erfolgreich anwenden, weil sich sämtliche Mitarbeiter – von der Führungs- bis zur Ausführungsebene – an der Implementierung und Verbesserung des Rezeptes beteiligten." (Kaplan/Norton 2001, S. 11)

Bei einer Übertragung auf Hochschulen als Beispiel für die Balanced Scorecard in Bildungsinstitutionen könnten die zentralen Bereiche, deren Kennzahlen einer strategischen Analyse unterzogen werden, lauten:
- Bildungsmarkt (Studenten)
- Personalentwicklung (Mitarbeiter)
- Prozesse der Bildungsproduktion (Professoren)
- Gesellschaftlicher Nutzen (Geldgeber)
  (vgl. Hahne 2001, S. 18/19)

Bei solch einer Übertragung ist vor allem zu bedenken, dass strukturell und erfahrungsgemäß die Benennung von Kennzahlen ein großes Problem darstellt.

In den meisten Bildungsinstitutionen steht die Einführung einer Kostenrechnung, die die Benennung von Kennzahlen erleichtern würde, erst am Anfang oder ist noch gar nicht erfolgt: die Hochschulen beschäftigen sich seit der Globalisierung ihrer Haushalte mit unterschiedlichem Erfolg mit Kennzahlen, sie haben zeitlich gesehen so einen Vorsprung vor Schulen und Kindertagesstätten. Der Weiterbildungsbereich muss differenziert werden nach dem privaten oder öffentlichen Status der Träger und steht so besonderen Schwierigkeiten gegenüber. Die Entwicklung im gesamten Bildungsbereich aber geht, wie im ersten Kapitel erwähnt, in die Richtung von Autonomie und Eigenverantwortung, die auch die Verantwortlichkeit für die Finanzen oder zumindest Rechenschaftslegung umfassen wird. Von der strukturellen Seite her werden also zukünftig Strategien der Organisationsentwicklung, die die finanzielle Perspektive in den Mittelpunkt rücken, von großem Interesse sein und auf ihre Qualität hin befragt werden (vgl. Kapitel 8). Sie ist allerdings mit der Schwierigkeit konfrontiert, für Kosten und Leistungen (noch) nicht den gemeinsamen Nenner des Preises zu haben.

„Ohne die in der Privatwirtschaft konstitutive Vermittlung zwischen Kosten und Leistungen über Preise ist die Kostenrechnung dabei der Gefahr ausgesetzt, als Instrument der Kostensenkung missverstanden zu werden." (Heise 2001, S. 249/50)

Die Erfahrungen mit der Einführung von Kennzahlen zur Mittelbewirtschaftung z.B. im Hochschulbereich sind sehr zwiespältig, weil die Eigenarten der Disziplinen solche Differenzierungen verlangen, dass der Nutzen von Kennzahlen (Transparenz, Beschreibbarkeit) eingeschränkt oder als den eigenen Interessen zuwiderlaufend eingeschätzt wird. Da allerdings Hochschulen künftig nach Leistung bezahlt werden sollen, müssen auch sie sich der Herausforderung stellen, ihre Leistungen zu beschreiben und zwar mindestens in den Bereichen Forschung, Nachwuchsförderung, Lehre und Studium, Dienstleistungen. Diese Leistungsbeschreibungen gehören künftig unverzichtbar in jedes Qualitätsmanagement, gebündelt in einem regelmäßig zu erstellenden Datenreport, der diese Perspektiven mindestens enthält. Inwieweit dies zu einer Balanced Scorecard ausgeweitet wird, also in Übereinstimmung mit einer Gesamtstrategie zur Verlagerung von versteckten Ressourcen in Bereiche mit Entwicklungspotentialen führt, ist in großen Teilen, wie das Qualitätsmanagement insgesamt, von der Organisationsleitung und dem Willen zur Einbeziehung der Mitarbeiter abhängig.

3.4 Benchmarking

3.4.1 Typen und Verfahrensschritte

Der Begriff Benchmarking ist bis jetzt unübersetzt geblieben. Deshalb wird eine Erklärung versucht, die zu seinem Verständnis beitragen soll, ohne dass damit ein deutsches Äquivalent gefunden wäre. Gemäß Glaap (Glaap 1996, S. 207) leitet sich das Wort aus einer Markierung auf einer Werkbank (bench) ab, mit der Handwerker früher die Größe oder Länge eines Fertigungsstückes messen konnten. Schreiterer (Schreiterer 2001, S. 22) leitet den Begriff aus der Landvermessung ab, was aber m.E. bereits eine Entlehnung aus dem Handwerksbereich ist. Benchmarking ist mittlerweile im Bildungs- und hier insbesondere im Hochschulbereich so gängig, dass Anwendungsbeispiele ohne den Umweg über Wirtschaftsunternehmen aus dem Bildungsbereich genommen werden können.

Benchmarking als Vergleich bestimmter Leistungen zwischen Organisationen, um Qualitätsunterschiede festzustellen, kann in vier Typen unterschieden werden:
1. Internes Benchmarking als Vergleich ähnlicher Prozesse in verschiedenen Abteilungen einer Organisation, um bessere und beste Praxis zu bestimmen, z.B. Veranstaltungsplanung in zwei Fachbereichen.
2. Wettbewerbliches Benchmarking als Vergleich mit einer konkurrierenden Organisation, z.B. die Studienzeit eines Faches der eigenen Hochschule mit einer anderen öffentlichen oder privaten Hochschule, die für kurze Studienzeiten bekannt ist.
3. Funktionales Benchmarking als Vergleich ähnlicher Prozesse in verschiedenen Organisationen derselben Branche, z.B. Einschreibprozeduren in Bildungseinrichtungen weltweit unter Ausschluss direkter Konkurrenten.
4. Übergreifendes (generic) Benchmarking als Vergleich von Basisprozessen zwischen Unternehmen verschiedener Branchen, z.B. die Zuverlässigkeit von Telefondiensten in Universitäten und Hotels.

Um Benchmarking erfolgreich anzuwenden, müssen folgende Schritte gewährleistet sein:
1. Vollständige Kenntnis des Prozesses, Produkts oder der Dienstleistung, die Objekt von Benchmarking werden sollen. Sie umfasst eine detaillierte Prozessanalyse und die Sammlung von geeigneten Messdaten zur Beschreibung der Ergebnisse.

2. Die Messdaten dienen dazu, Organisationen zu identifizieren, die eine bessere Leistung auf dem untersuchten Gebiet aufzuweisen scheinen, um eine oder mehrere von denen als Benchmarking Partner zu bestimmen.
3. Genaue Untersuchung des Prozesses, Produkts oder der Dienstleistung bei dem/der Benchmarking Partner, um Aussagen darüber zu gewinnen, bei wem Leistung besser ist und warum. „Die ausgetauschten Daten müssen so aufgebaut sein, dass sich vorteilhafte Strategien, innovative Konzepte oder Organisationsformen erkennen ... lassen." (Glaap 1996, S. 214)
4. Anwendung der Erkenntnisse zur Verbesserung der eigenen Leistung, die auf dem Erfolg der Partner aufbaut. Dafür muss ein eigener Weg entwickelt werden, der die Stärken der anderen – eingebettet in die eigene Strategie – einbezieht. „Wer nur schlicht nachahmt, wird den Vorsprung der Konkurrenz nie ausgleichen, denn diese entwickelt sich ja auch weiter." (Glaap 1996, S. 214)

Der Gewinn, den Benchmarking bringt, beinhaltet:
* Ideen zur Verbesserung der Leistung,
* Teilen der Erfahrungen und des Wissens über kritische Erfolgsfaktoren mit denen, die dieselben Leistungen anbieten,
* Fokussierung auf Effizienz und Effektivität, um sicherzustellen, dass die Leistungsprozesse wettbewerbsfähig sind und um die Zielorientierung und das Ressourcenmanagement zu verbessern,
* Bestimmung der Lücke zwischen der eigenen Leistung und der der anderen,
* Kontinuierliche Verbesserung nach Maßgabe der Kunden/Studierenden und Informationen über Leistung.

3.4.2 Best Practice

Die Bestimmung dessen, was besser oder Best Practice ist, spielt beim Benchmarking eine entscheidende Rolle. Schließlich dient es dazu, Maßstäbe für Best Practice zu gewinnen, um von erfolgreichen Praktiken zu lernen. Es soll deshalb zum Schluss dieses Abschnitts ein Auge auf die Schlüsselelemente für Best Practice geworfen werden, wie Colleen Liston sie beschreibt. (Liston 1999, S. 102 f. in eigener Übersetzung) Sie beinhalten eine qualitative Bestimmung dessen, was „best" ist und erläutern insofern die Faktoren, die im EFQM zur Beschreibung von Qualitätsmanagementsystemen angewendet werden. Die Checklisten zur Überprüfung der Schlüsselelemente sind aus Liston 1999 im Anhang abgedruckt.

1. Führung und Leitung
Die Leitung sollte für eine klare strategische Richtung sorgen, die Vision/das Leitbild verbreiten und die Mitarbeiter inspirieren.

Sie sollte ein Klima für Qualitätsmanagement schaffen und die Werte der Organisation stärken. Für die Beförderung von Veränderungsprozessen setzt sie Systeme und Strukturen ein, einschließlich Belohnungsmechanismen. Sie verfolgt Strategien, mit denen alle Ebenen des Managements darin eingebunden werden, für die Integration der Qualitätsverbesserung in die alltäglichen Arbeitsvollzüge zu sorgen. Sie prüft das Ausmaß, in dem Qualitätspraktiken und -prinzipien in die Organisation integriert sind ebenso wie das Ausmaß, in dem die Werte der Institution anerkannt und handlungsleitend sind.

2. Strategie, Politik und Planung

Es obliegt dem mittleren Management sowohl die Werte zu schaffen, die die Prinzipien von best practice widerspiegeln, wie auch sie zu über- und umzusetzen in tägliche Handlungen. Es hat dafür zu sorgen, dass sich alle, auch das gesellschaftliche Umfeld, an der Entwicklung der Werte beteiligen.

3. Information und Analyse

Es sollten vorliegen: valide und hochwertige Daten und Informationen, Konkurrenzvergleiche und Benchmarking, Datenanalyse und Informationsaufbereitung sowie Leistungsindikatoren.

4. Menschen

Das Arbeitsklima sollte durch Beteiligung, Vertrauen, Teamarbeit, Empowerment und Stolz auf Leistung gekennzeichnet sein, das Potentiale verwirklichen hilft und alle Mitarbeiter einbindet in den kontinuierlichen Verbesserungsprozess. Personalentwicklung ist Teil der Organisationsentwicklung und folgt denselben Zielen.

5. Der Kunde im Focus

Die Bedürfnisse und Erwartungen der externen Kunden müssen antizipiert, identifiziert und befriedigt werden. Die Wichtigkeit der Kundenperspektive muss alle Vollzüge bestimmen, damit die Kundenzufriedenheit und -treue ständig verbessert werden kann.

6. Prozess-, Produkt- und Dienstleistungsqualität

Die Effektivität der Prozesse muss begleitend evaluiert werden, um die Leistung zu verbessern. Die Mitarbeiter müssen befähigt werden, innovativ und kreativ daran mitzuwirken, die Kundenzufriedenheit zu erhöhen. Qualitätsmanagement muss sich auf alle Bereiche der Produkt- und Leistungserstellung beziehen.

7. Leistung der Organisation

Wertschöpfung muss stattfinden, Gewinn wird für alle Stakeholder erwirtschaftet, die finanzielle Leistung wird verbessert.

Ebenso wie die Balanced Scorecard erlaubt die Beschreibung dieser sieben Schlüsselfaktoren ein Verständnis der Organisationsabläufe und eine Beurteilung ihrer Qualität, um Stärken und Schwächen festzustellen. Liegt der Focus bei der Balanced Scorecard aber auf organisationsinternen Abläufen und deren strategischer Ausrichtung, so kommt es hier – bei Benchmarking und Best Practice – auf den Vergleich verschiedener Strategien in verschiedenen Organisationen an und ist von der Bereitschaft der möglichen Benchmarking Partner abhängig, sich an einem umfassenden Informationsaustausch zu beteiligen. Dies setzt eine der beiden

Erwartungen voraus: entweder dass alle Beteiligten in diesem Austausch etwas lernen können, oder dass diese Analyse belohnt wird. Für ersteres gab es im Juli 2003 ein Beispiel im Hochschulbereich. 15 große Universitäten haben sich in Deutschland zu einer Qualitätsinitiative zusammengeschlossen, dem Club „Benchmarking G 21 – Qualitätsinitiative großer Universitäten", „um voneinander zu lernen, Lösungen für ähnlich gelagerte Probleme gemeinsam zu suchen und schließlich einer breiten Öffentlichkeit ihre Leistungen national wie international zu präsentieren. Diese Qualitätsinitiative ist der erste freiwillige Länder übergreifende Zusammenschluss von Universitäten abseits offizieller Gremien und Institutionen; sie gehören in Deutschland zu den leistungsstärksten in der Forschung, in der Nachwuchsförderung und bei den Absolventen." (Presseinformation der Ruhr-Universität Bochum 15.7.2003)

Damit soll ein Gegengewicht zur Definition von Profilbildung als Schließung unterausgelasteter Studiengänge geschaffen werden. Die Vorteile von Größe und Vielfalt und ihre spezifischen Herausforderungen an die Hochschulleitungen sollen hervorgehoben werden. Benchmarking soll es ermöglichen, von dem Besten zu lernen, „wie er die Anforderungen meistert, wie er Reformen umsetzt und mit Problemen umgeht." (Presseinformation der Ruhr-Universität Bochum 15.7.2003)

Auf die motivierende Wirkung von Vorbildern setzt auch die Auslobung von Preisen, die für exzellentes Qualitätsmanagement entwickelt wurden.

3.5 Qualitätspreise

3.5.1 Einführung

Preise für konsequentes Qualitätsmanagement haben mindestens auf zwei Ebenen Bedeutung: auf der Ebene der Weiterverbreitung bestimmter Konzepte für Qualitätsmanagement und für ganzheitliches Qualitätsmanagement als Basis für die Wertschätzung einer Organisation im Wettbewerb als zweite Ebene. Die den Preisen zugrunde liegenden Bewertungskriterien stellen ebenfalls – wie die anderen in diesem Kapitel vorgestellten Qualitätsmethoden – eine gute Grundlage für die Selbstbewertung einer Organisation im Hinblick auf die Verwirklichung von Qualitätsmanagement dar.

Die Preise wurden ins Leben gerufen, um die Wettbewerbsfähigkeit der Organisationen zu verbessern. Es wird jeweils ein Orientierungsrahmen aufgestellt, mit dem Spitzenleistungen gemessen und verglichen werden können. Die im Rahmen der Bewerbung um die Preise erstellten Selbstbewertungen könnten also auch fürs Benchmarking genutzt werden, vorausgesetzt, sie sind allgemein zugänglich. Besonderer Zweck der Preise ist es, vorbildliche Unternehmen durch die Preisverleihung herauszustellen und damit zu belohnen.

3.5.2 Deming Preis (Japan)

Die älteste Auszeichnung für Qualitätsmanagement ist der Deming Prize, auch wenn der Begriff „Qualitätsmanagement" bei der ersten Auslobung noch nicht auftauchte. Er wurde schon 1951 in Japan ins Leben gerufen, benannt nach W. Edwards Deming, der im selben Jahr nach Japan gegangen war, um umfassende Qualitätssicherung zu entwickeln. „Vom Deming Prize behaupten nicht wenige, dass er für die Entwicklung der japanischen Industrie mindestens ebenso wichtig war, wie die Lehre Demings." (Glaap 1996, S. 215)

Es wird das wirkungsvolle Erreichen von Qualitätszielen bewertet, um Produkte und Dienstleistungen zur vereinbarten Zeit, zu einem angemessenen Preis und einer vom Kunden akzeptierten Qualität zu erstellen. Wichtig sind außerdem die kontinuierliche Verbesserung, die Einführung von Qualitätszirkeln und die konsequente Anwendung von statistischer Prozessregelung.

Definition Statistische Prozessregelung (SPR)
SPR ist ein auf mathematisch-statistischen Grundlagen basierendes Instrument, um einen bereits optimierten Prozess durch kontinuierliche Beobachtung und ggf. Korrekturen in diesem optimierten Zustand zu erhalten.

Die Teilnahme ist an ein konsequent angewendetes Qualitätsmanagement-System und an Erfolg auf dem Markt gebunden, die nachgewiesen und vor einer Jury erläutert werden müssen. Ein formales Bewertungsmodell mit unterschiedlicher Gewichtung der einzelnen Kriterien gibt es nicht. Die Japanese Union of Scientists and Engineers (JUSE) gibt eine Checkliste heraus, die als Leitfaden für die Selbstbeschreibung dient. Die erfolgreiche Anwendung eines organisationsspezifischen Weges ist der ausschlaggebende Faktor und wer 70 von 100 Punkten zuerkannt bekommt, wird ausgezeichnet. Die Orientierung an kontinuierlicher Verbesserung spiegelt sich in einigen Regelungen zur Verleihung des Preises: Wer die Mindeststandards nicht erfüllt, kann sich im folgenden Jahr erneut bewerben und wird dann nur in den Kriterien geprüft, die zuvor nicht ausreichend waren; seit 1969 wird an die Organisationen eine Medaille verliehen, die vor mindestens fünf Jahren eine Variante des Deming Preises, den „Deming Application Prize" gewonnen haben und ihr Qualitätsmanagement noch einmal deutlich verbessert haben.

Er unterscheidet sich von den anderen noch zu erwähnenden Preisen dadurch, dass sich nicht nur Organisationen des eigenen Landes, sondern seit 1986 auch ausländische Firmen und öffentliche und gemeinnützige Organisationen bewerben können. Außerdem zeichnet er sich durch geringen Formalismus (eine nur kurze Checkliste) aus und die Ausdifferenzierung des Preises für Einzelpersonen, einzelne betriebliche Einheiten und verschiedene Unternehmensgrößen. (Vgl. Kamiske/Brauer 2003, Hummeltenberg 1995, Glaap 1996)

3.5.3 Malcolm Baldrige National Quality Award (USA)

Das amerikanische Pendant zum Deming Preis wird erst seit 1988 verliehen. Namensgeber ist der damalige amerikanische Handelsminister, dem besonders daran lag, diesen Preis zur Verbesserungsfähigkeit der Wirtschaft durchzusetzen und zu gestalten. Eine hochkarätige Zeremonie zeichnet die Preisverleihung aus: der Präsident der Vereinigten Staaten von Amerika übergibt den Preis.

Stärker als der Deming Preis ist die Beurteilung auf die Befriedigung der Kundenbedürfnisse und deren kontinuierliche Verbesserung fokussiert.

Der größte Unterschied besteht aber in dem viel stärker formalisierten Vorgehen bei der Beurteilung.

Insgesamt können 1000 Punkte in sieben Kriterienblöcken erreicht werden.

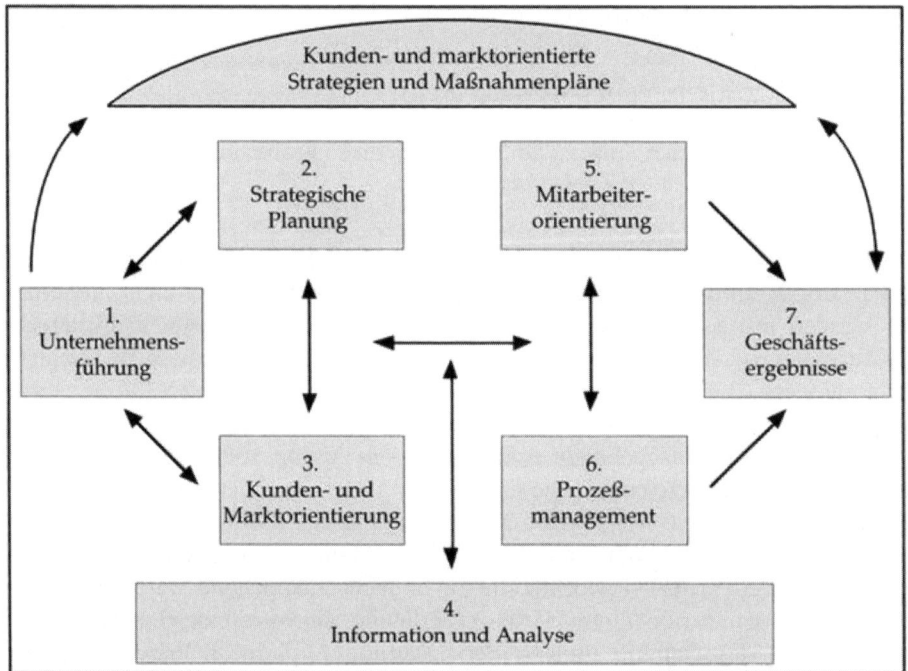

Abbildung 4:
Das Modell des Malcolm Baldrige Award (Kamiske/Brauer 2003, S. 178)

Die Gewichtung der 20 Kriterien unterhalb der Hauptkriterien wird Jahr für Jahr angepasst und 1997 wurde der konzeptionelle Rahmen durch das Dach „Customer and Market Focused Strategy and Action Plans" neu positioniert. Für die Bewerber heißt das, dass sie ihre kunden- und marktorientierten Strategien und ihre Aktionspläne transparent machen müssen. (Zollondz 2002, Kap. 4)

Grundsätzlich haben sich die bewerbenden Organisationen in ihrer Selbstbeschreibung nach den Beurteilungskriterien des Modells zu richten, die alle behandelt werden müssen. Die Bewerbungsunterlagen werden von geschulten Prüfer-

Teams bewertet. In einem mehrstufigen Verfahren werden die Finalisten ausgewählt, bei denen eine Vor-Ort Prüfung stattfindet. Die endgültige Entscheidung über die Gewinner trifft das Handelsministerium, die Preisverleihung erfolgt wie oben erwähnt durch den Präsidenten oder Vize-Präsidenten der Vereinigten Staaten von Amerika, ist also ganz oben in der politischen Hierarchie angesiedelt.

Der Benchmarking-Gedanke ist für die Wirkungsweise und die Zielsetzung dieses Preises ganz entscheidend: die Preisträger sind verpflichtet, Informationen über ihr erfolgreiches Qualitätsmanagement anderen Organisationen zur Verfügung zu stellen. Und so wird denn auch neben dem Nutzen des Preises als Feedbackprozess für alle Teilnehmer am Bewerbungsverfahren und dem wirtschaftlichen Nutzen für die Volkswirtschaft durch hohe Qualität etc. auch der Nutzen für die nicht ausgezeichneten Unternehmen gewürdigt, der in ihrer Partizipation an den Ergebnissen der Ausgezeichneten besteht.

3.5.4 European Quality Award (EQA Europa)

Noch ein bisschen später hat sich die europäische Gemeinschaft entschlossen, einen Qualitätspreis zu verleihen, 1992 wurde zum ersten Mal der European Quality Award verliehen. Er ist stark an dem amerikanischen Qualitätspreis angelehnt, Bewerbungs- und Auswahlverfahren unterscheiden sich kaum und werden deshalb hier nicht noch einmal beschrieben.

Allerdings unterscheidet sich das Bewertungsmodell, das dem EFQM-Modell entspricht und das wir schon aus Kapitel 2 kennen. In der folgenden Abbildung sehen wir dasselbe Modell, aber mit Angabe der Gewichtung der einzelnen Kriterien.

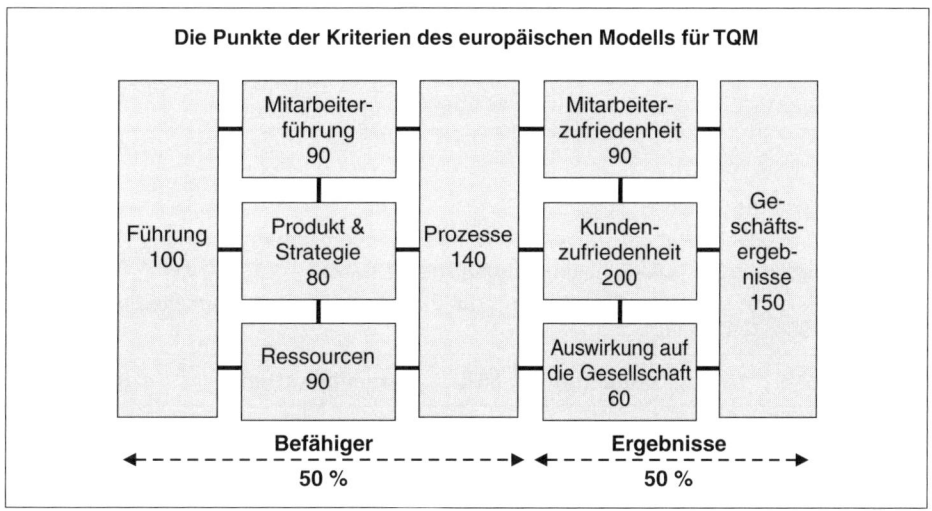

Abbildung 5:
Gepunktete TQM-Kriterien (Ellis 1994, S. 285)

Die Befähiger-Kriterien werden nach Vortrefflichkeit des Ansatzes und Ausmaß der Umsetzung bewertet, die Ergebnis-Kriterien nach Vortrefflichkeit und Reichweite. Neben dem Austausch von best practices zwischen den Gewinnern und anderen Unternehmen wird das Ziel verfolgt, Selbstbewertungen als Routine und Grundlage für die kontinuierliche Verbesserung im Management zu etablieren.

Der Prozess der Selbstbewertung
Selbstbewertungsformular Das untenstehende Formular dient lediglich als Beispiel und enthält fiktive Aufgaben. Es wird für jeden Teil (1a, 1b, 1c ... 2a, 2b, 2c... usw.) erstellt, der bei der Selbstbewertung verwendet wird.
Kriterium 1: Führung Wie das Führungsteam und alle anderen Führungskräfte Umfassende Qualität als grundlegenden Prozess des Unternehmens für eine kontinuierliche Verbesserung initiieren und durchsetzen.
Teil 1a Sichtbares Engagement bei der Führung von Umfassender Qualität

Ansatzpunkte: *) Wie Führungskräfte: - sich als Vorbild verhalten und durch Beispiel führen - mit der Belegschaft kommunizieren - für Mitarbeiter zugänglich sind und sie anhören - bei der Mitarbeiterschulung mitwirken	**Stärken:** - Führungskräfte vom Präsidenten übernommen - Führungskräfte nehmen als erste an der TQM-Schulung teil und leiten dann die Ausbildung - Botschaft wird bei der Einführung neuer Produkte nachdrücklich wiederholt - Effektivität wird durch Mitarbeiterbefragung erfasst. **Verbesserungsbereiche:** - Kein integrierter Prozess, um diese Tätigkeiten zu führen - Tätigkeiten werden keiner regelmäßigen Prüfung unterzogen

Nachweis:

Erklärung des Präsidenten zu TQM

Besuch verschiedener Stätten, Kunden und Lieferanten durch den Präsidenten

Wie Führungskräfte bei TQM-Schulungsmaßnahmen mitwirken

Wahrnehmung des sichtbaren Engagements der Führungskräfte aus Mitarbeiterbefragungen der Jahre 1988, 1990, 1992

Ansatz	**75%**	**Einführung**	**55%**	**Gesamtbewertung**	**65%**

*) Die nachfolgend aufgeführten Ansatzpunkte werden vom Unternehmen ausgewählt, das die Selbstbewertung durchführt, und sollte nur für diese Tätigkeit besonders wichtig sein.

Abbildung 6:
Selbstbewertungsformular (Ellis 1994, S. 302)

Zur Unterstützung finden für EFQM-Mitglieder regelmäßig Schulungen (Self-assessment-Trainings) und jährliche Konferenzen zum Erfahrungsaustausch statt.

Zu den Details, in denen sich der amerikanische und der europäische Qualitätspreis unterscheiden, gehören

- der Umfang der Kriterien (29 Einzelpunkte im EQA, 91 im MBNQA)
- Fokussierung (beim EQA wird Wert auf die Zufriedenheit aller Interessengruppen eines Unternehmens gelegt, auch auf die Gesellschaft als ganzer, nicht nur auf die der Kunden und Mitarbeiter wie beim MBNQA)
- die Entwicklung und Harmonisierung nationaler Qualitätspreise in Europa. Die Dachorganisation „European Organization for Quality" (EOQ) unterstützt diese Bestrebungen.

Die Struktur des EQA liegt auch dem Ludwig-Erhard-Preis zugrunde, der seit 1997 in Deutschland verliehen wird. Allerdings konnte der Preis z.B. 2001 nicht verliehen werden, weil keiner der Bewerber die notwendige Punktzahl erreichte. (vgl. Zollondz 2002, S. 294)

3.6   Zusammenfassung

Bei allen Methoden steht im Mittelpunkt ihrer Anwendung ein Kriterienkatalog oder eine Checklist, die als Leitfaden zur Sammlung von Fakten und Informationen dient und in einer Kombination von Selbst- und Fremdbeurteilung Beschreibungen von Qualitätssystemen liefert. Tools zur Sammlung der Informationen und Fakten haben wir auf der Ebene des allgemeinen Qualitätsmanagements nicht beschrieben. Sie finden Erwähnung in der Beschreibung von Qualitätsmanagement, wie es in verschiedenen Bildungsbereichen diskutiert und angewendet wird. Alle dargestellten Methoden können auf den Bildungsbereich übertragen werden, wenn die Entwicklung von Kennzahlen vorangetrieben wird. Diese Entwicklung bahnt sich an und ist eng verknüpft mit Veränderungen der rechtlichen und politischen Stellung der Bildungseinrichtungen auf den verschiedenen Bildungsniveaus und mit der Durchsetzung der indikatorgestützten Mittelverteilung. Dennoch sind im Bildungsbereich immer zusätzliche Anpassungsleistungen an ökonomische Denkmodelle gefordert, wenn Qualitätsmanagement betrieben werden soll und die langen und teilweise erfolglosen Versuche z.B. Kennzahlen zur Verteilung eines globalisierten Haushalts in der Hochschule einzuführen, zeigen, dass dies ein schmerzlicher Prozess sein kann, der durch das weitgehende Fehlen von monetären Preisen für Leistungen kompliziert wird. Nicht-monetäre und qualitative Kennzahlen nehmen daher im Bildungsbereich einen breiteren Raum ein als im Wirtschaftssektor. Insbesondere das Ausloben von Auszeichnungen/Preisen bietet sich für eine wenig formalisierte Beschreibung von Leistungen und ihrer Bewertung an und wird sowohl im Forschungs- wie im Lehrbereich an verschiedenen Universitäten, Fördereinrichtungen und auch Schulen gepflegt. Für ein wirkungsvolles Qualitätsmanagement – und dies sollten die beiden vorangegangenen Kapitel gezeigt haben – allerdings ist seine Einbettung in oder Ableitung von einem Konzept der Qualitätssicherung notwendig, damit es nicht ein singuläres Ereignis bleibt und/oder mangels Beteiligung eingestellt werden muss. Unser Augenmerk wird deshalb bei der Schilderung von Qualitätssicherungskonzepten, -methoden und tools in den verschiedenen Bildungsbereichen immer auch darauf gerichtet sein, welche Wirkungen sie zeitigen. Dies ist eben aufgrund des weitgehenden Fehlens geteilter Maßstäbe oft nicht auf den ersten Blick festzustellen.

Fragen zum Bereich „Methoden des Qualitätsmanagements":

Oftmals entscheidet sich die Wahl einer Methode nach dem Aufwand, der zu ihrer Anwendung erbracht werden muss. Betrachten Sie unter dem Aspekt des Aufwands (notwendige Zeit zur Konstruktion der Methode, Umfang der zu sammelnden Daten, Schwierigkeitsgrad der Auswertung)die geschilderten Methoden und ordnen Sie sie von gering bis hoch ein.

Die geschilderten Methoden finden in unterschiedlichen Zusammenhängen Anwendung, dennoch haben sie oftmals einen gemeinsamen Kern. Versuchen Sie den Gemeinsamkeiten und Unterschieden der Methoden auf die Spur zu kommen.

Literatur zur Vertiefung

Hahne, A. (2001): Balanced Scorecard. In: Hanft, A. (Hg.): Grundbegriffe des Hochschulmanagements, Neuwied/Kriftel, S. 15–21.

Kamiske, G. F./Brauer, J.-P. (2003): Qualitätsmanagement von A–Z, München/Wien, Kap. 2 Begriffe Benchmarking, S. 10–19, Ständige Verbesserung, S. 293–298.

Kaplan, R. S./Norton, D. P. (2001): Die strategiefokussierte Organisation. Stuttgart, Kap. 1 Die strategiefokussierte Organisation aufbauen. S. 3–25.

4 Qualitätsmanagement im Elementarbereich des Bildungswesens (Kindertagesstätten)

4.1 Rahmenbedingungen

Kurz soll um der Vollständigkeit willen auch auf den Bildungsbereich der Elementarerziehung eingegangen werden. Im öffentlichen Interesse ist die Qualität der Einrichtungen von großer Bedeutung, sind doch mit zunehmender Emanzipation der Frauen und der Zunahme der Frauenerwerbstätigkeit immer mehr Familien auf eine außerfamiliale Erziehung der Kinder vor und parallel zu dem Schulbesuch angewiesen. Und so wird denn auch die Qualitätsdebatte im Bereich der Kindertagesstätten (Kita) Mitte der 90er Jahre vor allem durch

1. den individuellen Rechtsanspruch auf einen Kitaplatz, der mit der Novellierung des Schwangeren- und Familienhilfegesetzes 1992 eingeführt wurde, dem keine zusätzlichen Finanzmittel gegenüberstanden, angestoßen,
2. den Perspektivwechsel in der Verwaltung von der Input- zur Outputsteuerung, d.h. weg von der Bereitstellung finanzieller Mittel und Regeln für Verwaltungshandeln hin zu Anforderungen an das Produkt, den wir auch in anderen Bildungsbereichen als Auslöser für Qualitätsdiskussionen festmachen konnten (vgl. Kap. 1) „Damit rückte die Qualität des pädagogischen Prozessgeschehens in das Zentrum des Interesses." (Tietze 2001, S. 21)

Effizienz (werden die Mittel zweckmäßig zur Erreichung des Ziels eingesetzt?) und Effektivität (wird die gewünschte Qualität erreicht und hat das erzieherische Programm die erhofften Wirkungen?) sollen in der Beschreibung des Outputs nachgewiesen werden, um den Einsatz der knappen Mittel zu rechtfertigen (Rechenschaftslegung).

Dazu wird auf Qualitätsmanagementkonzepte aus der Industrie (DIN EN ISO 9000) zurückgegriffen. Die ISO Normenreihe wird angewandt, obgleich sie nicht dicht genug an den pädagogischen Prozessen ist, d.h. die Übersetzung der technischen Begrifflichkeiten ist sehr aufwändig und das Zertifikat sagt nichts über die pädagogische Qualität aus (vgl. auch Kap 3.2.).

Daneben wurden spezifische, auf den Elementarbereich zugeschnittene Konzepte entwickelt wie die Kindergarten-Einschätzskala, das Qualitätsentwicklungsmodell des Kronberger Kreises oder das Paternoster-Prinzip, für das ein Praxisbeispiel im Bereich der Kindertagesstätten geschildert wird.

4.2 Qualitätskonzepte für Kindertagesstätten

Die **Kindergarten-Einschätzskala** (KES) misst die pädagogische Qualität in Kindergartengruppen für Kinder von 3 bis 6 Jahren mit dem Anspruch, sozialwissenschaftlichen Gütekriterien zu genügen. Sie ist eine adaptierte Fassung der amerikanischen Early-Childhood Environment Rating Scale (ECERS). Damit wird ein

Standard vorgegeben, der notgedrungen situations- und kulturunabhängig sein muss. Viele pädagogische Fachkräfte haben sich für die Anwendung der KES schulen lassen, um eine verlässliche und valide Durchführung leisten zu können.

37 Items sind für eine mehrstündige Beobachtung vorgegeben, die zu den sieben Hauptkategorien zusammengefasst sind:

I. Betreuung und Pflege der Kinder
II. Möbel und Ausstattung für Kinder
III. Sprachliche und kognitive Anregungen
IV. Fein- und grobmotorische Aktivitäten
V. Kreative Aktivitäten
VI. Sozialentwicklung
VII. Erzieherinnen und Eltern.

Jedes Item wird auf einer Skala von sieben Qualitätsstufen bewertet.

> „Die KES liefert auf der Grundlage einer mehrstündigen Beobachtung in einer Kindergartengruppe ein Qualitätsprofil sowie einen Gesamtwert für die globale Prozessqualität. Sie zielt damit ab auf die Qualität des pädagogischen Produktes, die Qualität der pädagogischen Dienstleistung (Output), wie sie von den pädagogisch Handelnden unter bestimmten Rahmenbedingungen (Strukturqualität) hervorgebracht wird." (Spieß/Tietze 2001, S. 19)

Sie liefert jedoch keine Hinweise darauf, wie notwendige Veränderungsprozesse eingeleitet werden können, wenn dies aufgrund der Ergebnisse geboten erscheinen sollte.

Das **Qualitätsentwicklungsmodell des Kronberger Kreises** beruht auf dem Dialog zwischen Eltern, Kindern, Fachkräften und Trägern. Der dialogische Ansatz betont die Gegenseitigkeit, das Aufeinanderbeziehen und die situative Übereinstimmung von Subjekt und Objekt. Die pädagogischen Fachkräfte steuern die Qualitätsentwicklung als Auseinandersetzung und Reflexion ihrer Praxis und beziehen den weiteren Kontext der Einrichtung wie Träger und Kunden mit ein. Sie werden durch eine externe Projektbegleitung unterstützt. Acht Qualitätsdimensionen sind vorgegeben (Programm- und Prozessqualität, Leitungsqualität, Personalqualität, Einrichtungs- und Raumqualität, Trägerqualität, Kosten-/Nutzenqualität, Förderung von Qualität), die in einem kommunikativen Prozess immer wieder neu erzeugt und ausgehandelt werden müssen und nicht als äußere Standards vorgegeben werden können. Nur so können die Dimensionen handlungsleitend wirken und Veränderungsprozesse einleiten. Allgemeingültige Standards können und sollen in diesem Vorgehen nicht entwickelt werden.

Das **Paternoster-Prinzip** hat das Ziel, „angemessenes professionelles Wissen für die Zukunft zu erarbeiten und dabei die historisch besondere Situation von Erziehungsarbeit in diesem Feld zu konkretisieren" und personenbezogen die Dienstleistungen zu rekonstruieren. (Voigt 2003, S. 71)

Für die Anwendung dieses Ansatzes für Qualitätsentwicklung im Bereich der Kindertagesstätten steht das folgende Praxisbeispiel, das Teil der Diplomarbeit von Petra Voigt ist. Sie beschreibt ihre eigenen Erfahrungen mit Qualitätsentwicklung als Leiterin einer Kindertagesstätte und schreibt hier in Ich-Form. (Voigt 2003, S. 84–101)

Praxisbeispiel

Einstieg in die Qualitätsentwicklung und Prozessverlauf
Im Rahmen des Qualitätsprozesses beschritten wir in unserer Kita zwei Ebenen. Auf erster Ebene fanden in unserer Einrichtung regelmäßige gemeinsame Dienstbesprechungen sowie zwei Studientage mit einer externen Referentin der Universität Lüneburg und einer Fachberaterin des Stadtkirchenverbandes statt.

Die zweite Ebene beschäftigte sich auf der Leitungsebene ebenfalls mit den Grundlagen zur Thematik der Qualitätsentwicklung. In diesem Kontext wurden Feststellungsverfahren hinterfragt und anschließend die dialogischen Modelle untersucht. Diese wurden einander gegenüber gestellt und analysiert, um so das geeignete Modell für die jeweilige Kindertageseinrichtung zu finden.

In den Feststellungsverfahren wird die Qualität nach den äußeren Bedingungen festgestellt und zertifiziert. So wird zum Beispiel bewertet, welches pädagogische Material in einer Einrichtung vorhanden ist. Dabei findet die Anwendung des Materials (in welcher Weise das Material von den Kindern genutzt wird) keine Berücksichtigung.

In den dialogischen Modellen wird die Qualität nach den pädagogischen Prozessen in der Einrichtung festgestellt. Hierbei werden einzelne Bereiche wie beispielsweise Verfügungszeit oder Elternarbeit intern und extern evaluiert und die Ergebnisse dieser Prozesse festgehalten. Diese Ergebnisse begründen die Qualität in der Kindertageseinrichtung.

Prozessbeschreibung
Zunächst wurden in dem Team, in dem ich arbeite, die Grundlagen erarbeitet. Wir haben uns intensiv mit Qualitätsentwicklung in der pädagogischen Arbeit beschäftigt sowie uns mit der Rolle als Frau und der beruflichen Entwicklung auseinandergesetzt. Dabei wurde der gesellschaftliche und kulturelle Kontext in die Auseinandersetzung mit einbezogen und schließlich die Entscheidung für das Paternoster-Modell getroffen. Hierbei war die wissenschaftliche Begleitung der Universität Lüneburg ein wesentlicher Aspekt. Da das Modell von der eigenen Praxis in der Einrichtung ausgeht, haben wir als erstes die eigene Situation anhand von folgenden Kriterien bilanziert:
- *Wissen um die eigene Qualitätsentwicklung*
- *Stärken- und Schwächenanalyse in der Arbeit mit Kolleginnen, Kindern und Eltern*
- *Träger*
- *Fachschulen*

Nachdem der Rahmen des Qualitäts-Prozesses geklärt war, konnte wir mit der Auseinandersetzung des Bereiches „Verfügungszeit" beginnen.

Zu Beginn verständigten sich alle Teilnehmerinnen über den Begriff „Verfügungszeit", insbesondere darüber, was inhaltlich und zeitlich darunter zu verstehen ist. Als nächstes beschlossen die Erzieherinnen, ihre eigene „Verfügungszeit" zu überprüfen. Die Struktur für diesen Prozess wurde von der Universität Lüneburg vorgeschlagen:
- *Bilanzierung der eigenen Situation*
- *Herausarbeiten von Veränderungsprozessen*
- *Festlegung alter und neuer Ziele*
- *Schritte zur Weiterentwicklung und*
- *Festlegung weiterer Arbeitsweisen.*

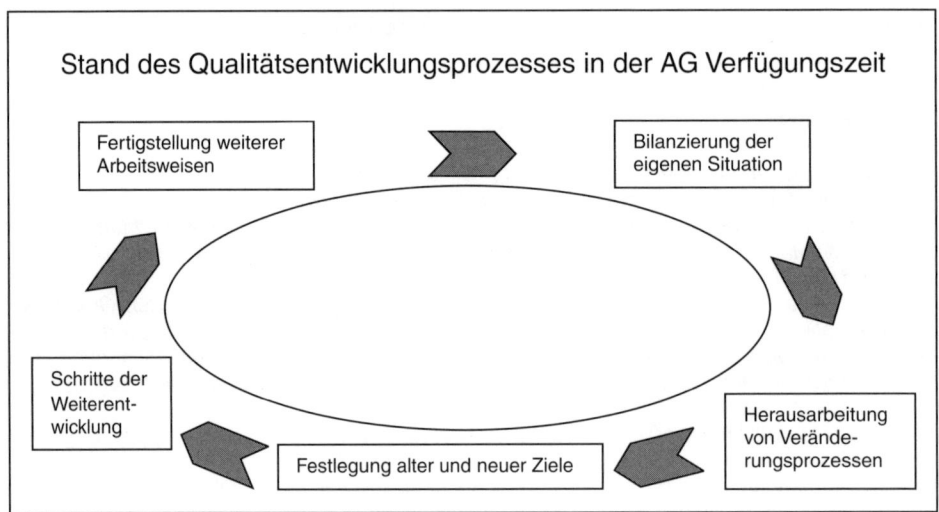

Abbildung 7:
Qualitätsprozess in der AG Verfügungszeit

Ergebnisse und Auswertung

Nach Fertigstellung der Protokolle wurden die Ergebnisse in eine Struktur gebracht. Für eine erste Einordnung der einzelnen Tätigkeiten wurden übergeordnete Kategorien gebildet, denen die einzelnen Tätigkeiten aus den Protokollen zugeordnet wurden:

- *planende Tätigkeiten*
- *vor- und nachbereitende Tätigkeiten*
- *kommunikative Tätigkeiten*
- *administrative Tätigkeiten*
- *reflexive Tätigkeiten*
- *hauswirtschaftliche Tätigkeiten*
- *sonstige Tätigkeiten, die sich keiner oben genannten Kategorien zuordnen ließen.*

Diese Kategorien dienten der ersten Einordnung. Die Einordnung der jeweiligen Zuordnung ist nicht immer gegeben, beispielsweise „Austausch mit den Kolleginnen": Zum einen kann der Austausch zwischen Erzieherinnen eine kommunikative Tätigkeit sein, jedoch auch Reflexion, Planung, Vorbereitung, Organisation von anderen Tätigkeiten beinhalten.

Aufgrund der sehr komplexen Aussage ist die Art und Weise dieser Tätigkeit nicht eindeutig zuzuordnen, sie kann sogar mehrere Tätigkeiten gleichzeitig beinhalten. Die oben genannten Kategorien könnten in weiteren Auswertungen spezifiziert werden um differenziertere Ergebnisse zu erlangen. Dies haben die Mitarbeiterinnen wegen mangelnder Zeit und Sachmittel abgelehnt, weshalb wir uns mit der ersten Auswertung der Tätigkeitsprotokolle intensiv auseinander setzten. Die Reflexion wurde im Mitarbeiterinnenkreis sehr offen geführt, folgende Ergebnisse waren dabei zu verzeichnen:

Einige Tätigkeiten, die dem hauswirtschaftlichen Bereich zuzuordnen sind (wie Aufräumen, Handtücher aufhängen), sollten mit den Kindern gemeinsam in der Betreuungszeit ausgeführt werden. Hier gilt in gleicher Weise das pädagogische Prinzip der Partizipation. Bei anderen Tätigkeiten wurde sichtbar, dass die Erzieherinnen zu wenig kooperieren, was einen dringenden Handlungsbedarf implizierte. Bei der Planung bestimmter Projekte beispielsweise oder Vorbereitungen zu verschiedenen Themen bedeutet Kooperation Hilfe und Unterstützung für jede Erzieherin. Eine weitere Erkenntnis war, dass die Information zwischen den Erzieherinnen verbessert werden kann. Arbeitsteilungen, wie Bestellungen von Büchern und das Abholen aus der Bücherei im Stadtteil, sind in gegenseitiger Absprache arbeitserleichternd und zeitsparend. Es wird wesentlich mehr kommuniziert, mit dem Ergebnis, dass die Erzieherinnen mehr von einander erfahren und dadurch Barrieren abbauen. Durch diesen Prozess hat sich im Mitarbeiterinnenteam eine Kooperation entwickelt, die bis heute vorhanden ist und weiterbearbeitet wird. Wir haben uns untereinander besser kennen gelernt und Stärken wie auch Schwächen erkannt. Dieser Prozess ist nicht abgeschlossen und wird weiter fortgeführt.

4.3   Zusammenfassung

Heute ist die Elementarpädagogik unter quantitativen Aspekten in aller Munde, sie hat durch den zunehmenden Bedarf an kollektiver Kinderbetreuung Aufmerksamkeit und Aufwertung erfahren. Aber auch ihre qualitative Seite ist immer mehr von öffentlichem Interesse. Ein Qualitätsniveau, das in etwa in allen Einrichtungen verlässlich vorzufinden ist, ist von hoher Bedeutung für die berufstätigen Eltern, die bei der Knappheit des Angebots an Plätzen kaum eine Wahl zwischen Einrichtungen haben. Dennoch stellt der eher schlecht bezahlte Beruf der Erzieherin eher einen Durchgangsberuf dar mit hoher Fluktuation der Beschäftigungsstellen und ohne Aufstiegsmöglichkeiten. Die Notwendigkeit einer Messung der eigenen Tätigkeit nach vorgegeben Kriterien und vorgegebenen Verfahren kann so auch auf Unwillen in den Einrichtungen stoßen und eine äußere Kontrolle unwirksam, weil äußerlich bleibend, machen. Andererseits stellen dialogische Verfahren – wie das Praxisbeispiel zeigen kann – neue Anforderungen an die Reflexionsbereitschaft und -fähigkeit des eigenen Tuns beim pädagogischen Personal, die in einem Professionalisierungsprozess kontinuierlich entwickelt werden müssen.

Es liegt nahe, eine Kombination der beiden Ansätze (externe Standards für die Qualitätsfeststellung der äußeren Bedingungen und die dialogische Methode für die Qualitätsentwicklung der pädagogischen Prozesse) anzustreben. Das Praxisbeispiel hat weiterhin gezeigt, dass bei verantwortungsvoller, engagierter Ausfüllung der Leiterrolle und kompetenter externer Begleitung auch hohe Anforderungen an Qualitätsentwicklungsprozesse erfüllbar werden.

Damit sind in der Betrachtung dieses Bereichs Themen aufgeworfen worden, die auch in den anderen behandelten Bildungsbereichen (Schule, Weiterbildung, Hochschule) im Kontext des Qualitätsmanagements virulent sind:

- Die Verquickung von Professionalisierung und Qualitätsentwicklung
- Die Problematik allgemeingültiger Standards für die Qualität beruflichen Handelns
- Die Überlastung des pädagogischen Personals durch finanzielle Restriktionen und die Bedeutung seiner Wertschätzung für sein Engagement in der Qualitätsentwicklung
- die Notwendigkeit der Verantwortlichkeit für Qualitätsentwicklung in der Leitung
- die Rolle externer Prozessbegleitung.

Fragen zu „Qualitätsmanagement im Elementarbereich":

Welche Strategie der Qualitätsentwicklung scheint Ihnen besonders geeignet, um die Zahl an Betreuungsplätzen in Elementarbereich zu erhöhen?

Welcher Ansatz entspricht am ehesten den Interessen der Eltern bzw. den verschiedenen Gruppen von Eltern?

Unter welchem Aspekt kann die Personalentwicklung dem Qualitätsmanagement in die Hände arbeiten und welcher Stellenwert kommt dabei einem dialogischen Ansatz zu?

Literatur zur Vertiefung

Sommerfeld, V. (1999): Qualität als Drohung und Chance – Professionalisierung in Kindertageseinrichtungen durch Supervision. In: Kühl, W. (Hg.): Qualitätsentwicklung durch Supervision. Münster, S. 163–173.

Tietze, W. (2001): Qualitätsfeststellung und Qualitätsentwicklung im Elementarbereich, In: Arbeitsstab Forum Bildung, Köln, S. 52–62.

5   Qualitätsmanagement in der Schule

5.1   Rahmenbedingungen

Auch im Schulbereich ist der enger gewordene Finanzrahmen ein gewichtiger Faktor für die Beschäftigung mit Qualitätssicherung und die Suche nach Qualitätsmanagementkonzepten. Der Druck zu Änderungen, Umstellungen und Verbesserungen durch Mittelumschichtung und „klügeren Mitteleinsatz" ist gewachsen.

> „Der kluge Einsatz grundsätzlich limitierter Mittel wird zur zentralen Aufgabe, denn auf absehbare Zeit wird es vermutlich keine durchschlagenden finanziellen Zuwächse geben – wohl aber einen Zuwachs an Rechtfertigungsdruck auf den Bildungsbereich insgesamt wie auf die einzelnen Einrichtungen innerhalb dieses Bereichs." (Terhart 2000, S. 811)

Nun werden auch hier wie in privatwirtschaftlichen Unternehmen Fragen nach Effektivität und Effizienz gestellt und „Qualität nicht mehr allein an guten Absichten, sondern an den erzielten Wirkungen sowie schließlich am Verhältnis von Aufwand und Ertrag bemessen." (Terhart 2000, S. 812)

Aber diesen Messungen, denen betriebswirtschaftliche Gesichtspunkte zugrunde liegen, sind im Schulbereich nicht einfach durchzuführen. Ihre Grenzen liegen in den strukturellen Unterschieden zwischen Schulen und Betrieben begründet:

> „Zum ersten entspringen die Angebote der Schule nicht ausschließlich einem individuellen Interesse der Abnehmer ... sondern kulturelle(n) Traditionen und Ansprüche(n) des Gemeinwesens. Sich jene Bildung kaufen zu können, die man will, ist somit für die Angebotsgestaltung von Schulen unzureichend...
>
> Die Produkte der Schule sind (zweitens) nicht ausschließlich das Ergebnis der „Produktionsform" einer Schule. Was Schüler können ist in hohem Maße von den Schülern – und ihren Eltern – mitproduziert ...
>
> Ein dritter Punkt ... besteht darin, dass es in Schulen ... keine klaren Technologien gibt, die es erlauben würden, eindeutig effektive und objektivierbare beste Verfahren von weniger guten zu unterscheiden." (Fend 2000, S 69)

Daraus wird als Zukunftsaufgabe abgeleitet,

> „neue Konzepte eines wohlfahrtsstaatlichen Marktes, eines „public market", zu entwickeln, durch den Bildungssysteme als öffentliche Güter allen Bürgern mit gleicher Qualität zugute kommen, aber gleichzeitig über eine Erweiterung von Mitentscheidungsmöglichkeiten und Wahlmöglichkeiten responsiv gegenüber den „Kundenurteilen" sind." (Fend 2000, S. 70)

Bei allen Vorbehalten gegen betriebswirtschaftlich ausgerichtete Qualitätsmanagementkonzepte ist die wachsende Akzeptanz von am Markt orientierten Steuerungsstrukturen nicht zu übersehen. Hierbei spielt die Verwaltungsmodernisie-

rung eine große Rolle, die mit dem Neuen Steuerungsmodell (NSM) Kundenorientierung und die Verantwortlichkeit der Leitung – beides aus dem Total Management Konzept entlehnt – in allen öffentlichen Verwaltungen durchsetzen soll.
Das kann nur funktionieren, wenn den Verwaltungseinheiten größere Autonomie
darin zugestanden wird, wie sie ihre Aufgaben erfüllen wollen. Im Gegenzug
werden sie stärker als bisher auf die Notwendigkeit einer Zielbestimmung und
einer systematischen Ergebnisanalyse verpflichtet (Output-Steuerung).

> „Im Schulwesen zeigt sich dieser **Paradigmenwechsel** in der Begrifflichkeit von
> „Schulautonomie" und „Evaluation", welche die neuere Schulgesetzgebung vielfach
> bestimmen." (Lange 2001, S. 30)

Anfang der 90er Jahre lässt in der Bildungspolitik dieser Wechsel im Verständnis
von Schule, der von einem bürokratischen, Input gesteuerten Organisations-
verständnis hin zur Schule als pädagogischer Handlungseinheit geht, festmachen:
Begriffe wie Dezentralisierung, Selbstorganisation, Eigendynamik, Förderung der
Schule als lernende Organisation lösen die Auseinandersetzungen über Curri-
culumreform und Schulstrukturreform in den 70er und 80er Jahren ab. Neue Steuerungsformen müssen etabliert werden, die bei grundgesetzlich verankerter Verantwortung des Staates für das Schulwesen der Einzelschule mehr Gestaltungsspielraum für verantwortliche Programmentwicklung und Erfolgsüberprüfung
eröffnet und zugleich abfordert. Als geeignetes Instrument zur Steuerung der
Schulentwicklung und Qualitätssicherung setzt sich derzeit die Arbeit an Schulprogrammen durch.

Zusätzlich üben die internationalen Leistungsvergleiche einen erheblichen
Druck aus, indem sie weitere nationale und regionale empirische Forschungen an-
stoßen und eine verstärkte Suche nach umfassenderen Bewertungsmaßstäben als
den der individuellen Schülerleistung auslösen. Der Konkurrenzdruck, der durch
internationale Leistungsvergleiche entsteht, führt zu Anleihen an der ISO 9000
Norm, vor allem aber wieder am Total Management Konzept und seiner europäischen Variante, dem EFQM, das mit seinem umfassenden und integrierenden
Anspruch am ehesten auf Dienstleistungsstrukturen und den Bildungsbereich
übertragbar erscheint. In Österreich wurden die Erfahrungen mit diesen Qualitätsmanagementkonzepten an Schulen von Altrichter und Posch einer vergleichenden Untersuchung unterzogen (Altrichter/Posch (Hg.) 1999). Das Ergebnis dieser
Analyse wurde von Posch zusammengefasst und wird hier wegen seines exemplari-
schen Charakters für die Frage der Übertragung von Qualitätsmanagement-Konzepten auf den Schulbereich wiedergegeben:

- „Bereits bei oberflächlicher Betrachtung der Erfahrungen zeigte sich, dass jedes
  der untersuchten Qualitätsmanagement-Modelle einzelne Merkmale hat, die für
  die Qualitätssicherung an Schulen interessante Perspektiven bieten. Andererseits haben sich aber auch modelltypische Schwerpunkte und Grenzen gezeigt, die einen Modellmonismus äußerst problematisch erscheinen lassen. Es
  wurden keine Hinweise dafür gefunden, die es rechtfertigen würden, eines
  dieser Qualitätsmanagement-Modelle für alle Schulen als verpflichtendes zu
  verordnen. Im Gegenteil verweisen eine Reihe von Erfahrungen und Aussagen

darauf, dass der Prozess der „Aneignung und standortspezifischen Weiter-entwicklung" eines Modells durch die Schule für die Entwicklung einer Quali-tätskultur zentrale Bedeutung hat. Es erscheint daher beides notwendig: Schulen die Möglichkeit zu geben, unterschiedliche Modelle kennen zu lernen, und ihnen den Spielraum zu geben, in Kenntnis bestehender Möglichkeiten ihr eigenes auf die bestehende Schulkultur zugeschnittenes Modell zu entwickeln.

- In allen Schulen – unabhängig vom verwendeten Modell – wurde die Kommuni-kation zwischen Lehrer(inne)n intensiviert. Dies wurde als positivste Erfahrung angesehen und es ist zu vermuten, dass verschiedene andere positive Ent-wicklungen mehr der verbesserten Kommunikation als speziellen Modell-charakteristika zugeschrieben werden können.
- In allen Schulen hat die Zahl der Entwicklungstätigkeiten zugenommen. Die meisten von ihnen waren struktureller Art (neue formelle und informelle Regelungen) und viele bezogen sich auf Verbesserung der öffentlichen Präsen-tation der Schule.
- Die Teilnahme von Schüler(inne)n bei Qualitätsinitiativen war relativ gering. Dies könnte mit dem Kundenkonzept der Qualitätsmanagement-Modelle ver-bunden sein. Keines der Modelle geht davon aus, dass der Schüler auch Mit-produzent schulischer Leistungen und damit schulischer Qualität ist und daher auch als Subjekt von Bemühungen um Qualität gesehen werden müsste.
- In allen Schulen kamen (zum Teil erhebliche) Managementprobleme zum Vor-schein. Dies war eines der wichtigsten Ergebnisse der vergleichenden Analyse der Schulporträts. Systeme der Qualitätsevaluation und Qualitätsentwicklung führen neue Formen der Zusammenarbeit in die zellulare Struktur der Schule ein. Dies wird von vielen Lehrer(inne)n als Bedrohung ihrer Autonomie ange-sehen. Vor allem zwei traditionelle und stabil verankerte Merkmale des Lehrer-berufs dürften dafür verantwortlich sein:
  - Die zellulare bzw. fragmentierte Struktur der Lehrertätigkeit. Unterrichten wird als streng arbeitsteilige Aufgabe betrachtet mit von einander unab-hängigen Verantwortungs- und Einflussbereichen.
  - Das zweite Merkmal ist Ergebnis des erstgenannten: Lehrer regeln ihre Beziehungen nach dem „Autonomie-Paritäts-Muster" (vgl. Lortie 1972). Es beruht auf der Annahme, dass keine andere Person sich in die Realisierung der Aufgaben des Lehrers einzumischen hat und dass alle Lehrer „gleich" sind.

Beide Merkmale dürften die Entwicklung einer internen Managementstruktur und damit den Aufbau einer stabilen Struktur der Qualitätsevaluation er-schweren. Zellulare, fragmentierte Organisationen haben konservierende Wirkung: Neue Ansprüche werden zurückgewiesen oder als Last interpretiert und Vergleiche werden abgelehnt. Das Autonomie-Paritäts-Muster lässt jede Art von professioneller Profilierung suspekt erscheinen. Es fördert zudem ein-seitig die Loyalität zum Berufsstand und hemmt die Loyalität zur Organisa-tion." (Posch 2002, S. 603/4)

Diese Analyse wird uns in Teilen bezogen auf die Hochschule wieder begegnen. Zunächst wollen wir aber fragen, welchen Stand das Qualitätsmanagement unter diesen Bedingungen an den Schulen hat, und wie die Hürden für die Übertragung von ökonomischen Modellen in Institutionen unter staatlicher Aufsicht genommen werden. Die Grenzen der Finanzierbarkeit des öffentlichen Bildungswesens und der damit einhergehende Paradigmenwechsel in den Steuerungsformen machen solche Überlegungen und Maßnahmen zur Qualitätssicherung unverzichtbar.

5.2 Schulspezifische Ansätze

Den Eigenarten des Schulbereichs wird eine Qualitätsentwicklung am ehesten gerecht, wenn sie auf drei Ebenen stattfindet: auf der Ebene des Bildungssystems, auf der Ebene der Schule als Organisation und auf der Ebene des pädagogischen Prozesses oder der pädagogischen Interaktion innerhalb der Schule als Organisation. Im historischen Verlauf stehen mal Untersuchungen der ersten, mal der zweiten und mal der dritten Ebene im Vordergrund und diese unterschiedlichen Schwerpunktsetzungen gehen mit strukturellem Wandel einher, wie in Kap. 1.2. skizziert.

Die Analyse ihrer wechselweisen Wirkungen als Grundlage für die Entwicklung angemessener Qualitätsmodelle ist als Forschungsaufgabe für die Erziehungswissenschaften formuliert. (Ditton 2000)

Auf der Systemebene werden die schon erwähnten international angelegten Untersuchungen der Schulleistungen TIMSS (Third International Mathematics and Science Study) und PISA (Programme for International Student Assessment) verortet, die den Anspruch verfolgen, „Steuerungswissen für bildungspolitische Entscheidungen bereitzustellen, mit denen die Qualität von Bildungssystemen gesteigert werden soll." (Kuper 2002, S. 539)

Sie haben ihre Funktion, als Initiatoren einer Auseinandersetzung mit Bildungsqualität zu wirken, hervorragend erfüllt, haben sie doch ein ungewöhnlich breites Echo gefunden und „nicht abreißende Kritik" an ihrem Qualitätsverständnis hervorgerufen. Insbesondere die Reduzierung des Leistungsbegriffs und in der Folge der Schulqualität auf Fachleistungsaspekte, das Ausblenden von Lern- und Sozialklimamerkmalen und psychosozialer Aspekte bei der Bestimmung der Schulqualität wird bemängelt und auch schon mal als Rückfall in die US-amerikanische Diskussion um „effektive" Schule in den 70er und 80er Jahren bezeichnet. (Holtappels 2001, S. 61)

Zudem ist umstritten, ob sie Hinweise liefern können für qualitätssichernde Maßnahmen oder für Reformerfordernisse. Generalisierende Schlussfolgerungen scheitern an den spezifischen Merkmalen der untersuchten Populationen (Schüler bestimmter Jahrgangsstufen in einem bestimmten schulischen Lernfeld), die die Vergleichsmöglichkeiten einschränken. Andererseits ist das hohe Aggregationsniveau auf der Systemebene (wegen der hohen internen Varianz) hinderlich für die Isolierung der Bedingungen, die die qualitativen Unterschiede erklären könnten.

„Aus large-scale-assessment hervorgehenden Maßnahmen der Qualitätsverbesserung … bereitet die Komplexität dieser Systeme im doppelten Sinne Schwierigkeiten. Erstens ist die Isolation gestaltbarer Merkmale, die „bessere" von „schlechteren" Systemen unterscheiden, bislang nicht gelungen, weil die Wirkungen unterschiedlicher Ebenen im Bildungssystem und die Wirkungen der Umwelt auf das System bzw. dessen Leistungen einfache Kausalmodelle verbieten. Zweitens fehlen für Reformanforderungen auf der Systemebene eindeutig identifizierbare Adressaten." (Kuper 2002, S. 541)

Auf der Organisationsebene wird versucht, die „Qualität von Schule" und ihrer Programme zu erfassen und zu gestalten. Schule wird als Mehrebenensystem analysiert mit der Unterscheidung in Individuen (Lehrer, Schüler), Lehr-Lern-Situationen (Unterricht) und Schule mit sozio-regionalem Kontext. Für die Qualitätsentwicklung ist es laut vorliegender empirischer Studien besonders wichtig, die Unterrichts- und Schulqualität in ihrer wechselseitigen Beziehung zu analysieren. (Ditton 2000, S. 86 f.)

Das Schulprogrammkonzept ist ein Qualitätsentwicklungskonzept auf dieser Organisationsebene. Das Schulprogramm soll das Leitbild der Schule, den Entwicklungsplan und die organisatorischen Rahmenbedingungen, die an der Schule für die Schulprogrammentwicklung geschaffen wurden, beinhalten.

„Schulprogrammarbeit ist ein neues Steuerungsmodell dezentraler Verwaltung, das die traditionelle Trennung von Unterricht und Verwaltung aufweicht, indem Lehrer/innen nicht mehr nur für ihren Unterricht verantwortlich sind, sondern auch für die Weiterentwicklung ihrer Schule. Es handelt sich demnach um einen relativ tiefen Eingriff in die bestehende Schulkultur..." (Posch 2002, S. 608 f.)

Aus der Sicht der zuständigen Bildungspolitiker stellt sich das so dar:

„Die Schule wird damit als lernende Organisation eingeschätzt, die in hohem Maße eigenverantwortlich denkt und handelt, und die auf der Erkenntnis aufbaut, dass Leistung und Persönlichkeitsentwicklung zusammengehören. Stärkere Eigenverantwortung ist eine Grundbedingung für Qualitätssicherung in der Schule. Qualitätssicherung durch Schulprogramme stellt die einzelne Schule ins Zentrum der Schulentwicklung, sie dient der Selbststeuerung der Organisationseinheit Schule." (Ministerium für Bildung, Wissenschaft, Forschung und Kultur des Landes Schleswig-Holstein 2000)

Umgekehrt muss darauf geachtet werden, dass Unterricht nicht aus der Schulentwicklungsarbeit ausgeklammert wird, sondern als „Schulentwicklung in der Klasse" (Wenzel 2001, S. 54) in die Arbeit an Schulprogrammen und in die Evaluationsprozesse einbezogen wird. Damit aber werden Bewertung und Verbesserung des eigenen Unterrichts und dessen Offenlegung zu einer zusätzlichen und ständigen Aufgabe der Lehrer.

Diese Veränderungen werden nicht nur mit Beifall aufgenommen. Insbesondere unterrichtsbezogene Evaluationsanforderungen werden von Lehrern kritisiert und teilweise zurückgewiesen. Kurz: der Paradigmenwechsel löst Widerstand bei den

Lehrern aus, die sich der Bewältigung von kollegialen Arbeits-, Planungs-, Entscheidungs- und Evaluationsprozessen gegenübersehen. So ist nach Vorkehrungen in dem Konzept der Schulentwicklung durch Schulprogramme zu fragen, die den Widerstand und die Ressentiments in der Lehrerschaft nicht ignorieren, sondern angemessenen Raum geben. Da allgemein festzustellen ist, dass sich Lehrer den Anstrengungen, die ein bildungspolitischer Paradigmenwechsel fordert, am ehesten dann unterziehen, wenn sie hoffen können, ihre Vorstellungen von gutem Unterricht und sinnvoller Lehrertätigkeit besser als bisher realisieren zu können und dafür Unterstützung erwarten dürfen, besteht ein Lösungsweg darin, der internen Selbstvergewisserung eine hohe Bedeutung beizumessen. Die zentrale Rolle von Selbstevaluation soll dazu führen, dass die Schulen eigene Kriterien in die Evaluationsprozesse einbringen, Erhebungsinstrumente selbst entwerfen und die Evaluationsprozesse und -ergebnisse für ihre Entwicklungsarbeit auch auf der Ebene der pädagogischen Interaktion nutzen. Wenn hierfür neue Arbeitszeitmodelle für Lehrer ausgearbeitet werden, die solche zusätzlichen Aufgaben unabgestimmt verfügen, kann das allerdings – wie in Hamburg – zu schweren Konflikten zwischen den gewerkschaftlich organisierten Lehrern und Vertretern der Bildungspolitik führen.

Die wichtige Rolle der Selbstevaluation für die Schulprogrammarbeit bedeutet nicht, dass auf Fremdevaluation auf dieser Ebene des Qualitätsmanagements ganz verzichtet wird. Ihr Einsatz wird als Peer Review empfohlen: Gleichgesinnte, kritische Freunde, Peers, analysieren die Schulqualität von außen mit distanziertem und unabhängigem Blick und konfrontieren die Schule mit alternativen Konzepten, Vergleichen mit anderen Schulen und professionellem Feedback, um Entwicklungsimpulse zu liefern und „vor Betriebsblindheit zu bewahren". (Holtappels 2001, S. 67/ Schratz 2001, S. 67) Insbesondere in der Verknüpfung dieser Fremdevaluation mit einer vorangehenden Selbstevaluation wird eine erfolgreiche Strategie der Qualitätssicherung gesehen. In Kapitel 7 wird eine etwas genauere, in Teilen auch kritische Analyse dieses Verfahrens, das im Hochschulbereich unter dem Namen Peer-Review Karriere machte, gegeben.

Inzwischen sind weitere Stolpersteine im Prozess der Schulentwicklung und Schulprogrammarbeit benannt worden, die durch Projektmanagement vermeidbar erscheinen:

- **Aktionismus im Laufrad:** „Blinder Aktionismus ist gefährlich. Er bindet das Neue in Versuch-und-Irrtums-Ketten ein ... die in sozialen Systemen riskant sind."
- **Staubwirbel durch Blitzstart:** „Kaum nachgedacht wird die Erstidee ins Rennen geschickt ... die Staubwolke ... versperrt dann den Blick für den sorgfältigen Aufbau von Kontinuität."
- **Problemperlenketten:** „Probleme meistbietend zu benennen und zusehen, wie andere sich mit ihnen plagen, ist die leichteste Form, sich der mitdenkenden Lösungsverantwortung zu entziehen"
- **Kiloweise Vitamine:** „Manche ... möchten nicht nur eine Innovation, sondern viele auf einmal. Am besten das ganze System umwühlen. ... Ganzheitlich ist die Devise ... dabei wird vergessen, dass die Verkraftbarkeit ihre Grenzen hat."

- **Eintagsfliegen:** „So wünschenswert ungewöhnliche Ideen sind, ... so problematisch ist es, einfach nur alles Mögliche vorzuschlagen, ohne sich an der Aus- und Kleinarbeit zu beteiligen."
- **Orchester ohne Dirigent:** „Es muss ein spiritus rector da sein, ... der verantwortlich ist für alles, der die Fäden zusammenzieht, der immer ansprechbar ist, ... Das muss nicht der Schulleiter oder eine Schulamtsdirektorin sein." (Hameyer 2000, S. 1 im Internet unter: http://www.stev-sh.de /ausgab03)

Projektmanagement soll an den Stolpersteinen vorbeiführen.

Definition Projektmanagement
Projektmanagement ist ein ganzheitliches Werkzeug, das Instrumente zur Planung und Durchführung bereitstellt. Ein Vorhaben durchläuft demnach mehrere Phasen: Vorplanung, Detailplanung, Durchführung, Dokumentation und Evaluation. Während dieser Phasen ist ein Kernteam dafür verantwortlich, dass die notwendigen Aufgaben der Planung, Koordinierung, Überwachung, Änderung etc. wahrgenommen werden und dass festgelegte Schriftstücke (Projektauftrag, Teilprojektaufträge, Gesprächsprotokolle, Evaluationsanforderungen etc.) erstellt werden.

Für die Ebene der pädagogischen Prozesse wird zuweilen auf die ohnehin stattfindenden Beurteilungen der Schülerleistungen als Bestandteil professioneller pädagogischer Arbeit verwiesen, die eine besondere Qualitätssicherung überflüssig zu machen scheinen. Aber es gibt Unterschiede: die Beurteilung der Schülerleistung durch Lehrer stellt eine asymmetrische Beziehung dar, denn das Lehrerurteil steht nicht zur Disposition.

> „Pädagogische Beurteilung ist primär Fremdbeurteilung. Qualitätssicherung verlangt demgegenüber eine symmetrische Relation zwischen Pädagogen und Klienten in der pädagogischen Interaktion – Beurteilungen müssen für beide Seiten als Korrektiv wirksam werden können." (Kuper 2002, S. 546)

Im folgenden Praxisbeispiel für Feedback mit Metaplan und schriftlicher Befragung wird den Schülerinnen und Schülern ein solches Korrektiv eingeräumt und in den Verlauf des Unterrichts integriert.

Praxisbeispiel für Feedback zum Unterricht

Die folgenden Stichworte groß oben auf Plakate schreiben. Die Schülerinnen und Schüler können (müssen aber nicht) zu jedem Stichwort ihren Kommentar auf Metaplankarten schreiben. Beim Aufhängen kann man gleich clustern (Ähnliches einander zuordnen). Die Plakate geben allen die Chance, ihre Meinung loszuwerden oder auch mal einen Joke anzubringen.
- Die Leitung des Unterrichts fand ich....
- Besonders hat mich im (Deutsch-)Unterricht angesprochen...
- Für mich persönlich habe ich gelernt....
- Wie die Themen behandelt wurden, hat mir gefallen/nicht gefallen, weil...
- Nicht gut fand ich...

Anschließend Aussprache:

Punkten: Alle SchülerInnen bekommen einen Punkt, den sie bei den Stichworten anbringen, die sich in Zukunft verändern sollen oder können.

Plakat mit Aktionsplan: Auf der Basis des Gesprächs und der Punkteverteilung könnte z.B. folgender Aktionsplan entstehen:

Aktionsplan: Für den (Deutsch-)Unterricht im 2. Halbjahr nehmen wir uns vor...

Vorhaben	Mit wem?	Bemerkung
z.B.: besser schreiben an der Tafel	Frau X	Die Schülerinnen schreiben ordentlicher im Heft

Das Plakat kann im Klassenzimmer hängen bleiben. So lässt sich ab und zu auf den Aktionsplan zurückkommen und überprüfen, ob sich in dieser Richtung etwas verändert.

Auch der folgende Fragebogen kann helfen, eine Rückmeldung für den Unterricht z.B. eines Schuljahres in einem Fach zu erhalten. Auf dieser Basis sind – wenn dies gewünscht wird – Änderungen im nächsten Jahr/Halbjahr möglich. Beim Ausfüllen des Fragebogens um die jeweils zutreffende Zahl bitte einen Kreis machen. Einsammeln könnten die KlassensprecherInnen, um die Anonymität zu wahren.

Bei der Auswertung kann die Durchschnittszahl einen Anhaltspunkt geben, möglich ist aber auch das Sichtbarmachen der Streuung z.B. auf einer Folie als Grundlage für ein Gespräch mit der jeweiligen Klasse.

Fragebogen zur Unterrichtsbeurteilung   Fach: Kl.:

1. Ich bin der Meinung, dass ich im Unterricht viel gelernt und verstanden habe.   1 2 3 4 5 6 7   Der Lehrer/Die Lehrerin ließ die Schülerinnen und Schüler nie selbstständig arbeiten.

2. Der Lehrer/Die Lehrerin hat großes Hintergrundwissen.   1 2 3 4 5 6 7   Der Lehrer/Die Lehrerin hat kaum Hintergrundwissen.

3. Der Lehrer/Die Lehrerin war unvorbereitet und konnte auf Fragen über das Thema hinaus nicht oder nur unzureichend antworten.   1 2 3 4 5 6 7   Der Lehrer/Die Lehrerin war gut vorbereitet und wusste über den Unterrichtsstoff Bescheid.

4. Der Unterricht wurde vielfältig gestaltet (Medien, unterrichtsbezogene Exkursionen).   1 2 3 4 5 6 7   Der Lehrer/Die Lehrerin hielt einen sehr eintönigen, monotonen Unterricht.

5. Der Unterricht war langweilig und Motivation wurde über Notendruck erzeugt.   1 2 3 4 5 6 7   Der Unterricht war so interessant, dass man angeregt wurde sich zu beteiligen.

6. Der Lehrer/Die Lehrerin legte Wert auf selbstständiges Arbeiten.   1 2 3 4 5 6 7   Der Lehrer/Die Lehrerin ließ die Schülerinnen und Schüler nie selbstständig arbeiten.

		1 2 3 4 5 6 7	
7.	In richtigem Umfang wurden Gruppenarbeit und Praktika durchgeführt.	1 2 3 4 5 6 7	Es wurden zu wenig oder keine Praktika oder Teamarbeit eingebaut.
8.	Die Stoffinhalte waren sinnvoll und realitätsnah.	1 2 3 4 5 6 7	Die Stoffinhalte waren realitätsfern und veraltet.
9.	Auf die Fragen der Schülerinnen und Schüler wurde eingegangen und sie wurden in den Unterricht integriert.	1 2 3 4 5 6 7	Der Unterricht wurde stur durchgezogen ohne auf Fragen und Anregungen der Schülerinnen und Schüler einzugehen.
10.	Der Heftaufschrieb ermöglichte das Lernen nicht.	1 2 3 4 5 6 7	Der Heftaufschrieb ermöglichte eine gute Vorbereitung auf Klassenarbeiten.
11.	Der Lehrer/Die Lehrerin akzeptierte die Meinung der Schülerinnen und Schüler, auch wenn sie von der eigenen abwich.	1 2 3 4 5 6 7	Der Lehrer/Die Lehrerin akzeptierte andere Meinungen nicht.
12.	Der Lehrer/Die Lehrerin konnte sich durchsetzen.	1 2 3 4 5 6 7	Der Lehrer/Die Lehrerin wurde in der Klasse nicht respektiert.
13.	Das SchülerIn/LehrerIn-Verhältnis war eher freundschaftlich.	1 2 3 4 5 6 7	Das SchülerIn-LehrerIn-Verhältnis war distanziert.

Es muss also eine vom Lehrerurteil unabhängige Bewertung der Schülerleistung, der Lehrleistung und des Geschehens im Klassenzimmer nach festgelegten Kriterien, die im Sinne der Selbstevaluation von allen Beteiligten gemäß konsensualer Ziele entwickelt werden, ermöglicht werden. Dies muss auch deswegen erfolgen, um die Chance zu erhöhen, dass sich auch Schüler an Qualitätsinitiativen im Rahmen der Schulprogrammarbeit beteiligen.

Auf der Ebene der einzelnen Schulklasse sind individuelle Evaluationsinstrumente entwickelt, die Beurteilungen von Lehrern durch Schüler einholen und den Unterricht zum Gesprächsstoff machen. So gibt es einen „Methodenkoffer" als erste Hilfe zur Selbstevaluation (Schratz 2001 b, S. 113–136). Sie können ebenso wie das angeführte Praxisbeispiel oben im Internet aufgerufen und reproduziert werden. Darüber hinaus

> „kommt ein breiteres Repertoire unterschiedlicher Methoden zum Einsatz. Neben der Sammlung und Analyse bereits vorhandener Daten werden Befragungen von Eltern, Schülern und Lehrkräften oder „Abnehmern" durchgeführt, spezifische Tests, kommunikative und dialogische Rückmeldeverfahren (Prozessanalysen, strukturierte Interviews, moderierte Workshops) sowie Beobachtungen (kollegiale Hospitationen, teilnehmende Beobachtung, Tonband- und Videoaufzeichnungen) eingesetzt oder externe Institute beauftragt (wie dies mit der Beauftragung des Max-Planck-Instituts

für Bildungsforschung durch hessische Gesamtschulen geschehen ist)... Insgesamt zielen diese Ansätze auf die Entwicklung einer Rückmeldekultur, die die Basis systematisch angelegter Qualifizierungsprozesse für schulisches Handeln werden kann." (Lange 2001, S. 35/6)

Was ein Qualitätsmanagement an Schulen erfordert, ist der Bezug der Methoden zu Lernzielen und zu Unterrichtsstrategien, und ihr geplanter, möglichst flächendeckender Einsatz auf der Ebene der einzelnen Schule, um von der Verbesserung des Unterrichts zur Schulentwicklung zu kommen, ohne das Unterrichtsgeschehen und den Lernprozess zu vernachlässigen.

5.3 Zusammenfassung

Qualitätsmanagement an Schulen muss sich dem Problem der unterschiedlichen Gewichtung der drei Ebenen des schulischen Bildungswesens stellen, d.h. erstens Selbstevaluation und Schulentwicklung als Handlungsvollzüge in ein ausgewogenes Verhältnis bringen, zweitens ihre wechselseitige Beeinflussung als Untersuchungsaufgabe thematisieren, drittens die Abhängigkeit beider vom Bildungssystem zumindest als intervenierende Variable berücksichtigen.

Die Qualitätsstandards ergeben sich aus den vielfältigen Bezügen, in denen Schulprogramme stehen:

- den schulrechtlichen Regelungen und Rahmenvorgaben der Schulverwaltung
- den Erwartungen seitens der Gesellschaft und der Abnehmer
- den Ergebnissen und Erkenntnissen der Schulqualitäts- und Schulentwicklungsforschung
- den pädagogischen Zielen und Orientierungen der Lehrer und der einzelnen Schule mit ihren Bezügen zu Schulumfeld und Schüler-/Elternschaft.

Erschwerend für den Aufbau von Qualitätsmanagement wirkt nicht nur die komplexe Struktur der Bedingungsfaktoren für gute Schule und die z.T. heterogenen Qualitätsmaßstäbe, sondern auch der mangelnde Bezug zwischen System- und Einzelschulebene.

Es fehlt „eine zentral koordinierte Entwicklung von Evaluationssystemen, um die Vergleichbarkeit der Erhebungsdaten zwischen den Schulen zu sichern" und einen überregionalen Datenbestand unter Sicherung methodisch zuverlässiger, objektiver, reliabler und valider Informationen aufzubauen, also einen Bezug herstellen zu können zwischen der System- und der Organisationsebene. Zugleich wird vermerkt, dass die Bedingungen für ein Qualitätssicherungssystem oberhalb der Schule

„in Deutschland großteils nicht gegeben, sondern erst zu schaffen sind. ... Ohne die Koordinierungsfunktion zentraler Einrichtungen drohen die vielfältigen Evaluationsansätze in ein unüberschaubares Nebeneinander einzelner Initiativen zu zerfallen." (Ditton 2000, S. 90)

Es ist also noch viel zu tun für den Aufbau eines tragfähigen Qualitätsmanagements an Schulen, das den Anforderungen einer Institution zwischen Staat und Markt gerecht wird.

Fragen zum Bereich „Qualitätsmanagement in der Schule":

- Die Umstrukturierung der Schulen zu eigenständigen Einheiten stößt sich immer wieder an der grundgesetzlich verankerten Verantwortung des Staates am schulischen Bildungswesen und der Schulbehörde als vorgesetzter Behörde. Inwiefern spiegelt sich das in der Durchführbarkeit von Qualitätssicherungsmaßnahmen und wie kann der Widerstand des schulischen Personals aufgefangen werden?
- Large-scale Untersuchungen im internationalen Vergleich haben die Mängel des deutschen Schulsystems zu einem öffentlichen Thema gemacht. Welche Einwände gibt es gegen die Aussagekraft solcher Untersuchungen?
- Schulprogramme haben als Ansatz von Qualitätsmanagement an Schulen Bedeutung erlangt. Ihr Erfolg hängt in wesentlichen von der Lösung der folgenden Probleme ab, um deren Bearbeitung Sie hiermit gebeten sind: Wie verändert sich das Zusammenspiel von Schulleitern und Lehrern mit der Entwicklung von Schulprogrammen, wie sind die Ebenen des Schulsystems mit dem des Unterrichtssystems zu verbinden, wie sind SchülerInnen an der Entwicklungsarbeit zu beteiligen

Literatur zur Vertiefung

Fend, H. (2000): Qualität und Qualitätssicherung im Bildungswesen, In: Zeitschrift für Pädagogik, 41. Beiheft, S. 55–72.

Posch, P. (2002): Erfahrungen mit dem Qualitätsmanagement im Bildungswesen in Österreich. In: Zeitschrift für Erziehungswissenschaft Heft 4/2002, 5. Jahrgang, S. 598–613.

Terhart, E. (2000): Qualität und Qualitätssicherung im Schulsystem. In: Zeitschrift für Pädagogik, 46. Nr. 6, S. 809–829.

Wenzel, H. (2001): Qualität von Schule. Anmerkungen zur aktuellen Diskussion. In: Olbertz, J.-H./Otto, H.-U.: Qualität von Bildung. Vier Perspektiven. Wittenberg, S. 45–57.

6 Qualitätsmanagement in der Weiterbildung

6.1 Rahmenbedingungen

In der Weiterbildung gestaltet sich das Bild noch vielfältiger als in der Schule, sowohl, was die unterschiedlichen Steuerungsprinzipien der unterschiedlichen Weiterbildungeinrichtungen betrifft als auch bezüglich der Maßnahmen zur Qualitätssicherung und ihr strategischer Einsatz in einem Qualitätsmanagement.

> „Der Weiterbildungsbereich ist eingedenk der öffentlichen Mitverantwortung durch weitgehend ungeordneten Pluralismus, öffentliche Subsidiarität, unkontrollierten Markt und Intransparenz gezeichnet ..." (Krug 1997, S. 111)

Um eine gewisse Systematik in diese Ungeordnetheit zu bringen, unterscheiden wir allgemeine und berufliche Weiterbildung und differenzieren mit Sauter (Sauter 2001) die **berufliche Weiterbildung** in betriebliche Weiterbildung, von der Bundesanstalt für Arbeit geförderte Weiterbildung und die marktmäßig organisierte berufliche überbetriebliche Weiterbildung. Auch die Binnenstruktur von Weiterbildungseinrichtungen muss differenziert werden, insofern sich das Personal in Weiterbildungseinrichtungen in zwei Gruppen gliedern lässt:

> „Einerseits finden sich hauptamtliche Mitarbeiter mit ganz unterschiedlichen beruflichen Qualifikationen und Karrieren. Sie sind für die Planung, Organisation und Durchführung von Weiterbildungsprogrammen verantwortlich und nehmen auch Führungs- und Managementfunktionen wahr. Die Programme selber werden in der Regel durch nebenamtliche Dozenten durchgeführt, die programmbezogen und auf Zeit engagiert werden." (Weber 2003, S. 427)

So ist ein wesentliches Desiderat für die Qualitätsentwicklung innerhalb der Einrichtungen die Verbesserung der Kooperation zwischen diesen beiden Gruppen und das Management der Schnittstelle zwischen inhaltlicher und organisatorischer Arbeit.

Entsprechend der komplexen Struktur des Weiterbildungsbereichs sind die Ansätze und Möglichkeiten zur Qualitätssicherung unterschiedlich und komplex. Selbst der Bund-Länder-Kommission für Bildungsplanung und Forschungsförderung war in ihrer Übersicht von 2001 „ein vollständiger Überblick aufgrund der Vielzahl der Weiterbildungsanbieter und der beteiligten Einrichtungen nicht möglich." (BLK für Bildungsplanung und Forschungsförderung 2001, S. 24)

Ebenso wie der Weiterbildungsbereich insgesamt hat seine Qualitätssicherung eine wachsende Bedeutung für die Entwicklung des gesamten Bildungsbereichs und seiner **Internationalisierung**. So hat die Arbeitsgruppe Aus- und Weiterbildung des Bündnisses für Arbeit, Ausbildung und Wettbewerbsfähigkeit beschlossen: „Qualitätssicherung, Information und Beratung in der beruflichen Bildung sollen verbessert und von den Weiterbildungseinrichtungen breiter eingesetzt werden." (Balli/Krekel/Sauter 2002, S. 6)

Lebenslanges Lernen ist eines von vier Handlungsfeldern des europäischen Hochschulraums, den Bildungsminister europäischer Länder gemeinsam gestalten wollen, um den Anforderungen des 21. Jahrhunderts gerecht werden zu können. Konsequenterweise wird ein stärkeres Engagement der Hochschulen für weiterbildende Angebote gefordert. Einen Schwerpunkt der Empfehlungen bildet die Entwicklung abgestimmter Qualitätssicherungssysteme (Stichwort: Bologna-Prozess, auf den in Kapitel 7 genauer eingegangen wird). Andererseits bestehen Abkommen mit den Vereinten Nationen im Rahmen der World Trade Organisation (WTO), das Angebot von Bildung zu internationalisieren und ausländischen Anbietern dieselben Möglichkeiten auf dem Markt einzuräumen wie inländischen oder europäischen (Stichwort: General Agreement on Trade in Services (GATS)). Eine Neuverhandlung dieses Abkommens begann 2000 und die Diskussion der europäischen Dimension ist noch im Gange und enthält viele Fragezeichen in der Einschätzung der zu erwartenden Konkurrenz und deren Qualität.

Lebenslanges Lernen erfordert lebensbegleitende Entscheidungen über den eigenen Qualifizierungsweg. Der ständig wachsende Bedarf an Qualifizierung, die den rapiden Wandel in den Anforderungen des Arbeitsmarktes und der Lebensbewältigung individuell einholen soll, lockt Anbieter auf den Weiterbildungsmarkt und führt zu einer Expansion der Weiterbildung in bestehenden Institutionen des tertiären Bildungsbereichs. Im Interesse der Weiterbildungs-Nachfrager ist Qualitätsentwicklung als Transparenz über die Qualität der Bildungsangebote, die eine Kenntnis über die Verwertbarkeit der Qualifikationen auf dem Arbeitsmarkt einschließen müsste, dringend geboten, um den Nachfragern ein eigenverantwortliches Handeln zu ermöglichen. Die wachsende Bedeutung des Weiterbildungsbereichs und seine zunehmend marktmäßige Strukturierung macht Qualitätssicherung zudem für die Anbieter zu einem zentralen Marketinginstrument und zu einem Teil ihrer Betriebsstrategie, um sich auf dem Markt zu positionieren. Im Zuge der zurückgehenden öffentlichen Förderung und von Sparmaßnahmen sind teilweise Restrukturierungen in den Einrichtungen notwendig. Qualitätssicherung steht dann in der Gefahr, als Vorbereitung für Rationalisierungen angesehen und abgelehnt zu werden.

6.2   Zum Stand der Qualitätssicherung und -entwicklung

Im Bereich der **betrieblichen Weiterbildung** wird Qualitätsmanagement meistens auf der Grundlage von Total Quality Management bzw. EFQM und auch ISO 9000 betrieben. Die Selbstbeschreibung nach einem Kriterienraster, das vorgeschrieben (ISO) oder selbstgesetzt (TQM) ist, wird externen Begutachtern zur Bewertung vorgelegt. Diese Begutachtung übernimmt für die ISO-Norm z.B. Certqua, die Gesellschaft der Deutschen Wirtschaft zur Förderung und Zertifizierung von Qualitätssicherungssystemen in der Beruflichen Bildung mbH. Wie in Kapitel 3 beschrieben, deckt diese Begutachtung bzw. Zertifizierung nicht die Qualität des Angebots einer Einrichtung ab, sondern deren Bemühungen um Qualitätssicherung. Das trifft auch auf die verschiedenen Qualitätspreise zu, die im Weiterbildungsbereich eine Rolle spielen, einschließlich dem European Quality Award (EQA) auf der Grundlage der European Foundation for Quality Management (EFQM), für den vom Deutschen Institut für Erwachsenenbildung (DIE) eine auf die Weiterbildungsbranche abgestimmte Version entwickelt wurde.

Die von der *Bundesanstalt für Arbeit geförderte Weiterbildung* ist an Qualitätskriterien gebunden, die im „Anforderungskatalog an Bildungsträger und Maßnahmen der beruflichen Weiterbildung" als Mindeststandards formuliert sind. Die Grundlage hierfür ist das Sozialgesetzbuch Drittes Buch (SGB III), das die Weiterbildung regelt. Dieser Anforderungskatalog ist seit 1997 in Kraft. Die Kriterien beschreiben Inputgrößen (z.B. Qualifikation der Lehrkräfte), zu einem kleineren Teil Outputgrößen (Erfolg der Maßnahme z.B. als Vermittlungsquote der Absolvent(innen)) und beinhalten auch eine systematische Selbstevaluation. Die stichprobenartigen Kontrollen, die die Bundesanstalt in den Einrichtungen durchführt, kann als externe Evaluierung eingestuft werden, die die Selbstevaluation durch den Blick von außen ergänzt.

Die **marktmäßig organisierte berufliche Bildung** kennt neben den oben erwähnten weitere Verfahren der Qualitätssicherung:

- Alle auf dem Markt befindlichen Lehrgänge des Fernunterrichts unterliegen seit 1977 einem Zulassungsverfahren nach dem Fernunterrichtsschutzgesetz (FernUSG) mit einer administrativen Prüfung (Fernunterrichtsvertrag, Werbe- und Informationsmaterial) und einer fachinhaltlichen Prüfung der Zielerreichung unter inhaltlichen und didaktischen Aspekten.
- Qualitätsringe oder Gütesiegelvereine schreiben ihren Mitgliedern verbindlich Qualitätskriterien vor, die an dem Anforderungskatalog der Bundesanstalt für Arbeit und an TQM oder EFQM orientiert sind. Der Kreis der Mitglieder ist regional (z.B. Weiterbildung Hamburg e.V.) oder fachlich (z.B. Führungskräftetrainings-Anbieter im Wuppertaler Kreis) definiert. Diese Kriterien werden vor Aufnahme einer Einrichtung in den Verein oder Ring durch ein zuständiges Gremium geprüft.
- Seit 2002 werden als Stiftung Bildungstest vergleichende Tests von Bildungsangeboten und -anbietern durchgeführt, die vor allem die Transparenz für die Nachfrager und den Verbraucher- bzw. Teilnehmerschutz vergrößern sollen. Für Durchführung und Verbreitung ist die Stiftung Warentest zuständig.
- Checklisten und Ratgeber gibt es auf regionaler Ebene und themenspezifisch. 2001 ist eine aktuelle Fassung der Checkliste „Qualität beruflicher Bildung" vom Bundesinstitut für Berufsbildung (BIBB) erschienen.

In allen Teilbereichen der Weiterbildung spielt Selbstevaluation eine große Rolle, wie eine Studie des Bundesinstituts für Berufliche Bildung (BIBB) mit Unterstützung des Bundesministeriums für Bildung und Forschung vom Frühjahr 2002 zeigt. 76 % der befragten 1.500 Einrichtungen, von denen 58 % selbständige Einrichtungen waren, gaben an, einen Ansatz der Selbstevaluation zu verfolgen. (Balli/Krekel/Sauter 2002, S. 18)

6.3 Für und Wider ausgewählter Ansätze der Qualitätssicherung im Weiterbildungsbereich

Die **Stiftung Bildungstest** ist nicht unumstritten. Insbesondere bestehende Gütesiegel-Vereine halten ihn für überflüssig oder irreführend und halten stattdessen die Einführung von regionalem Benchmarking für wirkungsvoller, das sich aber nur zögerlich durchsetzt. Die Vielzahl subjektiver Faktoren, die die Qualität von überbetrieblichen Weiterbildungsprogrammen überwiegend bestimmen, könnten in einem vergleichenden Test nicht zum Ausdruck kommen. Die bestehende Vielzahl von Qualitätskriterien sind von Instrument zu Instrument (z.B. ISO 9000, Wuppertaler Kreis, BIBB) unterschiedlich und würden individuell und persönlich gewichtet,

> „da es sich bei Weiterbildung anders als bei Waren des täglichen Bedarfes nicht um Massengüter oder Großserienprodukte handelt. Der Ansatz „Bildung" als „Verbrauchsgut" und Massenartikel zu definieren, führt in die falsche Richtung." (Neumeier/Grabowski 2001, S. 71)

Diese Einwände konnten die Einführung von Stiftung Bildungstest mit staatlicher Unterstützung, flächendeckend und zentral nicht verhindern. In Machbarkeitsstudien und Gutachten (Stiftung Warentest 2001; Mächtle/Witthaus 2002; Franz 2002) wird die Sinnhaftigkeit dieses Instruments zu belegen versucht, das der Stärkung des Teilnehmerschutzes und des Qualitätsbewusstseins bei den Nachfragern nach Weiterbildung dienen soll.

Im Einzelnen wird der Nutzen für die individuellen Nachfrager betont: Stiftung Bildung ist eine Entscheidungshilfe im kalkulatorischen Umgang mit Weiterbildung und es wird ein längerfristiger Prozess der Verbesserung eines kritischen Nachfragerbewusstseins angestoßen. Darüber hinaus liefert sie den Anbietern Impulse für die qualitätsvolle Gestaltung ihrer Produkte und kann auch von Weiterbildungsberatungseinrichtungen genutzt werden.

Insofern Anbieter die verwendeten Gütekriterien des Bildungstests nutzen als Richtgröße für die eigene Qualitätsentwicklung, könnte er eine sinnvolle Ergänzung der bekannten Qualitätskonzepte darstellen und wäre insbesondere für eine Weiterentwicklung und Flexibilisierung des ISO-Konzepts oder der Gütesiegel-Kriterien brauchbar.

Über die **Qualitätssicherung nach ISO 9000 f.** gibt es unter Weiterbildungsexperten ebenfalls eine breite Auseinandersetzung, in deren Rahmen auch Qualitätskriterien definiert werden, die an den klassischen Managementfunktionen der Planung, Durchführung und Kontrolle orientiert sind, aber inhaltlich dem pädagogischen Handlungsfeld adäquat sind. Beispielhaft werden die Prüfraster für Durchführung und Kontrolle/Erfolg wiedergegeben, wie Faulstich (Giesecke 1997, S. 33 f) sie vorschlägt:

Die Qualitätsdiskussion aus erwachsenenpädagogischer Sicht

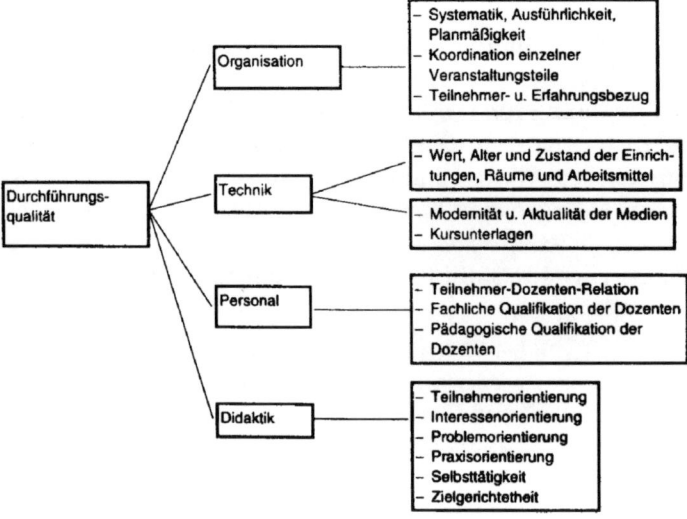

Die Qualitätsdiskussion aus erwachsenenpädagogischer Sicht

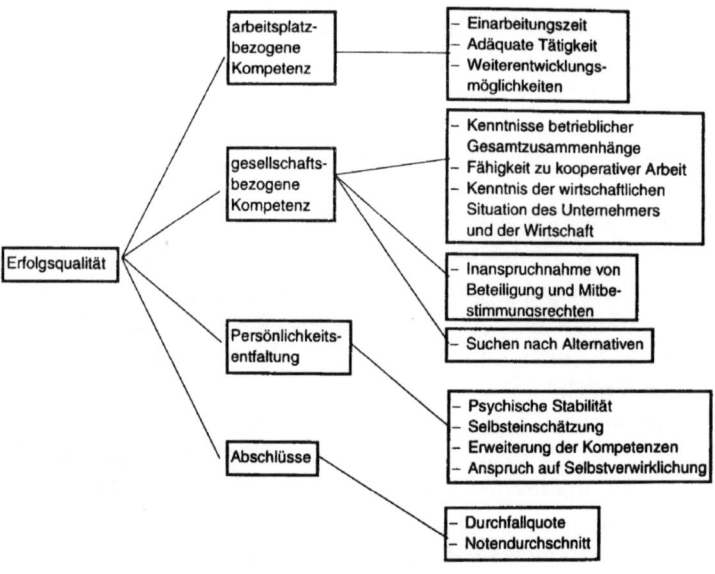

Abbildung 8:
Kriterien für Durchführungs- und Erfolgsqualität aus erwachsenenpädagogischer Sicht.
(Giesecke, W. (1997), S. 32)

Kritisiert wird daran die implizite Akzeptierung von Prüfverfahren, indem Prüf-räume abgesteckt werden, die im Qualitätssicherungshandbuch gem. ISO 9000 eine Rolle spielen. Die Begründung eines Qualitätsstandards fehlt jedoch. Deshalb ist auch bei Anwendung desselben Kriterienrasters durch verschiedene Träger von Weiterbildung offen, ob sie gleichen Qualitätsstandards oder je eigenen Qualitäts-bestimmungen folgen.

Die inhaltliche Bestimmung von Qualitätsstandards und ihre theoretische Be-gründung werden eng mit der Professionalisierungsdebatte von Erwachsenen-pädagogik verknüpft. Qualität durch Professionalität soll die Überformung der pä-dagogischen Eigentümlichkeiten durch wirtschaftliche Codes verhindern helfen. Zu diesen Eigentümlichkeiten (Arnold 1997) gehört, dass bei Lernprozessen nicht eindeutig zwischen dem Endprodukt und dem Leistungserbringer differenziert werden könne.

> „Die Eigentümlichkeit von Bildung liegt nämlich darin, dass das lernende Subjekt und das „Produkt" identisch sind, und auch die Qualität des Produktes „Bildung" ist deshalb nicht so ohne weiteres von dem Aneignungsprozess losgelöst zu definieren." (Arnold 1997, S. 152)

Statt auf Bildungscontrolling zu setzen soll zur Sicherung der Qualität besser auf die inhaltlichen Kriterien aus der Professionalisierungsdebatte zurückgegriffen werden, bei der es „um die Stärkung der Subjekte durch Eigentätigkeit geht ... um die Verständigung über Situationsdefinitionen als hermeneutische Aufgabe". (Arnold 1997, S. 57) Als Leitfaden für Selbstvergewisserung und Selbstevaluation werden folgende Fragen vorgeschlagen (nach: Arnold 1997, S. 58/59):

Leitfaden

a) Zu den Input-Aspekten von Qualität

Konzeption:
Was wollen wir?
Was sind die Leitbilder unseres Handelns?
Welche Ziele wollen wir in fünf Jahren erreicht haben?

Planung:
Wie planen wir?
Wie vergewissern wir uns des Bedarfs und der Wirtschaftlichkeit unserer Maßnahmen?
Erreichen wir alle Zielgruppen, die wir erreichen wollen oder „müssen"?
Welche drei Aktivitäten können wir (jährlich) einleiten, um zu diesen Fragen ein Feedback zu erhalten?

Angebot:
Wird unser Angebot verstanden?
Sind wir in unseren Formen monoton oder kreativ?
Wie können wir zu diesen Fragen ein externes Feedback erhalten?

b) Zu den Prozess-Aspekten (Throughput) von Qualität

Infrastruktur:
Wie fühlen sich die Teilnehmer in unserem Hause (bzw. in den Räumlichkeiten, in denen wir unsere Maßnahmen realisieren)?

Qualität durch Professionalität:
Unterstützt und erleichtert das „Drumherum" das Lernen?

Professionalität:
Arbeiten wir mit professionellen Dozenten, Teamern etc.?
Wenden sich diese beratend und intensiv den Teilnehmern zu?

Didaktik:
Wird in unseren Maßnahmen lebendig und reflexiv gelernt?
Welche Rolle spielen die Erfahrungen und das Handeln der Teilnehmer in unseren Maßnahmen?

c) Zu den Output-Aspekten von Qualität

Abschluss:
Wie hoch sind die Dropout- und Durchfall-Quoten in unseren Maßnahmen?
Können unsere Absolventen das, was sie in unseren Maßnahmen gelernt haben, in ihrer Lebens- und Arbeitswelt nutzen?
Wird unser Abschluss von der Wirtschaft, der Gesellschaft etc. anerkannt?

Zufriedenheit:
Sind unsere Teilnehmer mit der Planung und Durchführung unserer Maßnahmen zufrieden?
Wie erheben wir kontinuierlich diese Zufriedenheit?
Welche Faktoren sind für die Zufriedenheit der Teilnehmer besonders gewichtig?

Persönlichkeitsentwicklung:
Wird in unseren Maßnahmen auch außerfachlich gelernt?
Können unsere Teilnehmer sich Schlüsselqualifikationen aneignen und ihre Persönlichkeit entfalten?
Welche systematischen Anstrengungen unternehmen wir, um das außerfachliche Lernen zu intensivieren?

Dass diese Selbstevaluation durchaus Grundlage für eine ISO Zertifizierung sein könnte, wird als „pragmatisches „Ja, aber" zur ISO-Zertifizierung" akzeptiert.

Der große Anteil der **Selbstevaluation** an den eingesetzten Qualitätsmethoden ist Ausdruck der Vielfalt und Vielschichtigkeit qualitätssichernder Ansätze im Weiterbildungsbereich. Schon 1999 wurde auf der Fachtagung des DIE (Küchler/Meisel 1999) festgestellt,

> „dass die Einrichtungen keine geschlossenen, ausschließlich auf Standards bezogenen Managementansätze verlangten, sondern Strukturierungshilfen für einen systematischen Qualitätsentwicklungsprozess und konkrete Arbeitshilfen, wie ein solcher Prozess unter den spezifischen Bedingungen der jeweiligen Einrichtung verantwortungsvoll und ergebnisorientiert umgesetzt werden kann." (Küchler/Meisel 1999, S. 11)

Das folgende Praxisbeispiel für Selbstevaluation in einer Volkshochschule zeigt, wie kreativ und maßnahmenbezogen eine solche Qualitätssicherung sein kann:

Praxisbeispiel:
Gewinner-Verlierer-Analyse als ein Instrument zur Qualitätsentwicklung an der VHS Brunsbüttel

Vorbereitung
- Festlegung der Ziele eines Vorhabens/Projektes
- Grobbeschreibung der Inhalte
- Auswahl eines besonders interessierenden Teilzieles

Durchführung
- Beschreibung des Zieles
- Benennung von Personen/Institutionen
- Zuordnung der Personen/Institutionen
- Begründung

Beispiel: Verbesserung der Verzahnung von Veranstaltungsplanung und Veranstaltungsdurchführung

Person/Institution	Gruppe (Gewinner/Verlierer/Mächtige/ Störenfriede)	Begründung (Welche Hoffnungen/ Befürchtungen/Einflüsse sind anzunehmen?)
Pädag. Mitarbeiter	Gewinner	erhoffen verbesserte Planungsarbeit
Dozenten	Gewinner	erhoffen stärkeren eigenen Einfluss auf Veranstaltungsplanung
Pädag. Mitarbeiter	Verlierer	
Pädag. Mitarbeiter	Verlierer	befürchten Mehraufwand und kompliziertere Dozentenwünsche
Dozenten	Verlierer	befürchten stärkere Kontrolle

Die möglichen Auswirkungen

Gewinner	Verlierer	Mächtige	Störenfriede
Wer macht sich zu Recht Hoffnungen?	Wer hat zu Recht Befürchtungen?	Wer kann die Durchführung der Untersuchung massiv beeinflussen?	Wer hat unrealistische Hoffnungen/Befürchtungen/andere Interessen?
Pädag. Mitarbeiter	Pädag. Mitarbeiter	Leitung der Einrichtung	Mitbewerber
Wie könnten sich diese Hoffnungen auswirken?	Wie könnten sich diese Befürchtungen auswirken?	Wie könnte die Beeinflussung aussehen?	Wie könnten sich Hoffnungen/Befürchtungen/Interessen auswirken?
erhalten durch intensiveren Kontakt genauere Informationen	müssen sich den Bedürfnissen der Dozenten stärker anpassen	beeinflussen Umsetzungsbereitschaft der Mitarbeiter	versuchen, eigene Schwerpunkte als allgemeingültige Verfahren durchzusetzen

Konsequenzen aus dieser Risikoanalyse für das geplante Vorhaben/Projekt

Beispiel:

- Dozenten die Vorteile intensiverer Kommunikation für eine bessere „Vermarktung" ihrer Angebote schmackhaft machen;
- Dozenten verdeutlichen, dass verstärkter Informationsaustausch nicht einer Ausschluss-Kontrolle dient, sondern gemeinsamer Qualitätsentwicklung;
- Dozenten verdeutlichen, dass Qualitätsverbesserungen vornehmlich ihrem Renommee zugute kommen;
- Dozenten die Möglichkeiten aufzeigen, die sich aus einer besseren Angebotsplanung ergeben.

Die eigene Rolle

Beispiel:

- Als Qualitätsentwicklungsbeauftragter stehe ich unter „Erfolgsdruck".
- Als pädagogischer Mitarbeiter stehe ich vor neuen (hiermit umsetzbaren) Anforderungen und Chancen, die insbesondere in der kritischen Reflexion und Weiterentwicklung von Kompetenzen liegen.

Auswertung

Für unsere Planung von Workshops für Dozenten haben wir als Projektträger das bisher gängige Verfahren verändert, indem wir intensiver über die Hintergründe informiert und den offenen Charakter betont haben, um die Möglichkeiten der Mitgestaltung hervorzuheben.

Bewertung

Die Methode gibt mit relativ geringem Aufwand sehr hilfreiche Hinweise zur Vermeidung von Komplikationen und verdeutlicht, welche unterschiedlichen Teilaspekte eines geplanten Projektes/Vorhabens ggf. mit zusätzlichem Aufwand zu berücksichtigen sind. Sie macht Teamleitungen bewusst, welche Begleiteffekte zu berücksichtigen sind." (Claussen 2000, S. 36f.)

2002 ruft der immer noch hohe Anteil der Selbstevaluation an Ansätzen zur Qualitätsentwicklung bei einigen Beobachtern Erstaunen hervor und es wird als Anforderung an Selbstevaluation formuliert, dass sie methodisch nachvollziehbar durchgeführt und mit Fremdevaluation verbunden wird. Das offene Konzept von Selbstevaluation, „das sich sowohl auf die Einstellung ‚wir tun auch etwas in Sachen Qualität' als auch auf die systematische Umsetzung von Methoden und Instrumenten zur Qualitätssicherung beziehen kann" erscheint auf längere Sicht ergänzungsbedürftig und wird eher als Durchgangsstadium akzeptiert, das den Einstieg in externe Evaluation erleichtert. Dies ist besonders wirkungsvoll da zu erreichen, wo eine externe Sicht in Form von Beratung die Selbstevaluation anleitet und unterstützt und als Erkenntnischance genutzt werden kann.

> „Die externe Sicht wird als prozessfördernd und anregend erlebt. Der neutralere Focus erlaubt mit Veränderungsanforderungen und Kritik konstruktiver umzugehen … Externe Spiegelungen ermöglichen produktive Störungen der organisatorisch eingespielten Sichtweisen. Zugleich aber müssen die Perturbationen an die Eigenlogik der Organisation ankoppeln." (Heimlich 2003, S. 105 und 133)

Mit dieser Unterstützung kann Selbstevaluation die Orientierung an selbst gesetzten Zielen und die Entwicklung von vielfältigen Instrumenten vor Ort, die der Struktur und den Problemen der Einrichtung angemessen sind, leisten und die Einbindung der Mitarbeiter in den Prozess befördern. Selbstevaluation erscheint so als notwendiger Bestandteil der Qualitätsentwicklung im Weiterbildungsbereich, dessen Diversifikation in Zukunft eher zu- als abnehmen wird.

Einen Einblick in die Dynamik der Qualitätsentwicklung vor Ort, die wie von selbst einen umfassenden Charakter annimmt, bietet Heimlich in ihrer Studie „Qualitätsentwicklung in Weiterbildungseinrichtungen – Fallbezogene Forschungsnotizen".

> „Die Qualitätsentwicklung bei uns hat einen Schritt nach vorne genommen. Ein Beispiel: Wir mussten uns überlegen, wie können wir in den Griff bekommen, dass sich eine bestimmte Art von Beschwerden immer wiederholt hat. Z.B. die Raumorganisation ist nicht so, wie man es sich gewünscht hat oder Dozenten werden krank, das ist schwierig, Ersatz zu bekommen. Wir haben uns dann zusammen gesetzt, über mehrere Monate sogar, und haben mal grundsätzlich analysiert, was ist gleich, was ist nicht gleich, was kommt sporadisch, was kommt immer wieder und haben die Sache dann so aufgerollt. Das heißt, da gab es den sogenannten Qualitätszirkel, einen für die Raumorganisation, es gab einen Qualitätszirkel für die telefonische Kundenbetreuung, es gab einen Qualitätszirkel für das Verfahren im Haus insgesamt, es gab einen Qualitätszirkel für die Überprüfung der Unterrichtsinhalte, sprich erzählt der Dozent im Unterricht das, was auch im Stoffplan steht und was ein weiteres Kriterium ist, wird im Unterricht auch das erzählt, was wir überhaupt ausschreiben. Ein ganz wichtiger Punkt, wo wir gestaunt haben, dass das oft nicht der Fall ist." (Zitat aus Fallstudie „Wissen schafft Erfolge" in Heimlich 2003, S. 107)

6.4 Lernerorientierte Qualitätstestierung in der Weiterbildung (LQW)

Trotz der Schwierigkeit, allgemeine Standards für die Qualitätsentwicklung der Weiterbildung aufzustellen die in Weiterbildungseinrichtungen Akzeptanz finden, geht der Trend hin zu einer zusätzlichen externen Beurteilung der Weiterbildungsangebote, die von unabhängigen Gutachtern im Interesse der Bildungsnachfrager und -nutzer durchgeführt wird. Selbstevaluation gemäß nachprüfbaren Kriterien ist dafür die Voraussetzung, eine Zertifizierung nach ISO 9000 nach extern vorgegeben Normen wird aber immer weniger notwendig.

Das Verbundprojekt der Bund-Länder-Kommission „Qualitätstestierung in der Weiterbildung", das 2000 gestartet wurde, untermauert diesen Trend. Aus der vergleichenden Untersuchung relevanter Qualitätsmodelle in Deutschland und Europa, die am Nachfrager, d.h. im Bildungsbereich am Lerner, orientiert sind, wurde das Referenzmodell LQW (Lernerorientierte Qualitätstestierung in der Weiterbildung) entwickelt, das in einer zweijährigen Durchführungsphase bundesweit eingeführt wurde und die Anerkennung im Sinne der Anforderungen des Sozialgesetzbuches (SGB) III gefunden hat und nun als Zertifizierungsgrundlage für arbeitsamtgeförderte Träger und Maßnahmen der beruflichen Weiterbildung gelten kann. Damit ist LQW als Qualitätsmanagementsystem explizit ISO und EFQM gleichgestellt (vgl. Kapitel 2.4).

In drei Prämissen werden die Anforderungen an Qualitätsentwicklung in der Weiterbildung präzisiert:

- Der Verbraucher, der Kunde, der Abnehmer respektive der Lerner, sofern es sich um Bildungseinrichtungen handelt, muss im Mittelpunkt aller Qualitätsbemühungen stehen. Auf ihn hin muss die Qualitätsentwicklung der Einrichtungen und mithin das Testierungsverfahren ausgerichtet sein. Dem Verständnis der jeweiligen Organisation von „gelungenem Lernen" wird deshalb eine besondere Bedeutung beigemessen, sie ist Ausgangspunkt der Selbstbeschreibung und Zielpunkt der strategischen Überlegungen im das Testierungsverfahren abschließenden Workshop.
- Es darf nicht nur um Qualitätssicherung gehen, sondern die Qualität der Einrichtungen muss sich in einem ständigen Prozess unter Einbeziehung der sich verändernden Umweltanforderungen weiter entwickeln. Es kann sich also nicht nur um ein Prüfverfahren handeln, sondern die Entwicklungspotenziale der Einrichtungen müssen berücksichtigt und gefördert werden.
- Das Modell muss einrichtungstypübergreifend sowie für große und kleine Organisationen gleichermaßen anwendbar sein. Das heißt, es muss eine einrichtungsindividuelle Ausfüllung der Anforderungen und eine spezifizierende Justierung des Modells möglich sein. (http://www.artset-lqw.de/html/verfahren.html)

Als konstituierende Bestandteile der Qualitätsentwicklung und Testierung werden die Kombination von Verbindlichkeit und Offenheit, die Gleichgewichtigkeit von Standard und Prozess, die Verbindung von Selbstevaluation und Selbstreport mit Fremdevaluation und Visitation, die Integration kollegialer Entwicklungsberatung, die Testierung als Prüfung und Diskurs und das Einüben in eine Kultur des gestaltenden Wandels benannt. „Testierung" wird ausdrücklich von „Zertifizierung" abgesetzt, sofern letztere ein Anerkennungsverfahren bedeutet, das auf der Kontrolle von fremdgesetzten Normen beruht. „Testierung" wird demgegenüber verstanden als Überprüfung der Einhaltung selbst aufgestellter und selbstgewollter Maßstäbe. (Ehses/Zech 2002, S. 13, im Internet http://www.artset-lqw.de/Abschlussbericht.pdf)

Zum Nachvollzug dieser Aussage und einem besseren Verständnis des Konzepts ist es hilfreich, die Vorgaben zu betrachten, die für einen Selbstreport gemacht werden, sowie die einzelnen Schritte der Testierung.

„Das Lernerorientierte Qualitätsmodell kombiniert eine externe Evaluation mit einer Entwicklungsunterstützung der Weiterbildungsorganisationen. Es umgreift 11 Qualitätsbereiche mit definierten Qualitätsanforderungen, über deren Erfüllung die Anwender einen Selbstreport verfassen, der von zwei Gutachtern bewertet und kommentiert wird. Auf einer Visitation wird das Gutachten mit der Organisation diskutiert und auf einem Abschlussworkshop werden strategische Entwicklungsziele für die nächste Qualitätsentwicklungsperiode vereinbart. Das im Erfolgsfall vergebene Testat hat eine Gültigkeitsdauer von vier Jahren und kann in einer Retestierung bestätigt werden." (vgl. http://www.artset.de/index1.html)

Die Qualitätsbereiche sind in einem Handbuch mit der Angabe von Mindestanforderungen und den Möglichkeiten des Nachweises beschrieben, das als Arbeitshilfe für die Abfassung des Selbstreports dient. Zu ihnen gehören:
▪ Leitbild und eine Definition gelungenen Lernens,
▪ Bedarfserschließung,
▪ Schlüsselprozesse,
▪ Lehr-Lern-Prozess,
▪ Evaluation der Bildungsprozesse,
▪ Infrastruktur,
▪ Führung,
▪ Personal,
▪ Controlling,
▪ Kundenkommunikation,
▪ Strategische Entwicklungsziele.

Kennzeichen der strategischen Entwicklungsziele ist, dass sie kollektiv vereinbart werden und Gegenstand eines Abschlussworkshops sind, der zugleich den Auftakt zu einer neuen Runde von Qualitätsbemühungen bilden kann.

Als Beispiel für die Beschreibung der Qualitätsbereiche sind die Angaben zum Qualitätsbereich 1 (Leitbild) angeführt, die analog für alle Qualitätsbereiche verfügbar sind.

Qualitätsbereich 1:

Leitbild

Ein Leitbild ist die organisationsintern vereinbarte Selbstbeschreibung, wenn sie in der Lage ist, die Operationen des Systems anzuleiten. Das Leitbild muss von außen als Profil der Organisation erkennbar und von innen erlebbar sein. Das Leitbild enthält eine Definition gelungenen Lernens als Ausweis des Selbstverständnisses der Weiterbildungsorganisation gegenüber den Kunden.

Spezifikationen	Anforderungen	Nachweismöglichkeiten
Identität und Auftrag	Aussagen zu allen acht Spezifikationen sind vorhanden	Protokolle
Werte		Dokumente
Kunden: Adressaten und reale Teilnehmende	Das Leitbild ist partizipativ erstellt	Veröffentlichungen
Allgemeine Ziele	Es ist schriftlich fixiert	Verfahrensregelungen
Fähigkeiten		etc.
Leistungen	Es ist intern kommuniziert und extern veröffentlicht	
Ressourcen	Die Kontroll- und Revisionsverantwortung ist festgelegt	
Definition gelungenen Lernens		

Arbeitsblatt Qualitätsbereich 1 (Zech 2004, S. 26)

Gemessen an den Checklisten, die im Rahmen von Peer-Review-Verfahren (vgl. Kap. 7) oder von Zertifizierungsverfahren gemäß der ISO-Norm die Selbstbeschreibung leiten, sind dies schlanke Vorgaben, die allerdings in sich komplex und qualitativ sind und nicht unbedingt einen geringeren Aufwand erfordern als eine Vielzahl von kleinteiligeren Kriterien. Aber sie geben den eigenen Vorstellungen und Schwerpunktsetzungen mehr Raum und fördern im Vollzug die Entwicklung von Zukunftsperspektiven.

Unterziehen sich Weiterbildungsorganisationen der Testierung, so sind folgende Schritte zu vollziehen:
1. Die Organisation fertigt eine Selbstbeschreibung über sich an (Identität, Auftrag, Fähigkeiten, Kunden, Werte, Stärken/Schwächen, Entwicklungsbedarfe) und überführt sie in ein Leitbild mit dem eigenen professionellen Verständnis gelungener Lernprozesse im Zentrum.
2. Für die o.g. Qualitätsbereiche wird der Ist-Stand evaluiert, Entwicklungsaufgaben abgeleitet und operationalisierte Qualitätsverbesserungen durchgeführt. Die Erreichung der Qualitätsziele wird intern überprüft und aus dem Leitbild heraus begründet.
3. Der gesamte Prozess wird dokumentiert, gegliedert entlang den o.g. Qualitätsbereichen, und in allen Teilen bezogen auf das adressatenbezogene Verständnis des gelungenen Lernens.
4. Der Selbstreport ist Gegenstand der externen Begutachtung. Zwei unabhängige, geschulte GutachterInnen (Tandem) verfassen einen Bericht u.a. mit Kommentaren zu den gesichteten Entwicklungspotentialen der Einrichtung.

5. Im Falle einer positiven Begutachtung findet eine Visitation der Weiterbildungseinrichtung statt, es werden erforderliche Nachweise geprüft, offene Fragen geklärt.

6. In einem Abschlussworkshop spiegeln die externen GutachterInnen ihre Bewertung in die Einrichtung zurück, strategische Entwicklungsziele werden ausformuliert und vereinbart.

7. Die Testierungsstelle vergibt das Testat, das die Einhaltung der Qualitätsanforderungen bestätigt und nach außen ausweist.

8. Im Falle der Nichteinhaltung der (Mindest-)Anforderungen kann ein überarbeiteter Selbstreport erneut vorgelegt und die Testierung wiederholt werden.

9. Das Qualitätssiegel hat eine Gültigkeit von 4 Jahren.(vgl. Zech 2004, S. 40/41)

Im Frühjahr 2006 arbeiteten bereits weit über 520 Weiterbildungseinrichtungen aus allen 16 Bundesländern und Österreich nach dem LQW–Verfahren. Mit 245 von ihnen haben die Anbieter von LQW inzwischen eine Metaevaluation durchgeführt, die insgesamt eine erfolgreiche Wirkung auf die testierten Organisationen belegt. Auf zwei Ergebnisse soll hier kurz eingegangen werden: die Selbstevaluation der Einrichtungen beruhte auch in diesem Ansatz im wesentlichen auf einer Abfrage der Teilnehmerzufriedenheit. Über konkrete Lernerfolge konnten überwiegend keine Aussagen gemacht werden. Damit bleibt weiterhin die Aufgabe von Qualitätsmanagement virulent, nach Möglichkeiten von Wirkungsanalysen zu suchen, die angesichts der zunehmenden Bedeutung von Kompetenzorientierung auf allen Stufen des Bildungssystems (vgl. die Ausführungen zum Europäischen Qualifikationsrahmen unten und in Kapitel 8) immer wichtiger werden und anscheinend nicht im Rahmen von Selbstevaluation von Weiterbildungseinrichtungen zu bewältigen sind, was sicherlich mit den komplexen Messproblemen bei der Erfassung von Wirkungen zusammenhängt. Zum zweiten waren die Auswirkungen der Testierung auf das Mitarbeiterverhalten geringer als auf die Organisationsstrukturen, womit sich wieder einmal erweist, wie schwer der zentrale Anspruch des Total Quality Managements, dem ja auch dieses Konzept verpflichtet ist, einzulösen ist, die Durchdringung allen Denkens bei allen Mitarbeitern der Organisation mit dem Qualitätsstreben zu erreichen. (vgl. http://www.artset-lqw.de/Wirkungsanalyse_LQW2.pdf)

6.5 Der Trend zu Qualifikationsrahmen in der Weiterbildung

Die Merkmale eines „Idealtypischen Anforderungsrahmens" an Qualitätssicherungssysteme, die in einer Studie des BiBB (Bundesinstitut für Berufsbildung) bereits 2002 als Ergebnis eines Vergleichs internationaler Ansätze zur Stärkung des Nachfragerverhaltens auf dem Bildungsmarkt formuliert wurden, unterscheiden sich nicht wesentlich von obigen Grundsätzen des Verbundprojekts. Sie sollen hier Erwähnung finden, weil sie den Weiterbildungsbereich „fit" machen können für die gestiegenen Anforderungen, die durch einem weiteren Trend an das Qualitätsmanagement im Weiterbildungsbereich gestellt sind, der im Rahmen der Europäisierung des Bildungsbereichs immer größere Bedeutung zu gewinnen scheint: die Formulierung von und Einigung auf einen Europäischen Qualifikationsrahmen, der die Entwicklung nationaler Qualifikationsrahmen befördern soll. Die damit angestrebte konsequente Orientierung an Lernergebnissen macht die institutionalisierten, formellen Bildungswege, auf denen die Kompetenzen erworben wurden, nachrangig. Dies zieht eine weitere Aufwertung der Weiterbildung nach sich und verstärkt aber noch einmal die Notwendigkeit, ihr Qualitätsniveau nachvollziehbar auszuweisen. „Offene Zugänge und Durchlässigkeit von Qualifikationssystemen, die durch einen europäischen Qualifikationsrahmen (EQR), aber auch durch neue nationale Bildungswege ermöglicht werden sollen, bedeuten zunächst eine größere Unübersichtlichkeit. Und deshalb ist die Kehrseite einer konsequenten Orientierung an Lernergebnissen (outcomes) eine umfassende Qualitätssicherung." (Fahle/ Hanf 2006, S. 8)

Das BiBB hat hier mit dem unten zitierten Anforderungsrahmen an Qualitätssicherungssysteme in der Weiterbildung und seiner empirischen Grundlegung eine tragfähige Basis geschaffen und wird wohl auch federführend bei der Entwicklung von nationalen Qualifikationssystemen und ihrer Qualitätssicherung für den Bereich berufliche Bildung und Weiterbildung tätig sein. Aber auch der oben geschilderte Ansatz einer Lernerorientierten Qualitätsentwicklung versucht, diesem Trend zu entsprechen.

„Idealtypischer Anforderungsrahmen

Er soll im Sinne von umfassender Qualität (Total Quality) ganzheitlich angelegt sein, d.h. alle Potentiale (pädagogische und organisatorische Lernbedingungen), organisatorische und Lehr-/Lernprozesse sowie alle Ergebnisse für „Kaufkunden" und „Lern-Kunden" sowie für den Weiterbildungsanbieter als Unternehmen/Betrieb berücksichtigen.

Er soll unter dieser Prämisse einen möglichst konkreten praktischen und prüfbaren Bezug zu den für Bildungs- und Ausbildungsorganisationen spezifischen Sach- und Regelungserfordernissen haben.

Er soll die Selbstverbesserungs- und Selbstreflexionskompetenz von ganzen Einrichtungen sowie von ihren Dozenten verlangen und befördern, Das heißt: der Nachweis, dass ein kompetentes Management (nicht von „Qualität", sondern der Einrichtung und ihrer Zwecke) existiert und (selbst)kritisch dargestellt werden kann, muss erbracht und prüfbar gemacht werden. Mit anderen Worten: er muss so angelegt sein, dass erkennbar nicht das Bewältigen von Audits, sondern eine reale Verbesserungsdynamik im Sinne der Verfolgung und Erreichung von außen oder innen formulierten Zielen unter (selbst-) verantwortlicher Einbeziehung aller interessierten Beteiligten (stakeholder) der Maßstab für Effektivität und Effizienz ist.

Zu dieser Selbstverbesserungs- und Selbstreflexionskompetenz soll ein bewusster Bezug zum relevanten Marktumfeld (Region, Wirtschaftszweig usw.) gehören.

Er soll gleiche Anforderungen für interne (Selbstbewertung) und externe Evaluation welcher Art auch immer (Prüfung, Inspektion, Test, Auditierung, Evaluation im engeren Sinne) gewährleisten, weil durch diese Konsistenz Motivation erzeugt und Qualität flächendeckend vergleichbar wird.

Er soll die konstitutiven Unterschiede und Eigenheiten betrieblicher Qualifizierung berücksichtigen." (Franz 2002, S. 120
http://www.bibb.de/dokumente/pdf/wissenschaftliche_diskussionspapiere_62.pdf)

Einig sind sich die Akteure darin, dass Qualitätsmanagement sich auf die Einrichtung und das Erreichen ihrer Ziele richten muss und nicht auf die Abläufe zur Sicherung der Qualität. Einmalige Prüfverfahren orientiert an extern vorgegebenen Normen, wie sie im Rahmen von Zertifizierung stattfinden, werden als unzureichend abgelehnt. Ebenso einhellig wird eine Berücksichtigung der Eigenheiten einer Einrichtung gefordert. Hier spielen die „interessierten Beteiligten" eine beachtliche Rolle. Sie sind vom BiBB als „stakeholder" weiter gefasst als im LQW, wo der Lerner und die Spezifität des Lernprozesses im Mittelpunkt stehen, die selbst allerdings wiederum als in ein bedingendes Umfeld eingebettet gesehen werden. Die Kombination von Selbst- und Fremdevaluation als Verfahren der Qualitätssicherung und -entwicklung wird in beiden Ansätzen favorisiert. Dies und die Formulierung eines gemeinsamen Rahmens im europäischen Maßstab (Common Quality Assurance Framework) scheinen sich für alle Bildungsbereiche durchzusetzen und auch die Zukunft der Qualitätsentwicklung im Weiterbildungsbereich zu bestimmen. In diesem Rahmenwerk ist auf der Anbieterseite die Etablierung von Qualitätsmanagementsystemen verankert neben der Ausbildung der Ausbilder, der Information und Beratung und dem Aufbau von Mechanismen zur Abstimmung von Angebot und Nachfrage nach Kompetenzen. Im Kapitel 8 werden wir darauf zurückkommen.

Fragen zum Themenbereich „Qualitätsmanagement in der Weiterbildung":

Im Bereich Weiterbildung wird dem Qualitätsmanagement außer der originären Funktion der Qualitätsverbesserung auch die Funktion der Professionalisierung und Vereinheitlichung des Anforderungsniveaus zugeschrieben.
   Welches Konzept der Qualitätssicherung scheint Ihnen am ehesten geeignet, diese drei Ziele zu erreichen? Oder plädieren Sie für eine Entzerrung der Funktionserfüllung? Begründen Sie ihre Meinung und schlagen sie dafür Instrumente vor.

Der überwiegende Anteil von Selbstevaluationen an Qualitätssicherungsverfahren in der Weiterbildung ist mehrfach kritisiert worden. Der Trend geht daher zu einem kombinierten Verfahren, in dem Selbstevaluation und Fremdevaluation auf einander bezogen werden. Welchen Stellenwert kann ihrer Meinung nach Selbstevaluation in diesem Verfahren einnehmen und was kann sie leisten?

Literatur zur Vertiefung

Balli, C./Krekel, E./Sauter, E. (2002): Qualitätsentwicklung in der Weiterbildung. Wissenschaftliche Diskussionspapiere des BIBB Heft 62, S. 5–24.

Ehses, Ch./Zech, R. (2002): Abschlussbericht des Projekts „Lernerorientierte Qualitätstestierung in Weiterbildungsnetzwerken", Hannover, S. 35.

Küchler, F. v./Meisel, K. (Hg.)(1999): Dokumentation der Fachtagung Qualitätssicherung in der Weiterbildung, Deutsches Institut für Erwachsenenbildung, S. 31–54.

7 Qualitätssicherung und -management im Hochschulbereich

7.1 Vorbemerkung

„Die systematische Entwicklung und Sicherung von Qualität an Hochschulen ist eine Schlüsselfrage der Hochschulreform im In- und Ausland" (HRK/Projekt Q, 2004).

Seit Ende der 90er Jahre ist gesetzlich fixiert, dass die Arbeit der Hochschulen regelmäßig bewertet werden soll in den Bereichen Forschung, Lehre, Förderung des wissenschaftlichen Nachwuchses und Erfüllung des Gleichstellungsauftrags. Darüber hinaus sind weder das Subjekt der Bewertung noch die Verfahren benannt. (Reil 2004, S. 97 f.) Allerdings lässt die wachsende Autonomie der Hochschulen und die schon seit langem von ihnen wahrgenommene Aufgabe der Qualitätssicherung real nur ein Subjekt zu: die Hochschulen selber. Wie im Schulbereich ist die Betonung von Qualitätssicherung Teil eines Paradigmenwechsels in der Steuerung dieses Bildungssektors: weg von staatlichen Rahmenprüfungsordnungen hin zu verschiedenen Verfahren in Eigenregie der Hochschulen in einem europäischen Rahmen.

Auch die Verfahren sind unterhalb der Gesetzesebene konsensual festgelegt und in Empfehlungen gegossen worden: **Evaluation** und die **Akkreditierung** sind die zwei Verfahren, die für die Qualitätssicherung an Hochschulen eine entscheidende Rolle spielen. In Deutschland haben Wissenschaftsrat (WR) und Kultusministerkonferenz (KMK) Ausführungshinweise erlassen, auf europäischer Ebene ist die Grundsatzentscheidung jüngst als Beschluss der europäischen Hochschulministerinnen und -minister im Bergen-Kommuniqué 2005 bekräftigt worden.

Evaluation ist uns bereits in den geschilderten Bildungsbereichen als ein wichtiger Ansatz zur Qualitätssicherung und -entwicklung begegnet, hat aber im Hochschulbereich die meiste Aufmerksamkeit und Differenzierung erfahren. Evaluation kann im Hochschulbereich auf eine lange Geschichte als Metainstanz der **Lehre** zurückblicken und ist als Teil der Hochschulforschung theoretisch und methodisch fundiert. In der Gestalt des **Peer Review** gewinnt Evaluation auch im Bereich der **Forschung** Relevanz, jedoch dominieren hier nach wie vor punktuelle Forschungsberichte und ad-hoc- Evaluationen einer Vielzahl von Akteuren (Hornbostel 2002, S. 147). Die antragsgebundene Drittmittelvergabe für Forschung schien lange Zeit eine systematische Forschungsevaluation überflüssig zu machen.

Im Gegensatz zu Evaluation spielte **Akkreditierung** lange Zeit in deutschen Hochschulbereich keine Rolle, wird dafür seit ihrer Einführung Ende der 90er Jahre umso heftiger diskutiert und nimmt zunehmend Einfluss auf die praktische Studiengangsentwicklung. Beide bekommen im Zuge des **Bologna Prozess**es zentrale Bedeutung für die Entwicklung des Hochschulraums: Sie werden eingesetzt für die Umstrukturierung der Studiengänge auf ein Zwei-Zyklen-Studienmodell mit einer großen Variationsbreite auf der zweiten, der Master-Stufe, und unterschiedlichen Verknüpfungen zwischen erster (Bachelor) und zweiter (Master) Stufe. Entsprechend dem Ziel des Lebenslangen Lernens soll der Weiterbildung auch in den Hochschulen ein stärkeres Gewicht verschafft werden. Damit rücken Weiterbildung und Hochschule näher zusammen, was sich in jüngster Zeit in der Arbeit an einem Europäischen Qualifikationsrahmen (EQR bzw. EQF für European Qualification Framework) festmachen lässt, der 2006 in Wien beschlossen wurde. (vgl. Kap. 6 und 8)

Die beiden Ansätze der Evaluation und Akkreditierung werden für den Bereich der Lehre zunächst getrennt betrachtet, bis in einem dritten Teil den Möglichkeiten ihrer Verknüpfung zu einem umfassenden Qualitätsmanagement an Hochschulen in mindestens europäischem Maßstab nachgegangen wird. Auf Perspektiven der Qualitätssicherung im Forschungsbereich wird in diesem Teil ebenfalls verwiesen.

7.2 Evaluation als Teil von Qualitätsmanagement

Evaluation als Instrument der Qualitätssicherung und „grundlegender Hochschulentwicklung" (HRK) wurde Ende der 90er Jahre auf die Tagesordnung gesetzt. Was Evaluation leisten kann und welche Evaluation gemeint ist, die den Hochschulen von der Hochschulrektorenkonferenz (HRK) und vom Wissenschaftsrat empfohlen wird, lohnt die Untersuchung. Der Begriff ist vielschichtig und unterlag historischen Wandlungen. Dem wird im Folgenden nachgegangen, indem die Evaluationswellen beschrieben werden, die die Hochschulen in der Bundesrepublik verzeichnen können, und die eine gewisse Ähnlichkeit mit den Phasen in den USA aufweisen, die Jonathan Z. Shapiro so beschreibt: die Phase des Aufbaus in den 60er Jahren ist bestimmt durch „Programm Evaluation" (the construction of Program Evaluation) gefolgt von der Phase ihrer Dekonstruktion bis zu ihrer Rekonstruktion in den 80er Jahren (Shapiro 1985). Spät erst wurde Evaluation in Verbindung mit Qualitätsmanagement gebracht, so auf der 2. Berliner Evaluationstagung 2001 als „Evaluation auf dem Weg zum Qualitätsmanagement" und als „Evaluation als Qualitätsmanagement – Ein strategisches Instrument der Hochschulentwicklung?" im Band „Hochschulen managen?", auf dem dieser Abschnitt 7.2. fußt. (Bülow-Schramm 2001)

Das Konzept, das seit Mitte der 90er Jahre seinen Siegeszug in der Bundesrepublik angetreten hat, das Peer-Review-Verfahren, wird vor dem geschichtlichen Hintergrund der Evaluation auf seine Vor- und Nachteile hin untersucht. Dieses Verfahren folgt in seiner Logik dem niederländischen Vorbild und transportiert mit seiner guten Durchführbarkeit bei ihren Initiatoren die Hoffnung, dass es auch für die Bundesrepublik einen so großen Beitrag zur Qualitätsverbesserung der Lehre zu bringen vermag wie in dem damals hoch gepriesenen Vorbild der Niederlande – ohne diese Hoffnung auf einem Systemvergleich zu stützen.

In einem zweiten Analyseteil werden die Effekte dieser Art von Evaluation untersucht und bewertet: sie scheinen mit den Zielen von systemischer Organisationsentwicklung unverträglich, sofern sie auf die Grundsätze hinauslaufen

1. Wasch' mich, aber mach' mir den Pelz nicht nass! 2. Kommunikation ist Kommunikation ist Kommunikation! 3. Die Konsequenzen aus Evaluation in Gestalt von Zielvereinbarungen sind vertraulich zu behandeln!

Zum Schluss wird der Versuch unternommen, einen Evaluationsansatz zu skizzieren, der Anhaltspunkte für ein prozessorientiertes Qualitätsmanagement liefert: Veröffentlichung der Ergebnisse mindestens in der scientific community, um durch Statuskonkurrenz Handlungsmotivation zu erreichen (Lepsius 1995); gleichberechtigte Teilhabe aller Gruppen an den Bewertungsvorgängen, um die Vormachtstellung des Kollegensystems einzudämmen; Wirkung und keine Abschottung nach außen, um die Diskussion über die Außenanforderungen an der Universität am Laufen zu halten und die Arbeit an Leitbildern für die Universitätsentwicklung zu beleben; valide Ergebnisse und relevante Daten, die als Handlungsgrundlage dienen können.

7.2.1 Ein Blick in die Geschichte

Die Diskussion über Evaluation, insbesondere der Lehre, zeichnet sich in Deutschland durch Wellen aus, die das Auf und Ab ihrer Aktualität seit den 60er Jahren prägten. Ein wichtiger Vorläufer waren die studentischen Vorlesungsrezensionen und -kritiken Mitte bis Ende der 60er Jahre. Vorlesungsrezensionen waren ein Mittel zur Mobilisierung, um die inhaltliche Auseinandersetzung über die Universität voranzutreiben. Deshalb stand im Mittelpunkt der meist individuell verfassten Veranstaltungskritiken die Analyse der Lehrinhalte, insbesondere bezogen auf ihre gesellschaftliche Relevanz und ihren Bezug auf die Lebens- und Lernsituation der Studentinnen und Studenten. Diese Form der Auseinandersetzung mit Lehre hatte die Verbesserung der Lehre als Teil einer Umstrukturierung des gesamten Universitätsbetriebs zum Ziel und führte punktuell zu spontan gebildeten „Gegenuniversitäten", die für einige Tage den gesamten Universitätsbetrieb ersetzten. Ursprünglich auf einzelne Lehrpersonen bezogen wirkten sie dennoch als Initialzündung für eine umfassende Infragestellung der Institution Universität und ihrem unpolitischen und unhistorischen Selbstverständnis, deren Verfechter als 68er in die Geschichte eingegangen sind (erste Welle).

Anfang bis Mitte der 70er Jahre wurde mit der Gründung von hochschuldidaktischen Zentren der Versuch gestartet, Studienreform zu institutionalisieren. Die Mitbestimmungsforderungen der Studierenden hatten sich inzwischen in gesetzlich verankerter Drittparität in den Selbstverwaltungsgremien niedergeschlagen. Diese Institutionalisierung des kritischen Potentials veränderte zwar den Charakter von Evaluation, machte sie aber nicht überflüssig. Von nun an stand der didaktischen Intention entsprechend das „Wie", nicht mehr das „Was" gelehrt und gelernt wird im Mittelpunkt.

Viele der heute gebräuchlichen Instrumente und Methoden zur Evaluation wurden damals entwickelt und erprobt. Dies gilt vor allem für das Evaluationsinstrument Fragebogen. In den Veröffentlichungen der Arbeitsgemeinschaft für Hochschuldidaktik und des Interdisziplinären Zentrums für Hochschuldidaktik in

Hamburg sind die Erfahrungen mit Lehrevaluation nachzulesen. (Bülow-Schramm 1976 und 1977, Huber u.a. 1978, Meyer-Althoff 1978)

Eine Konzentration auf die didaktischen Fragen und der Versuch, ein möglichst umfassendes und repräsentatives Bild aus der Sicht der Studierenden über das Lehrgeschehen zu erhalten, waren wichtige Ziele, die mit Evaluation verfolgt wurden. Die Hochschuldidaktiker hofften durch das studentische Feedback Ansatzpunkte zu finden, das Lehren und Lernen zu verbessern.

Ebenso wichtig wie die Überprüfung einzelner Lehrveranstaltungen wurde die Evaluation zahlreicher in den 70er Jahren gestarteter Reformmodelle und neu konzipierter Studiengänge. Dies entspricht der Programmevaluation, die in den USA bereits Ende der 60er Jahre stattfand. Durch die Evaluation sollten die studienreformerischen Maßnahmen abgesichert und der Nachweis erbracht werden, dass die anvisierten Ausbildungsziele mit den Reformprogrammen auch tatsächlich und nachhaltig erreicht wurden. Diese Curriculumevaluation wurde umso wichtiger, als schon Mitte der 70er Jahre die noch Anfang des Jahrzehnts herrschende Reformeuphorie durch die ungünstiger gewordenen Realisierungsmöglichkeiten verflogen war und Kriterien für die Selektion von Reformprojekten gefunden werden mussten. (Zweite Welle)

In den 80er Jahren gerieten unter der **Überlast** Fragen der Qualität der Lehre sowie Ansätze einer inhaltlichen und didaktischen Studienreform immer mehr in die Defensive. Das Massenproblem und die Studiendauer bestimmten die Diskussion. Der Zustrom zu den Hochschulen hielt unvermindert an und der erwartete Rückgang der Studierendenzahlen aufgrund der geburtenschwachen Jahrgänge ab 1985 blieb aus. Die Studierendenzahlen stiegen weiter, wozu auch die sich verlängernden Studienzeiten beitrugen. Ein gangbarer Weg zur Entlastung der Hochschulen wurde in einer Reduzierung der Studienzeiten gesehen. Aber die Versuche, das Massenproblem durch organisatorische, administrative und rechtliche Maßnahmen in den Griff zu bekommen, schlugen weitgehend fehl: einerseits gab es kaum Mittel für den personellen und materiellen Ausbau, andererseits wurden die Ursachen für die höchst unterschiedliche – und keineswegs immer zu lange – Dauer des Studiums vor allem auf der Ebene einzelner Studiengänge nur unzureichend erforscht. Im Wintersemester 1988/89 streikten Studierende und machten die Öffentlichkeit auf die Ausbildungsmisere aufmerksam. Der Spiegel stieß mit seiner Ranking-Studie gleichfalls in die Wunde „Lehre". Neben einem Bündel struktureller Maßnahmen zur Aufwertung der Lehre schien die Lehrevaluation durch Studierende ein erfolgversprechender Weg, die Mängel im Lehrbetrieb identifizieren zu können. Die Idee, das studentische Feedback zur Verbesserung der Qualität der Lehre zu nutzen, stieß bei den anderen Hochschulmitgliedern auf abwartende Zurückhaltung oder gar Ablehnung. Das Echo auf den Entwurf des Aktionsprogramms „Qualität der Lehre" des nordrhein-westfälischen Ministeriums für Wissenschaft und Forschung belegt dies. Einige Hochschullehrer fürchteten um ihre persönliche Lehrfreiheit. Doch die Lehrevaluation blieb bis Mitte der 90er Jahre auf der Tagesordnung. (Dritte Welle)

Mit den um sich greifenden auch flächendeckenden Veranstaltungsevaluationen in verschiedenen Hochschulen überlappt sich eine vierte Welle: 1993 wird der

Diskurs über Lehr-Evaluation zentral forciert und finanziell gefördert. Zahlreiche Tagungen finden z.T. mit Unterstützung des ehemaligen Bundesministeriums für Wissenschaft im Kontext mit Fragen der Qualität und Leistungsfähigkeit der Universitäten statt. Evaluation wird in eigenen Agenturen institutionalisiert, die meistens ohne Einbeziehung der bestehenden hochschuldidaktischen Arbeitskreise/-stellen oder Zentren neu gegründet werden, d.h. Evaluation wird losgelöst vom studienreformerischen Pathos und in den Kontext von Qualitätssicherung gestellt. Damit ist ein paradigmatischer Wandel im Blick auf die Universität vollzogen, denn der Begriff der Qualitätssicherung ist ein ingenieurwissenschaftlicher, der der expliziten Übertragung auf die Universität bedarf: Ist Bildung ein Produkt? Qualitätssicherung erfordert Qualitätsmanagement, bei dem es darum gehen soll, „den Kunden und seine Erwartungen in den Mittelpunkt des Handelns zu rücken." (Höck 1999) Eine Orientierung an den Grundregeln modernen Managements setzt mehr Wettbewerb innerhalb und zwischen den Hochschulen voraus, wie der Präsident der Hochschulrektorenkonferenz (HRK) immer wieder betont und durch das Projekt Q (Q wie Qualitätssicherung) der HRK praktisch befördert. Für den Bereich Lehre und Studium ist der Evaluation eine zentrale Rolle zugewiesen: Sie soll auf der Grundlage international bewährter Verfahren den Fachbereichen helfen, ihre Schwächen abzubauen und ihre Leistungen zu verbessern. Die große Wichtigkeit der Evaluation schlägt sich in Neugründungen von Evaluationsagenturen nieder, teilweise ohne Anbindung an Hochschulen, teilweise mit Nähe zu Ministerien und, wenn in Eigenregie der Hochschulen, dann im Zentralen Verwaltungsbereich. Dazu zählen u.a. das Centrum für Hochschulentwicklung (CHE), Gütersloh, die Zentrale Evaluationsagentur der Niedersächsischen Hochschulen (ZEvA), Hannover, das Projekt pro Lehre (PPL), Berlin, der Verbund norddeutscher Hochschulen, Projekt: Evaluation von Studium und Lehre, Hamburg.

Es wird jetzt viel und in überregionalen Kontexten über Evaluation geredet und in diesem Diskurs erscheint Evaluation als Symbol der Problemlösung für unterschiedliche Erwartungen seitens unterschiedlicher gesellschaftlicher Gruppierungen. Aus der Reformeuphorie der frühen 70er Jahre ist ein Krisenmanagement der frühen 90er geworden und für die Legitimierung von beidem sollte und soll Evaluation dienen. Studiengänge, Fächer und Fachbereiche geraten in den Blick der Evaluation und es wird wieder nach der Funktion der Hochschulen und ihrem Bildungsauftrag gefragt. Allerdings nicht mit gesellschaftskritischem Anspruch, sondern aus finanzieller Not und der Notwendigkeit, international Schritt zu halten: der effektive Einsatz der Mittel soll gewährleistet werden, weil mit dem vorhandenen Budget eine Verbesserung der Hochschulausbildung erreicht werden muss. Ansonsten droht Mittelkürzung und die Einsparung wettbewerblich unergiebiger Lehr- und Forschungsbereiche.

In dieser Situation stehen mehrere Optionen offen: Qualitätssicherung wird aus der Reichweite der einzelnen Lehrenden entfernt, betriebswirtschaftlich definiert und traktiert. Konkurrenz der Personen und Wettbewerb der Institutionen werden gepflegt und rational betrieben, indem Leistungsvergleiche ermöglicht werden. Controlling-Systeme werden angestrebt, die auf leistungs- und aufgabenbezogenen

Kennzahlen/Indikatoren und einem EDV-gestützten universitären Berichts- und Informationssystem fußen.

Daneben werden die Bemühungen um Evaluation verstärkt. Evaluation bleibt dabei im Gegensatz zum Controlling situativ verhaftet sowohl im Gegenstandsbezug wie in der Erhebungsform: Studiengänge, Lernprogramme, Lehrveranstaltungen werden auf der Grundlage von Informationen unterschiedlichster Art beurteilt und qualitativ bewertet nach dem Maß ihrer Zielerreichung. Die Nähe der Evaluation zur Institution, in der die Studiengänge und Lehrveranstaltungen stattfinden, erleichtert die Rückkoppelung der Ergebnisse, beraubt Evaluation aber weitgehend der Sanktionierung ausbleibender Konsequenzen.

In dieser fast ausweglosen Situation wird die Hoffnung gestärkt, dass dann über die Lehr-Evaluation eine Qualitätsverbesserung der Lehre zu erreichen sei, wenn in ihr Selbstverpflichtung und Außendruck in bestimmter Weise kombiniert werden. Das in den Niederlanden und England angewendete Konzept scheint Effizienz zu versprechen und ohne Anpassungsschwierigkeiten auf die Bundesrepublik Deutschland übertragbar zu sein: Das Peer-Review-Verfahren.

7.2.2 Das Peer-Review-Verfahren als Gebot der Stunde

Spätestens mit den Empfehlungen der Hochschulrektorenkonferenz von 1995, die mit früheren Initiativen des Wissenschaftsrats korrespondieren, wird an deutschen Hochschulen das Peer-Review-Verfahren favorisiert, das aus anderen Hochschul- und Bildungsstrukturen entlehnt ist.

Phasen des Peer-Review-Verfahrens	Evaluationsform
Erstellung eines Lehrberichts in der Lehreinheit	Selbstevaluation
Begutachtung der Lehreinheit durch renommierte Fachkollegen auf der Grundlage des Lehrberichts und Begehung der Lehreinheit. Vorschlag von Maßnahmen zur Behebung der Schwächen und Betonung der Stärken	Fremdevaluation
Stellungnahme der Lehreinheit zum Gutachten	Einverleibung der Fremdevaluation

Es scheint möglich, mit diesem Verfahren vieles zu erschlagen: eine Vergewisserung über Prozesse und Zustände in Lehre und Studium, die Erhebung von Indikatoren, die Planung und Umsetzung von Maßnahmen zur Beeinflussung der Abläufe und Weiterentwicklung der Institution.

Damit wird ein Verfahren etabliert, das in der Praxis an bundesdeutschen Universitäten, d.h. nicht notwendig vom Modell her, neuralgische Punkte enthält, die in einer reinen Selbstevaluation zur Verbesserung der Lehre nicht auftauchen. Die hierfür notwendige Rechenschaftslegung und steuernde Funktion wird aber trotz Orientierung an einem international anerkannten Verfahren nur zögerlich mit Evaluation verknüpft. Evaluation scheint so die steuernden Funktionen von Controlling-Systemen auf sanfte Art mit erledigen zu können. Da Peer Review auch das

Verfahren der Wahl für die Akkreditierung von Studiengängen ist, die unten in Abschnitt 7.3. behandelt wird, wird hier etwas ausführlicher auf die neuralgischen Punkte dieser Form von Evaluation unter dem Blickwinkel ihrer Weiterentwicklung zu einem System von Qualitätssicherung eingegangen.

Die neuralgischen Punkte dieser Form von Evaluation sind nach meinen Erfahrungen aus der praktischen Tätigkeit in verschiedenen Projekten folgende:

Die Zielbestimmung

In der Praxis wird die Qualitätsverbesserung von Lehre **immer** als ein Ziel angestrebt. Dies steht im Widerspruch zu theoretischen Erwägungen insofern, als in der Literatur Einigkeit darüber besteht, dass für eine verbesserte Didaktik der Hochschullehre **formative,** d.h. prozessbegleitende Verfahren eingesetzt werden müssen. **Summative Verfahren** können didaktische Anstrengungen sogar konterkarieren, etwa dadurch, dass aufgrund einer negativen nachträglichen Bewertung eines Seminarprogramms eine nochmalige Durchführung des Programms unsinnig erscheint. An die Stelle von Verbesserung tritt dann Unterlassen. Lehrberichte, die aus Einschätzungen abgelaufener Prozesse bestehen, beruhen aber auf **summativen** Verfahren. Dennoch wird die Hoffnung aufrecht erhalten, dass auf ihrer Grundlage konkrete Hilfen für die Verbesserung der Lehre hervorgebracht werden. D.h. aus dem Widerspruch zwischen Anspruch und Verfahren werden keine Konsequenzen gezogen. Eine Verbesserung könnte darin bestehen, dass zu Beginn jeder Evaluation in der Einheit, die evaluiert, eine Zielbestimmung stattfindet und unterschieden wird zwischen nicht beeinflussbaren Funktionen (z.B. Stellenstruktur, bessere finanzielle Förderung der Studierenden) und solchen Zielen, die die Beteiligten selbst mit der Evaluation erreichen können, indem sie ihre Vorgehensweisen ändern (z.B. Einrichtung einer Lehrekonferenz, Verbesserung der Prüfungsstatistik im Fach, Empfehlung hochschuldidaktischer Fortbildungen für die Lehrenden).

Unverzichtbar ist auch, die Auswahl der Verfahren auf die Zielbestimmungen, die vorgegebenen und die selbst gesetzten, zu beziehen. Da es kein deduktives Vorgehen in der Praxis geben kann – oft müssen wir uns mit Daten deshalb begnügen, weil sie erreichbar sind – ist der Bezug zwischen Zielen und Verfahren interdependent. Die Verfahren haben Rückwirkungen auf die Zielbestimmung, was die Zielerreichung zusätzlich kompliziert.

Die Einigung auf Indikatoren bzw. Kriterien zur Beschreibung des Studiengangs im Lehrbericht

Die Festlegung der Indikatoren, die zur Erreichung der Ziele erhoben werden müssen, ist der nächste Schritt auf dem Wege des Evaluationsprozesses. Derzeit herrschende Praxis ist die Orientierung an einer dem Grundsatz nach für alle Evaluationsverfahren verwendbaren Checkliste bzw. einem ausführlichen Fragenkatalog (62 Items und mehr), die den Lehreinheiten zu Beginn des Verfahrens zur Verfügung gestellt werden. Geht ihrer Anwendung keine Zielbestimmung voraus, verursacht sie heilloses Durcheinander und der Wert der Evaluation für die

Lehreinheit geht gegen Null. Denn diese Checkliste ist das Hineinreichen der Fremdevaluation in den ansonsten als „Selbstevaluation" deklarierten Teil des Verfahrens. Ein schematisches Beantworten der auf Vollständigkeit ausgerichteten Checkliste unter Auslassung der nicht beantwortbaren Fragen macht das Verfahren schon an diesem Punkt zur Farce. Wird die Liste abgearbeitet, können Stunden und Bände mit Informationen gefüllt werden, ohne dass je die brennenden Probleme eines Fachs oder Studiengangs zur Sprache kommen.

Besser wäre es, an dem vorgängigen Wissen und den Vermutungen ausgewählter Mitglieder einer Lehreinheit über Stärken und Schwächen anzusetzen und diese auf den Tisch zu bringen, um an ihnen entlang zur Benennung relevanter Indikatoren zu kommen.

Die Akzeptanz der Gutachter

Die Funktion der Gutachter als Externe und ihr Kollegenstatus im Verfahren stehen im Widerspruch zueinander. Ansporn für den **Lehrbericht** – insbesondere in terminlicher Hinsicht – kann die bevorstehende Begutachtung durch Dritte sein und diese Gutachten fügen der Evaluation eine Qualität zu, die über ihren internen Nutzen, der auch bei diesem Verfahren an erster Stelle steht, hinaus in der Darstellung nach außen, insbesondere in der Beteiligung der Fachöffentlichkeit an der Erhebung und Erörterung interner Probleme besteht.

Andererseits verdeckt die Emphase der „Außenbegutachtung" die Eingebundenheit der Gutachter in die Gemeinschaft der Professoren (sie sind tatsächlich überwiegend männlich). Damit wird der Widerspruch zwischen der Akzeptanz der Gutachter (wer bestimmt sie?) und einer schonungslosen, offenen und aussagekräftigen Begutachtung nur ausgeblendet und nicht bewegt. Denn im Gegensatz zu den Gutachtern der Deutschen Forschungsgemeinschaft (DFG) sind die Peers von Anfang an bekannt, das Mitspracherecht bei ihrer Auswahl ist eine wichtige Bedingung für die Akzeptanz des Gutachtens in der Lehreinheit und für eine ernsthafte Beteiligung am Lehrbericht. Dennoch ist im Verfahren nicht transparent, wie tief sich die Kollegen in den Lehrbericht gekniet haben, wie valide ihre Aussagen sind, wie schonungslos, vorsichtig, rücksichtsvoll oder sonst wie abweichend von einem rationalen Urteil.

Zudem werden sich bald alle Evaluationswilligen in beiden Rollen – Gutachter und Begutachtete – gegenübergetreten sein.

Ebenso wie die Unterbestimmtheit der Ziele oder die mangelnde Einigung auf aussagekräftige Indikatoren können Misstrauen und Zweifel an der Kompetenz der Gutachter oder ihre Umarmung durch die Verklammerung von Selbst- und Fremdevaluation in diesem Verfahren die Validität der gesamten Evaluation gefährden.

Die Rolle von Primärerhebungen in der Datensammlung für Lehrberichte

Das Verständnis des Peer Review als Evaluation mit selbstevaluativen Anteilen bringt es mit sich, dass die Mitglieder der Lehreinheit Antworten auf Fragen haben wollen, die erst erhoben werden müssen. Denn dies sind die zwei Anreize für eine Lehreinheit, sich des mühseligen Geschäfts der Lehrberichtserstellung *nicht nur bürokratisch* zu unterziehen: Die bevorstehende Begutachtung durch Experten – sie ist Ansporn für die Erstellung des studiengangsbezogenen Evaluationsberichts und zugleich Brennpunkt der Kritik am Verfahren (s.o.) – und der Bedarf nach handlungsrelevanten Informationen über die Qualität ihrer Lehre, die Studierbarkeit ihrer Studiengänge und über wünschenswerte Neuerungen. Um die Chance zu erhöhen, beides in Einklang zu bringen, ist die Erhebung von Meinungen, individuellen Sichtweisen und Lehr-/Lernstrategien der Fachbereichsmitglieder zusätzlich zur größeren Transparenz durch mehr Zahlenmaterial unerlässlich. Bei eng begrenztem Zeitrahmen stellt der Aufwand an Zeit und Kompetenz für Primärerhebungen allerdings die größte Hürde für ihre Durchführung dar und droht zusätzlich aus Kostengründen zu scheitern.

Wegen ihres kommunikativen Charakters und der Möglichkeit, Auseinandersetzungen zu führen und zu dokumentieren, und einer schnellen vorläufigen Auswertung der handschriftlichen Protokolle, bieten sich Gruppendiskussionen als explorative Erhebungsmethode an, die schon in den 50er Jahren vom Institut für Sozialforschung/Frankfurt a.M. erprobt und später weiterentwickelt wurde. (Pollock 1955; Mangold 1960; Bülow-Schramm 1995)

Unterschiedliche Interessenlagen bei den Evaluierten

Mit Hinweisen auf methodische Mängel sind die Ergebnisse der Datenanalysen über eine Lehreinheit leicht zu desavouieren. Diese Kritik ist sicher teilweise berechtigt, vor allem aber legitimatorisch und verweist m.E. auf ein hinter ihr liegendes Problem. Mit ihr werden Zweifel an der Wichtigkeit erhobener Inhalte verborgen, kritische Äußerungen nicht auf die eigene Lehrpraxis, sondern immer auf den anderen geschoben, und es wird die mangelnde Bereitschaft, Verantwortung für die festgestellten „Schwächen" zu tragen, hinter scheinrationalen Argumenten versteckt. Etwaige Anregungen und die Benennung konkreter Änderungsvorschläge, die aus der Datenanalyse erwachsen, werden so nicht zur universitären Selbstreflexion genutzt.

Ein Grund liegt darin, dass die im Evaluationsverfahren gesammelten Urteile über eine Lehreinheit je nach dem Grad der Beteiligung an der Datengewinnung als Selbsterkenntnis oder aber als Kritik von außen eingestuft werden können.

Der Blick von außen wird im letzteren Fall als vereinfachend, als die vielen zu berücksichtigenden Faktoren und die Komplexität nicht einbeziehend be- und verurteilt. Damit wird die Furcht davor verdeckt, dass eingespielte Organisationsmuster durch diesen Blick ins Wanken gebracht werden, der Regelungsgehalt im Studiengang in unerwünschter Weise verdichtet oder anderen negativ besetzten Neuerungen der Weg bereitet werden könnte. Nicht nur die Einschätzungen, sondern auch die aus ihnen resultierenden Lösungsmöglichkeiten werden dann als fremdgesteuert abgelehnt und enttarnen den Lehrbericht als Fremdevaluation für diejenigen, die an der Zielbestimmung und an den Erhebungen oder der Begehung vor Ort nicht teilnehmen, gleichwohl aber zur evaluierten Lehreinheit gehören.

Kurz: nicht jede Datensammlung und -interpretation für den Lehrbericht ist als **Selbstevaluation** einzustufen. Dies trifft auf die Zusammenstellung statistischer Daten aus dem Fundus vorhandener zentraler Erhebungen zu, aber auch auf Primärerhebungen.

Die Frage der Veröffentlichung der Ergebnisse

Bei der Veröffentlichungsfrage wird die Gratwanderung des Verfahrens besonders deutlich: So wird sie – beispielhaft im Projekt Evaluation des Verbunds norddeutscher Universitäten – von der Gesamtheit der Entscheidungen der evaluierten Lehreinheiten abhängig gemacht und betrifft alle im Verfahren er- und zusammengestellten Dokumente. Es kommt also vor, dass **ein** Fachbereich von vieren seinen Lehrbericht für sich behalten will und daraufhin auch aus den anderen drei evaluierten Einheiten nichts dem gespannten Publikum zur Kenntnis gegeben wird. Damit wird vollends undurchsichtig, ob die Evaluation Schwächen der Lehre identifiziert hat, ob in der Folge konkrete Maßnahmen vorgeschlagen und ob ihre Umsetzungen in Angriff genommen wurden oder nicht. Für ein Qualitätsmanagement, das dem Renommee der Hochschule im Verteilungswettbewerb dienen könnte, wird diese Form der Evaluation damit nur eingeschränkt brauchbar.

In einem Pilotverfahren erprobt, aber nicht durchgesetzt ist eine andere Haltung, die die Chance für konkrete Veränderungsmaßnahmen zumindest nicht verbaut:

> „Eine der wichtigsten Schlussfolgerungen aus der Evaluation ..., ist, dass größtmögliche Offenheit und Transparenz praktiziert wird ... Es gibt keine geheimen Verschlusssachen, jeder kann Kenntnis über die verhandelten Gegenstände bekommen, Ergebnisse werden gewonnen, um sie öffentlich zu machen" (aus der Rede des Dekans Sprachwissenschaften vor dem Konzil der Universität Hamburg 1994).

Einbeziehung der Studierenden

Die grundsätzliche oder partielle Ablehnung umfangreicher Evaluationsvorhaben durch die Studierenden wird riskiert, wenn sie bei der Planung bzw. Zielbestimmung und Indikatorenauswahl nicht beteiligt werden, sondern nur als Datenlieferanten bei Fragebogenerhebungen etc. fungieren sollen. Dies behindert ihre Einbeziehung nicht nur auf der ideologischen, sondern vor allem auf der praktischen Ebene. Tatsächlich sind die Lehrberichte als Evaluationsinstrument sehr weit entfernt von dem, was Studierende meinten, als sie Evaluation der Lehre forderten und dafür sogar in Streik traten. Denn eines scheint die Verlagerung der Evaluation auf die Ebene von Peer Review mindestens bewirkt zu haben: die Frage, wer eigentlich wen evaluiert, wer die Entscheidungen über Ziele, Indikatoren, Verfahren, Ergebnisverwertung fällt, ist schwerer zu beantworten als bei dem Ausgangspunkt der Evaluation, der studentischen Veranstaltungskritik. Deshalb sollten Wege gefunden werden, damit die von Studierenden initiierten Veranstaltungskritiken ihren Stellenwert in der Diskussion um gute Lehre erhalten und als Teil der Selbstevaluation verankert sind.

7.2.3 Entwicklungsmöglichkeiten von Evaluation

Die bestimmende Rolle des Kollegensystems im Peer-Review-Verfahren erschwert die Entwicklung der Organisation: das Gutachterwesen stärkt das Kollegensystem herkömmlicher Art. Problematisch ist auch die Zwitterrolle des Frageleitfadens (im Verfahren „checklist" genannt), der sowohl vorgegeben als auch Teil der Selbstevaluation ist. Die Doppelrolle ermöglicht die Umgehung aktueller brisanter Fragen einfach dadurch, dass sich bürokratisch an den Frageleitfaden gehalten wird. Die Distanz zwischen Leitfaden und befragter Einheit ist zu groß, um alle kritischen Punkte konkret beinhalten zu können. Die Teile der Checklist, die bearbeitet werden, werden zudem mit den Vertretern der untersuchten Einheiten abgestimmt und hier kann wieder das Kollegensystem greifen: die Gutwilligkeit der untersuchten Kollegen muss erhalten werden, Brüskierungen können im Normalfall nicht riskiert werden. (Das Prinzip der Freiwilligkeit auf der einen Seite – selbst schon ein Zugeständnis an die Leitidee der scientific community – gebiert Gefälligkeit auf der anderen Seite). Die Wahrheit wird verschwiegen im Verfahren, was dann nicht geahndet wird, wenn die Umsetzungen der Erkenntnisse und vorgeschlagenen Maßnahmen aus dem Verfahren ausgeblendet sind. Die Verbesserung der Lehre als Problem einer Didaktik, die sich ihrer Adressaten und deren gesellschaftlichen Perspektiven vergewissern muss, gerät bei dieser Evaluation höchstens beiläufig in den Blick und steht so in offenem Widerspruch zu der Zielbestimmung dieser Evaluation, die ihr gerade die breite Zustimmung unter den Beteiligtengruppen (stakeholders) verschafft hat, nämlich einen Beitrag zur Qualitätsverbesserung von Lehre und Studium zu leisten. Deshalb liegen auch weiterhin die Chancen zu einer tatsächlichen Verbesserung der Lehre in einer prozessbegleitenden, aktionsforschungsorientierten Selbstevaluation. Allerdings darf sich die Handlungsorientierung nicht in Kommunikation um der Kommunikation willen erschöpfen. Eine auf die Entwicklung der Organisation bezogene Bewertung der Ergebnisse wird dann überflüssig, weil dann lediglich zählt, **dass und wie** kommuniziert wird, und nicht worüber, **dass** Vereinbarungen in der Folge von Evaluation stattfinden, wird wichtig, aber nicht zu welchen Inhalten mit welchen Konsequenzen.

„Schön, dass wir miteinander gesprochen haben" reicht als Ergebnis von Qualitätsmanagement nicht.

Wie kann dann aber eine Alternative aussehen? Weder ist auf den Impuls Externer zu verzichten, noch kann die scientific community als Konstituens von Universität außen vor gelassen werden.

Welche Evaluation kann es leisten, durch Statuskonkurrenz Handlungsmotivation zu erreichen, das Kollegensystem zu durchlöchern, die Außenanforderungen an die Universität transparent und diskutierbar zu machen und internen Verränderungswillen zu bedienen? Hinzu kommt die Schwierigkeit, aus der Rückschau die Zukunft zu bauen. Evaluation ist rückwärts gerichtet. Woher kommen die Visionen, wenn wir bei den bestehenden Problemen und der Beseitigung von Schwächen ansetzen? Selbst wenn es gelänge, zu einem Maßnahmenplan auf der Grundlage der Evaluation zu kommen, bleibt der Entwurf neuer Ziele außen vor. Ein Leitbild ist nicht aus einer Stärken-Schwächen-Analyse abzuleiten, Zielvereinbarungen sind nicht mit Mängelbeseitigung gleichzusetzen. Dieses Spannungsverhältnis zwischen Beheben von Missständen und Erneuerung von Strukturen als systemische Entwicklung der Organisation darf nicht verkleistert werden.

Die entscheidende Frage ist, wie Evaluation als Instrument von Qualitätsverbesserung konzipiert werden kann. Erst dann

> „ist zu erwarten, dass Evaluation eng mit anderen wichtigen Entwicklungen in den Hochschulen verknüpft sein wird, wie etwa der langfristigen Strategieplanung, der Mittelverteilung, der Reform von Leitungsstrukturen, der Organisationsentwicklung und der Akkreditierung von Studienprogrammen und Institutionen." (HRK 1/1998, S. 13)

Damit Evaluation diesem Anspruch genügen kann, müsste eine Meta-Evaluation etabliert werden, die folgende Fragen behandelt:

- Welche Qualität haben die gesammelten Daten? Welche Maßnahmen können mit ihnen begründet werden?
- Wer war effektiv an der Evaluation beteiligt – wie konnten hierbei die Lebenslagen der Studierenden berücksichtigt werden?
- Welche neuen Ideen wurden als By-Product generiert im Verlauf des Evaluationsprozesses: andere Studienstrukturen, neue Besoldungssysteme, neue Leitungsstrukturen, andere Service-Einrichtungen, neue Zielsetzungen?
- Wurden Wege zur Umsetzung angegeben und wurde die Umsetzung überprüft, kurz: bewirkte die Evaluation konkrete Veränderungen? Oder bewegte sich die Evaluation auf der talk-Ebene (Brunsson 1989), die scharf von der action-Ebene getrennt blieb?
- In welchem Verhältnis standen Aufwand und Ertrag?

Für die Evaluation selbst wird ein Abrücken von aufwendigen Verfahren vorgeschlagen, die unterschiedliche Sozialforschungsmethoden zu einem Forschungsdesign kombinieren, dessen valide und reliable Durchführung angesichts der komplexen sozialen Realität kaum möglich ist und deshalb dem eigenen Anspruch nach keine Handhabe für Strukturveränderungen liefert.

Tilman Küchler hat in seinem Kommentar auf dem 28. Kongress der Deutschen Gesellschaft für Soziologie auf die zwei Extreme der Evaluation hingewiesen:

- sehr detailliert, aufwendig und möglichst gerecht im Urteil, damit kosten- und zeitintensiv wie es augenblicklich in Großbritannien sowohl im Bereich der Forschung wie der Lehre geschieht;
- sehr grob, ungenau und eher ungerecht, damit wenig kosten- und zeitintensiv wie es in Australien praktiziert wurde.

Er fährt fort:

> „Bekanntlich stößt das erste Modell nicht auf die ungeteilte Gegenliebe der Evaluierten. Auch ist diese Art der Evaluation im Hinblick auf die qualitätsverbessernden Wirkungen fragwürdig. ... Im zweiten Modell steht dagegen die Prozessevaluation im Vordergrund. Es zielt auf qualitätssichernde Maßnahmen und nicht auf die Qualität an sich ab. Es verzichtet daher auf eine detaillierte Analyse zugunsten einer häufigeren und auf konkrete Veränderungen ausgerichteten Evaluation. Sie scheint zumindest in Australien sehr erfolgreich zu sein, da sie in Verbindung mit positiven Anreizen in Form von Mittelzuweisungen eine Vielzahl von Organisationsentwick-

lungsprozessen zur Qualitätsverbesserung in den Hochschulen bewirkt hat." (Küchler 1996, S. 3/4)

Eine andere Variante ist das „Informed Peer Review", das ebenfalls von einer kritischen Sicht auf die Ausgestaltung von Peer Review Verfahren ausgeht und in dem den Peers ein Set an aussagekräftigen Daten und Kennziffern auch hochschulübergreifend neben dem Selbstreport für ihre Begutachtung zur Verfügung steht. (HRK 2006)

Dies taucht als ein Schritt auch in der Alternative auf, die ich vorschlagen möchte. Sie ist im Gegensatz zu einer auf Rechenschaftslegung zielenden Evaluation formativ gestaltet und lehnt sich an Ansätze des Professionellen Projektmanagements an. Allerdings würden wir sie nicht als „quick and dirty" (Küchler) kennzeichnen, sondern als „zügig und entwicklungsorientiert" und damit eine Mittelposition zwischen den aufgezeigten Extremen einnehmen: Externes Expertenwissen wird mit Lernprozessen im System gekoppelt, mit gesichertem Hintergrundwissen angereichert und ins System zurückgefüttert, einzelne Akteure des Systems in diesem Feedback-Prozess gestärkt, um Veränderungen auch gegen Anfeindungen strategisch durchzusetzen.

Die Schritte einer solchen Evaluation wären im Einzelnen:
1. Ein oder mehrere Experten gehen in das Feld, das evaluiert werden soll.
2. Der/die externen Experten entwerfen mit einzelnen Akteuren im Feld, die an der Evaluation und Verbesserung der Situation interessiert sind, ein Bild des Systems. Der Experte lernt so die Verhältnisse, die kritischen Punkte und die Veränderungspotentiale kennen und eröffnet durch seine Fragen den Akteuren Horizonte (wechselseitiger Lernprozess).
3. Der externe Evaluator reflektiert das Bild auf theoretischer Grundlage und im Vergleich zu anderen Organisationen.
4. Dieses angereicherte Bild wird an die Akteure im Feld rückgekoppelt, um mit ihnen gemeinsam an einem neuen Bild zu arbeiten, das konkrete Verbesserungen an kritischen Punkten enthält und zukünftigen Anforderungen standhält. Gegner sind bereits hier identifizierbar (extern angestoßener Lernprozess).
5. Für das neue zukunftsweisende Bild, das Veränderungen notwendig macht, werden Verbündete gesucht und in den Kreis der Akteure aufgenommen. Zielvereinbarungen mit Anreizsystemen, die von der Bereitstellung zusätzlicher finanzieller Mittel bis zur Nutzung von Statuskonkurrenz (Anerkennung und Prestige) reichen, kennzeichnen die operative Ebene in diesem Stadium.
6. Strategisch wichtige Veränderungsmaßnahmen werden in Angriff genommen und exemplarisch in Pilotprojekten implementiert.

In diesem Modell sind mehrere Grundsätze berücksichtigt, die aus Erfahrungen mit Peer Reviews nach niederländischem Muster gewonnen wurden und stellen eine Verallgemeinerung der ursprünglich speziell für die Forschungsevaluation aufgestellten Forderungen dar:

- Die Evaluatoren müssen die Besonderheiten des Untersuchungsfeldes, das können u.a. Projekte oder Programme oder Fächer sein, im Diskurs mit den betreffenden Forschern herausarbeiten.

- Die Evaluation muss zwischen Evaluatoren und Evaluierten einen intensiven Diskurs herstellen, der nicht abbricht, wenn die Evaluatoren zu einem Urteil gelangt sind. Forscher oder andere Evaluierte sollten die Möglichkeit haben, die Evaluatoren von der Sinnhaftigkeit ihres Tuns zu überzeugen, wenn sie sich missverstanden fühlen.

- Generell sollte die Evaluation nicht als ex-post-Bewertung weitgehend abgeschlossener Projekte konzipiert werden, die Evaluatoren sollten den Forschern vielmehr als ständige Diskussionspartner zur Verfügung stehen (prozessorientiert). (Kieser 1998, S. 12)

In einem Praxisbeispiel soll dieser Ansatz veranschaulicht werden.

Praxisbeispiel

Ein Beispiel für diese Evaluation als Veränderungsprozess ist die Überprüfung des reformierten Hauptstudiums einer Fachhochschule. Die Reform besteht in der Integration der Praxisphase in das Studium, die von der Behörde vorgegeben war. Die Fachhochschule nutzte diesen Druck zur Veränderung der Prüfungsordnung zu inhaltlichen Reformen und einer neuen Bestimmung des Theorie-Praxis-Verhältnisses in der Sozialarbeit. Nach einem ersten Durchlauf des reformierten Studiums werden zur Reflexion der Veränderungen und des künftig einzuschlagenden Weges Studienreformtage angesetzt. Externe Moderation soll diesen Prozess ermöglichen, indem sie zum Erkennen der kritischen Punkte und zur Arbeit an Gegenmaßnahmen zwingt, den verschleierten Blick auf sich selbst verfremdet und entzaubert. Externe Moderation fungiert im Sinne von als „die Zuständigkeit, alle verwirrten Fäden zu koordinieren und in konkrete gesetzliche und operationale Schritte, mit Zeitplan, Zuständigkeit und Verhandlungsstrategie umzusetzen." (Daxner 1997)

Der oben benannte erste Schritt einer systemischen Evaluation, die Auseinandersetzung mit dem Problemfeld und der Entwurf eines Bildes der Hochschule, erfolgte in Gesprächen mit der Hochschulleitung und dem Studienreformausschuss und in der Aufarbeitung von Dokumenten über die Reform des Hauptstudiums. Ergebnis waren kritische Fragen und die genaue Benennung der Problemsituationen mit Angabe der Akteure (inkl. Studierende), aufgeteilt in Pros und Cons, Geier und Schutzengel. (Zweiter Schritt) Raum für eine Ortsbestimmung aller Beteiligten im Prozess, also aller Studierenden im Hauptstudium, aller Lehrenden und der Hochschulleitung, und für die Rückkoppelung der Fremdsicht auf die Bestandsaufnahme boten die unter der Regie des Studienreformausschusses angesetzten Studienreformtage mit externer Moderation. Studierende (nach Semestern geordnet) und Lehrende erarbeiteten ihre Problemsicht, um sie moderiert ins Plenum einzubringen: Erfahrungen zu dem, was gut lief, wurden gesammelt, Erfahrungen zu dem, was schlecht lief, wurden zu 6 Themen verdichtet, die in Arbeitsgruppen mit hauseigener Moderation bearbeitet und von der externen Moderatorin koordiniert wurden. Der Fokus sollte für diese Arbeitsgruppenphase auf die Entwicklung von Alternativen gerichtet sein, also weder darauf, die Rückschau vom Vormittag zu verlängern, noch vorschnell zu Lösungen zu kommen.

Vorgabe der Moderation zu dieser Arbeitsphase:

*„Ging es am Vormittag um Erfahrungen mit dem Verbundstudium aus den unterschiedlichen Perspektiven, so dient das Plenum und der Nachmittag dazu, **weiterführende Fragen** herauszufiltern und zu bearbeiten, die das Verbundstudium weiterentwickeln helfen. Es geht ab jetzt um die Beschreibung der Knackpunkte, um Deutungsversuche, Bestimmung der Akteure, den Bezug zu anderen Problemen, kurz um Komplexitätserweiterung. Dazu gehören auch die Erwartungen, die in Ihnen schlummern, das Herbei-*

wünschen und Entwerfen von Alternativen. Morgen werden wir uns – und erst dann – auf die Suche nach realisierbaren Lösungen machen (Komplexitätsreduktion) und zu bestimmen versuchen, wie Lösungswege aussehen und organisiert werden können. Dazu ist der heutige Nachmittag mit seiner Entfaltung der offenen Fragen, Wünsche und Hoffnungen notwendige Grundlage."

Die Arbeitsgruppen, die an sechs verschiedenen Themen arbeiteten, bekamen eine einheitliche Arbeitsstruktur und einen klaren Arbeitsauftrag für die folgende Arbeitsphase. Die Kleingruppen hatten zwei Stunden Zeit, um zu verschiedenen Themen (z.B. Vermittlung handlungsrelevanten Wissens, Organisation der Seminare mit Praxisbezug) folgende Vier-Felder-Tafel zu bearbeiten.

Was ist das Problematische?	Welche Wünsche, Forderungen, Alternativen haben wir?
Was verändert sich, wenn die Wünsche Wirklichkeit sind?	Offene Fragen: Was soll im Plenum geklärt werden?

Eine Manöverkritik zwischen Moderatorin und Mitgliedern des Studienreformausschusses am Schluss des ersten Tages erfüllte die Funktion einer ersten Rückmeldung, deckte Unzulänglichkeiten auf und gewann die Mitglieder des Studienreformausschusses als Verbündete für das Vorgehen des nächsten Tages. (Dritter Schritt)

Der nächste Tag war geprägt durch den Blick von außen und begann mit einer ausführlichen Einschätzung der Situation durch die Moderatorin. Die umfasste nicht nur den Versuch einer Erklärung der Situation unter Rückgriff auf theoretische Analysen, die Bewertung der Kommunikation untereinander, sondern auch die Benennung von drei Arbeitsfeldern, an denen künftig gearbeitet werden sollte, also eine Stoßrichtung für die Entwicklung der Institution. Aus der Arbeit des vorigen Tages heraus sollten die Gruppen die Vorschläge für die Weiterarbeit kommentieren und gegebenenfalls begründete alternative Vorschläge unterbreiten. Der treffende Blick von außen und die Unterstützung durch die Lehrenden des Studienreformausschusses erleichterten allen die Annahme der Kritik und die Weiterarbeit an den schließlich unverändert übernommenen Themenvorschlägen. (Vierter Schritt)

Wieder bekamen die Arbeitsgruppen eine Struktur für die Arbeit an die Hand, die sich von der ersten unterschied:

Was streben wir an?	Welche Interessen stehen dahinter?
Welche Widerstände gibt es?	Welches sind die ersten Schritte der Realisierung

Die Brisanz des Vorschlags, verborgene Interessen und Widerstände zu benennen, enthüllte sich für einige erst in den Arbeitsgruppen.

Die Aufstellung eines Maßnahmenplans erschöpfte sich deswegen nicht nur in der Wiedergabe des markierten vierten Kästchens der Arbeitsstruktur im Plenum, sondern ließ die Auseinandersetzungen aufflammen, die der Blick von außen prognostiziert, die aber anlässlich des Feedbacks ausgeblieben waren.

Neun Maßnahmen wurden schließlich festgehalten und mit Akteuren, Terminierung und Teilschritten versehen. Die Moderatorin wurde gebeten, die Einlösung der Verpflichtungen nach einem dreiviertel Jahr zu überprüfen und eventuell neu aufzulegen.

7.2.4 Schlussfolgerung

Evaluation als Teil des Qualitätsmanagements von Hochschulen erfordert eine systemische Sichtweise, die die Zusammenhänge zwischen verschiedenen Feldern der Entwicklung und verschiedenen Entwicklungsstufen im Blick behält.

Damit ist *nicht* die Frage nach einem neuen Konsens aufgeworfen, nach einem neuen universal geltenden Muster von Höherer Bildung, was sich überlebt hat und nach *Zygmunt Bauman* (Bauman 1995) den gesellschaftlichen Bedingungen unangemessen ist. Vielmehr wird im systemischen Ansatz die Fragmentierung der Universität und ihrer Untergliederungen als Ausgangslage akzeptiert ebenso wie die Unmöglichkeit einer umfassenden Planung.

Deshalb werden die Gegner einer notwendig partiellen Lösung zunächst antizipiert, die Verfolgung einer Lösung als Angriff und Verteidigung (*Bourdieus* Kampfbegriff könne hier Pate gestanden haben) verstanden und instabile Gleichgewichte angestrebt, die bei ihrem Erreichen bereits überholt sind.

In diesem hin- und herwogenden Prozess bilden sich Interessen und Gegensätze auf der Grundlage der inkohärenten Lebenswelten der Forscher und Forscherinnen, der Lehrenden und Studierenden heraus, die die Folie für wissenschaftliche Forschung, Lehre und Studium sind.

In einer systemischen oder – so die Metapher von Czarniawska-Joerges/Joerges – kosmischen Sichtweise geht es nicht um Steuerung oder Macht, sondern um die „Infusion kreativen Denkens". Es kommt hier nicht auf akribisch gesammelte Informationen an, die objektiv, repräsentativ, valide und reliabel auf der Ebene von Messverfahren sind.

Evaluation in Anlehnung an diese Sicht von Organisationsberatung bietet „hand-made tools, pieces of craft, if not art."(Czarniawska-Joerges/Joerges 1990, S. 354)

Daneben gibt es auch Prozesse der Standardisierung, die nicht mit einem Kriterien- oder Fragenkatalog für die Selbstbeschreibung, die sogenannte Checkliste, verwechselt werden dürfen. Es sind Standards für die Evaluation, die als Leitlinien beim Entwurf eines Evaluationskonzepts und/oder für eine Metaevaluation eingesetzt werden können. Vier Dimensionen (Nützlichkeit, Durchführbarkeit, Fairness und Genauigkeit) bilden das Grundgerüst der Standards, die noch einmal in 25 Einzelkategorien unterteilt sind.

Sie fußen im wesentlichen auf den Standards des „Joint Committee on Standards of Educational Evaluation", die 1981 veröffentlicht, erst 1999 ins Deutsche übersetzt und 2001 von der Deutschen Gesellschaft für Evaluation (DGEval) in einen Diskussionsprozess gebracht wurden, der 2004 mit einer Revision der Standards abgeschlossen wurde, die auf eine Bestätigung hinauslief. (Widmer 2000; http://www.degeval.de)

7.3 Akkreditierung zwischen Kontrolle und Selbstverpflichtung

7.3.1 Der Bologna-Prozess als Rahmenbedingung

Das zweite Verfahren, das Qualitätssicherung an den Hochschulen der BRD kennzeichnet, ist die Akkreditierung. Sie ist ohne den Bologna-Prozess und die Harmonisierung des europäischen Hochschulraumes, der die Einführung eines Zwei-Zyklen-Studienmodells umfasst, nicht zu verstehen. Der Bologna-Prozess ist eine Initiative zur Gestaltung des Hochschulraums auf europäischer Ebene, 1997 von europäischen Bildungsministern auf einer Konferenz in Lissabon angestoßen, deren Kreis sich sukzessive erweitert hat und 2005 auf der Konferenz in Bergen 45 Länder umfasste. 1999 unterschrieben europäische Bildungsminister aus 29 Ländern eine Erklärung zur gemeinsamen Gestaltung des europäischen Hochschulraums, die auf der Sorbonne Erklärung von 1998 fußte: Die Hochschulen garantieren durch ihre Unabhängigkeit und Selbstverantwortlichkeit, dass Bildung und Forschung ständig orientiert sind an den sich wandelnden Bedürfnissen, den Anforderungen der Gesellschaft und den Fortschritten in den Wissenschaften. Durch ein gemeinsames Vorgehen soll insbesondere die internationale Wettbewerbsfähigkeit des europäischen Hochschulsystems verbessert werden. „We need to ensure that the European higher education system acquires a world-wide degree of attraction equal to our extraordinary cultural and scientific traditions." (The Bologna Declaration of June 1999, http://www.bologna-berlin2003.de)

Der Sog, den diese Treffen ausüben, lässt auf ein lange bestehendes Defizit in der Abstimmung der nationalen Hochschulpolitiken schließen, das Europa zu schwächen drohte insbesondere im Konkurrenzkampf mit den USA um die klügsten Köpfe. Mit dem Einklinken in den Bologna-Prozess wird zudem die Chance ergriffen, den anstehenden nationalen Umbau des Hochschulsektors gemeinsam zu betreiben unter der Priorität der Internationalisierung als Intensivierung der wissenschaftlichen Zusammenarbeit in Forschung und Lehre. Damit kommt Zugzwang in die Universitätsentwicklung vor Ort: Deutschland hat sich verpflichtet, bis 2010 die Ziele der Bologna-Erklärung umzusetzen und setzt damit den Prozess der Verlagerung der Verantwortlichkeit vom Staat auf die einzelnen Hochschulen auf europäischer Ebene fort, der 1998 mit der Novelle des Hochschulrahmengesetzes ein deutliches Signal erhielt. Gesetzescharakter haben die gemeinsamen Beschlüsse nicht, sie enthalten allerdings die Bereitschaft, in nationalen Gesetzen und Ordnungen die Beschlüsse nachzuvollziehen.

Die größte vereinbarte Veränderung ist momentan die Einführung von Bachelor- und Masterstudiengängen, die eine Ablösung der bestehenden Strukturen erfordert und mindestens die folgenden Neuerungen nach sich zieht: Modularisierung, Einführung eines European Credit Transfer and Accumulation Systems (ECTS), Output-Orientierung, Diploma Supplement, Akkreditierung, Zweiteilung des Studiums in eine Drei-Jahres und eine Zwei-Jahres Phase mit Definition bzw. Regulierung des Überganges zwischen beiden. Hinzu kommt die Förderung der Mobilität von Lehrenden und Studierenden, die Förderung der europäischen Dimension im Hochschulbereich und last not least die Förderung der europäischen

Zusammenarbeit bei der Qualitätssicherung. In den Folgekonferenzen in Prag 2001, in Berlin 2003 und in Bergen 2005 (die nächste Konferenz findet 2007 in London statt) wurden jeweils auf Grundlage einer Zielüberprüfung Prioritäten für die nächsten zwei Jahre gesetzt. Qualitätssicherung steht da an oberster Stelle mit Betonung auf der Entwicklung gemeinsamer Kriterien und Methodologien. Gleichzeitig wurde wieder betont, dass die Hauptverantwortung für die Qualitätssicherung des Hochschulraums bei jeder einzelnen Einrichtung liegt.

Für die deutschen Hochschulen beinhalten die Kommuniqués von Lissabon bis Bergen umfassende Veränderungen, deren Auswirkungen noch nicht ausgelotet sind, werden sie doch laufend flankiert von staatlichen (z.B. Erhöhung der Absolventenquote) und halbstaatlichen (z.B. Rahmenvorgaben der KMK) Vorgaben ohne entsprechende Aufstockung der Mittel bzw. ihrer Reduzierung. Böswillig könnte man sagen, die Entscheidungen fallen woanders, für ihre Umsetzung sind die Hochschulen mit ihren erstarkten Fakultäten und einem zur Hälfte extern besetzten zentralen Entscheidungsgremium (Hochschulrat) verantwortlich.

Bis 2005 wurden auf nationaler Ebene Qualitätssicherungssysteme entwickelt, die umfassen:

- eine Definition der Verantwortlichkeiten der betroffenen Einrichtungen,
- die Evaluation von Programmen oder Institutionen, die interne Selbstbeschreibung, externe Begutachtung, die Beteiligung der Studierenden und eine Veröffentlichung der Ergebnisse einschließen,
- ein System von Akkreditierung, Zertifizierung oder vergleichbaren Verfahren,
- internationale Kooperation, Teilnahme und Vernetzung.

Gleichzeitig werden auf europäischer Ebene Standards, Verfahren und Richtlinien für Qualitätssicherung entwickelt sowie die Möglichkeiten zur Errichtung von Peer-Review-Systemen und Akkreditierungsagenturen untersucht.

Auf zwei neue Ziele einigten sich die Bildungsminister in Berlin: Beteiligung der Studierenden mit Berücksichtigung der sozialen Dimension und die Herstellung der Chancengleichheit für Frauen. Bereits in der Bergen-Erklärung 2005 sucht man das zweite Ziel vergeblich und so fehlt jeder Ansatz, „das innovative und kreative Potential der Verzahnung von Qualitätssicherung und Gender für Studium und Lehre, Personal- und Organisationsentwicklung" auszuloten. (vgl. Löffler 2005, S. 3)

7.3.2 Das deutsche Akkreditierungsverfahren

Der Grat, auf dem sich Akkreditierung bewegt, ist der zwischen internationaler, was bis jetzt vordringlich heißt: europäischer Harmonisierung der Anforderungen an Hochschulen (Tuning) und der Stärkung der Eigenverantwortung der Hochschulen bzw. ihrer Untereinheiten. So wird jeder Vorschlag für gemeinsame Kriterien oder Verfahren begleitet mit der Betonung, dass dies die Vielfalt und Kreativität auf der Handlungsebene der einzelnen Hochschule nicht einschränken soll.

Dies ist deshalb besonders wichtig, weil Akkreditierung im deutschen Hochschulsystem eine Qualitätskontrolle durch Verwaltungsmaßnahmen ablösen soll.

> „Bis in die 70er Jahre hinein wurde die Qualitätskontrolle in der Hochschulbildung durch bürokratische Mittel ausgeübt: gesetzliche Rahmenbedingungen für die Einrichtung von Institutionen, Fachbereichen und Studienprogrammen und die dementsprechend notwendigen staatlichen Mittel (Finanzierung, Hochschulbau), zentralisierte und formalisierte Regelungen für die Berufung akademischen Personals, in ähnlicher Weise zentralisierte und formalisierte Regelungen zur Aufnahme von Studierenden, jährlich begrenzte Budgets usw." (Schwarz/Westerheijden 2005, S. 12)

Dieses starre und zeitraubende System von Vorschriften, behördlichen Genehmigungsverfahren und Rahmenprüfungsordnungen, letztere müssen gemeinsam von den Ländern und der HRK verabschiedet werden, soll durch Akkreditierung flexibler, den Bedürfnissen der Gesellschaft und dem internationalen Markt besser entsprechend und transparenter werden.

Werfen wir einen kurzen Blick auf das Akkreditierungsverfahren für deutsche Hochschulen, ohne das Qualitätssicherung und -management nicht mehr auskommen.

1998 wurde – zunächst für die Dauer von drei Jahren – auf zentraler Ebene ein Gremium, der länderübergreifende **Akkreditierungsrat** eingerichtet, um Verfahren für die Akkreditierung zu entwickeln, die in Übereinstimmung mit internationalen Standards die Qualität der gestuften Studiengänge sichern sollten. Er war erst bei der Hochschulrektorenkonferenz (HRK) angesiedelt, wurde 2000 von der Kultusministerkonferenz (KMK) übernommen und ist seit 2004 eine Stiftung öffentlichen Rechts mit neuer Geschäftsführung (Stiftung zur Akkreditierung von Studiengängen in Deutschland). Die Diskussion über gestufte Studiengänge hatte zu dem Zeitpunkt der Gründung des Akkreditierungsrates schon eine Geschichte (Bülow-Schramm 1997) und bekam Auftrieb, als die Hochschulrektorenkonferenz in Kooperation mit dem Deutschen Akademischen Austausch Dienst (DAAD) die Universitäten in der zweiten Hälfte der 90er Jahre zur Entwicklung von Bachelor- und Masterstudiengängen animierten und dabei Entwicklungshilfe – materiell und ideell – leisteten. Tagungen über die Erfahrungen mit und Pläne für die neuen Studiengänge sorgten für ihre Verbreitung. Strukturvorgaben wurden damals nicht gemacht, alles sollte möglich sein. So gab es 2002 rund 1.200 Studiengänge mit einem Bachelor- oder Masterabschluss in unterschiedlichster Ausgestaltung. Der Prozess der Reduktion der zuvor ausgebreiteten Komplexität begann mit dem Beschluss der KMK, eine Akkreditierung der Studiengänge einzuführen, die zu einem der neuen Abschlüsse (Bachelor oder Master) hinführen. Mit der Akkreditierung soll die Verantwortung der Hochschulen gestärkt, zugleich den Studierenden und potentiellen Beschäftigern eine verlässliche Orientierung gegeben werden und die internationale, mindestens jedoch europäische Anerkennung der Studienabschlüsse erreicht werden. Bis jetzt ersetzt die Akkreditierung zwar Rahmenprüfungsordnungen, nicht jedoch das staatliche Genehmigungsverfahren der Studiengänge, das zusätzlich in den Ministerien durchlaufen werden muss. Hier wird behördlich geprüft, ob die Ressourcen für den Studiengang gesichert sind und ob er in die Hochschulentwicklung passt.

Die zentralen Anforderungen an Akkreditierung sind:
- Vielfalt ermöglichen,
- Studierbarkeit nachweisen,
- Qualität sichern,
- Transparenz schaffen.

Das Verfahren in Deutschland ist mehrstufig: Der Akkreditierungsrat akkreditiert nur in Ausnahmefällen auf der Studiengangsebene. Seine Hauptaufgabe ist die Akkreditierung von Agenturen, die damit die Erlaubnis erhalten, ihrerseits Studiengänge auf Antrag der Hochschulen zu akkreditieren.

Bis 2003 hat der Akkreditierungsrat sieben Agenturen akkreditiert, die teilweise fächerspezifisch akkreditieren und/oder eine große Nähe zu Fachverbänden und den scientific communities haben, teilweise regional und/oder fächerübergreifend agieren, wobei die Tendenz dahin geht, die regionale Bindung zu lockern:
- Zentrale Evaluations- und Akkreditierungsagentur Hannover (**ZEvA**)
- Akkreditierungs-, Certifizierungs- und Qualitätssicherungs-Institut (**ACQUIN**)
- Agentur für Qualitätssicherung durch Akkreditierung von Studiengängen (**AQAS**)
- Akkreditierungsagentur für die Studiengänge Chemie, Biochemie und Chemieingenieurwesen (**A-CBC**)
- Foundation for International Business Administration Accreditation (**FIBAA**)
- Akkreditierungsagentur für Studiengänge der Ingenieurwissenschaften, der Informatik, der Naturwissenschaften und der Mathematik (**ASIIN**)
- Akkreditierungsagentur für Studiengänge im Bereich Heilpädagogik, Pflege, Gesundheit und Soziale Arbeit e.V. (**AHPGS**)

Ihre Aufgabe ist die Gewährleistung von fachlich/inhaltlichen Mindeststandards und die Überprüfung der Berufsrelevanz der Studiengänge. Es können sowohl in Planung befindliche wie bereits eingeführte Studiengänge zur Akkreditierung angemeldet werden. Die Akkreditierungsagentur übernimmt im weiteren Verfahren die Moderation. Das Verfahren besteht aus folgenden Schritten:

> „ein Begutachtungsverfahren, das aus einer ausführlichen Selbstdokumentation der antragstellenden Hochschule sowie einem Vor-Ort-Besuch (Peer Review) und der Stellungnahme der Gutachtergruppe besteht, sowie ein anschließendes Akkreditierungsverfahren, in dem zunächst der zuständige Fachausschuss die Berichte der Hochschule und die Stellungnahme der Gutachter bewertet und danach die Akkreditierungskommission über die Akkreditierung des Programms oder der Institution befindet." (Acquin 2002, S. 14)

Die Akkreditierung kann bedingt erteilt, zurückgestellt oder abgelehnt werden, auf jeden Fall ist sie befristet, i.d.R. auf fünf Jahre. D.h. es ist eine Reakkreditierung notwendig.

Der fachlich/inhaltlichen Prüfung der Studiengänge sind Strukturvorgaben zugrunde zu legen, die die KMK 2003 beschlossen hat und die als Mindestkriterien, zu denen andere hinzutreten können, formuliert sind.

„Folgende Kriterien sind mindestens für die Akkreditierung von Studiengängen heranzuziehen:

- Anforderungen an die Qualität und Internationalität des Curriculums unter Berücksichtigung von Studieninhalten, Studienverlauf und Studienorganisation sowie Leistungsnachweisen, Prüfungsstruktur und Prüfungsfächern, Modularisierung, Leistungspunktsystem und ECTS
- Berufsbefähigung der Absolventinnen und Absolventen aufgrund eines in sich schlüssigen, im Hinblick auf das Ziel des Studiums und die Vorbereitung auf berufliche Tätigkeiten plausiblen Studiengangkonzepts
- Abschätzung der absehbaren Entwicklungen in möglichen Berufsfeldern
- personelles Potential der Hochschule bzw. der beteiligten Hochschulen und ggf. anderer kooperierender Einrichtungen
- räumliche, apparative und sächliche Ausstattung
- bei Master-Studiengängen: erster berufsqualifizierender Abschluss und ggf. weitere Zulassungsvoraussetzungen
- Übergangsmöglichkeiten zwischen herkömmlichen Diplom- und Magister-Studiengängen und gestuften Studiengängen" (http://www.akkreditierungs-rat.de)

Die zusätzlichen, über die Mindeststandards hinausgehenden Kriterienkataloge differieren von Agentur zu Agentur, so dass für die Antragsteller ein Blick in die spezifischen Anforderungen der Agenturen lohnt, die alle im Netz durch Anklicken der oben angegebenen Namen verfügbar sind. So kann über die Fächerspezifität hinaus in Maßen eine dem Profil des Studiengangs am ehesten entsprechende Agentur und Akkreditierung gewählt werden.

Akkreditierung hat einen Preis, der von den Hochschulen, die den Antrag auf Akkreditierung gestellt haben, an die Agenturen gezahlt werden muss. Er beträgt derzeit pro Studiengang über 10.000 €. Die Kosten der Akkreditierung sind so besser kalkulierbar und offensichtlicher als bei der Evaluierung, die oftmals zum großen Teil mit vorhandenem Personal, was aber auch Kosten verursacht, und pro bono Begutachtung bestritten wird. Kritik an der Akkreditierung richtet sich denn auch auf den Aufwand, der mit ihr verbunden ist. Dennoch wurden in einer Evaluation des Akkreditierungsrates drei Jahre nach seiner Gründung (Bieri/Brinkmann/Mayer/Osterwalder/Schulze 2001) die zusätzlichen greifbaren Kosten für die Hochschulen als gerechtfertigt angesehen, denn

„Qualitätssicherung und Darstellung der Leistungsfähigkeit gegenüber Studieninteressenten und Beschäftigern gehören zu den Aufgaben der Hochschulen, die sich zunehmend in einem nationalen und internationalen Wettbewerb zu behaupten haben. Dementsprechend sowie im Hinblick darauf, dass die Akkreditierung eines Studiengangs im Interesse der jeweiligen Hochschule liegt, sind auch die Kosten für die Durchführung der Akkreditierungsverfahren von den antragstellenden Hochschulen selbst aufzubringen." (KMK 2002, S. 18)

7.3.3 Problemzonen

Dieser Umstand und der aktuelle Status der Erprobung der Akkreditierung haben vielleicht dazu beigetragen, dass von den existierenden rund 1.700 gestuften Studiengängen nur ein Fünftel im Jahre 2003 akkreditiert war (Schwarz/Hahn 2004, S. 105). Im Oktober 2005 allerdings waren lt. Angaben der KMK bereits insgesamt 1.205 B-/M-Studiengänge akkreditiert, davon 570 Bachelor- und 635 Master-Studiengänge. Dies ist eine enorme Steigerung und ein Indiz für die Durchsetzungsfähigkeit dieses Verfahrens, aber z.T. auch darauf zurückzuführen, dass Verfahren kostengünstig pro Hochschule gebündelt werden konnten. Ein Aspekt, auf den wir unten (Prozessakkreditierung) noch gesondert eingehen. Dennoch wird gegen Akkreditierung immer noch eingewandt, dass über Mindeststandards und einen festgelegten Kriterienkatalog Mittelmäßigkeit belohnt, Uniformität verstärkt und innovative Entwicklungen erschwert werden.

Für die weitere Entwicklung ist entscheidend, ob die deutsche Akkreditierung international anerkannt wird und in einen Rahmen gestellt wird, der Aufwand und Ertrag in eine annehmbare Relation setzt. Dazu gehört auch die Akzeptanz der Abschlüsse und ihres „Gütesiegels" auf dem Arbeitsmarkt.

Zum Abschluss dieses Abschnitts über Akkreditierung sollen drei Problemzonen, die mit der Akkreditierung als Bestandteil des Qualitätssicherungssystems von Hochschulen aufgeworfen sind, besonders erwähnt werden: die Prüfung der Berufsbefähigung, die Internationalität des Verfahrens und die unterschiedliche Qualitätssicherung alter und neuer Studiengänge.

Prüfung der Berufsbefähigung
Dass Hochschul- und auch Universitätsstudiengänge berufsbezogen sein sollen, ist Gesetz und Willensbekundung seit der Einführung eines Hochschulrahmengesetzes 1973. Besonderes Augenmerk erfährt die Berufsbefähigung über die Hochschularten und Ländergrenzen hinweg mit der Einführung der gestuften Studiengänge und dem damit verknüpften Akkreditierungssystem in Deutschland. Der Bachelorabschluss soll der Regelabschluss werden und muss berufsqualifizierend sein, da die Studierenden mit diesem Abschluss die Möglichkeit haben sollen, mit der Chance der Berufseinmündung die Hochschule zu verlassen und den Arbeitsmarkt zu betreten. Dies bedeutet

„ein Spannungsverhältnis zwischen der Vermittlung wissenschaftlicher Erkenntnisse und der Ausbildung auf bestimmte Berufe. Wissenschaft soll Erkenntnisse über
bisher Unbekanntes bringen, insofern ist Wissenschaft primär Forschung. Ausbildung für die Berufspraxis ist Vermittlung von bekanntem Wissen und bewährten
Methoden für bestimmte Zwecke." (André 2005, S. 120)

Die Regelstudienzeit beträgt 3 Jahre und in dieser Zeit sind wissenschaftliche
Grundlagen, Methodenkompetenz und berufsfeldbezogene Qualifikationen zu vermitteln, wie es in den Strukturvorgaben der KMK vom 10.10.2003 heißt. Die Kürze
des Studiums, die Gleichrangigkeit von Berufsfeldbezug und Wissenschaftlichkeit
und das Fehlen wissenschaftlicher Vertiefung haben alte Diskussionen wieder
aufflammen lassen über die Abgrenzung von Fachhochschulen und Universitäten
und über die erlaubte Nähe von wissenschaftlichem Studium und spezifischem
Berufsfeld. Zu ersterem stellt die KMK lapidar fest:

„Bachelor- und Masterstudiengänge können sowohl an Universitäten und gleichgestellten Hochschulen als auch an Fachhochschulen angeboten werden, ohne die
unterschiedlichen Bildungsziele der Hochschulen in Frage zu stellen." (KMK 2003,
S. 3)

Die Akkreditierung soll hierzu beitragen, indem bei jedem Studiengang seine spezifische Eigenart, das eigene Profil und die jeweils rational begründete, detailliert
dargelegte Zielsetzung berücksichtigt werden.

Die Vermittlung von überfachlichen Schlüsselqualifikationen – auch allgemeine
berufsbefähigende Kompetenzen, general studies oder soft skills genannt – sollen
die Berufsbefähigung im Curriculum eines Bachelorstudiums sichern. Sie sollen
15–20 % des gesamten Studiums ausmachen. Über ihre inhaltliche Füllung (mit
oder ohne Praktika, mit welchen Anteilen von Präsentationstechniken/Rhetorik/
Metaplan u.a., wie viel Kenntnisse über interkulturelle Kommunikation oder
Fremdsprachen etc.), ihre organisatorische Ansiedlung (fachbereichsintegriert oder
separate organisatorische Einheit) und den Umfang insgesamt sind ebenfalls
heftige Kontroversen entbrannt und die Modelle ihrer Vermittlung sind an
unterschiedlichen Hochschulen sehr unterschiedlich. Hier ist es die Aufgabe der
einzelnen Akkreditierungsagentur aus den vielfältigen Erscheinungsformen den
berufsbefähigenden Kern herauszustellen.

So werden zur Überprüfung der Berufsbefähigung eines Studiengangs nicht nur
die Module kritisch betrachtet, sondern auch nach dem Vorliegen von Bedarfs-
analysen gefragt und nach Kooperationen mit Vertreten der Berufspraxis und deren
Einschätzung des Qualifizierungsprofils.

Im zentralen Akkreditierungsrat haben mindestens vier Vertreter der Berufspraxis einen Sitz um die Wichtigkeit der Berufsrelevanz der Abschlüsse zu betonen.

Die Internationalität des Verfahrens

Die Internationalität der Akkreditierung ist noch nicht ausgereift, denn zunächst wird ein deutsches Siegel vergeben, das sich auf ein nach europäischen Maßstäben abgestimmtes Studiensystem bezieht. Die internationalen Beziehungen des zentralen Akkreditierungsrates und auch einzelner Agenturen versprechen zwar eine implizite Berücksichtigung internationaler Standards. So sind die meisten deutschen Agenturen Mitglieder des ENQA (European Network for Quality Assurance) und anderer internationaler Netzwerke. Angestrebt wird aber darüber hinaus eine gegenseitige Anerkennung der Qualitätssiegel:

> „Improved mutual information and coordination in Europe should make it possible in the future for the quality labels of the Accreditation Council to be recognised abroad, just as foreign labels should be recognised in Germany." (Reil/Schade/Tauch 2000, S. 24)

Daneben soll auch eine Akkreditierung in Deutschland durch ausländische Agenturen möglich sein. „An den Akkreditierungsrat richtet sich die Erwartung, mittelfristig eine Positivliste der ausländischen Agenturen, die hierfür in Betracht kommen, zu erstellen." (KMK 2002, S. 17)

Insbesondere für internationale Studiengänge mit Doppelabschluss, internationalem Studienangebot und Studienphasen im Ausland ist dies unerlässlich. Solche internationalen Studiengänge bevorzugen eine internationale Zertifizierung oftmals am deutschen Akkreditierungsrat vorbei, weil ihnen die internationale Anerkennung im Interesse ihrer Absolventen wichtiger ist als ein deutsches Akkreditierungssiegel. Sowohl auf der Ebene des Akkreditierungsrates wie auf der der einzelnen Agenturen könnten die Beziehungen zu übernationalen Institutionen zu einem gemeinsamen Gütesiegel ausgebaut werden bzw. zu gemeinsamen Akkreditierungen, wenn die Struktur des Studiengangs dies erfordert. Das folgende Schaubild zeigt, wie vielfältig die Beziehungen zwischen den deutschen und ausländischen Akkreditierungssystemen sind, aber auch, wie zentriert die ganze Angelegenheit in Deutschland gesehen wird und dass „international" überwiegend „europäisch" heißt.

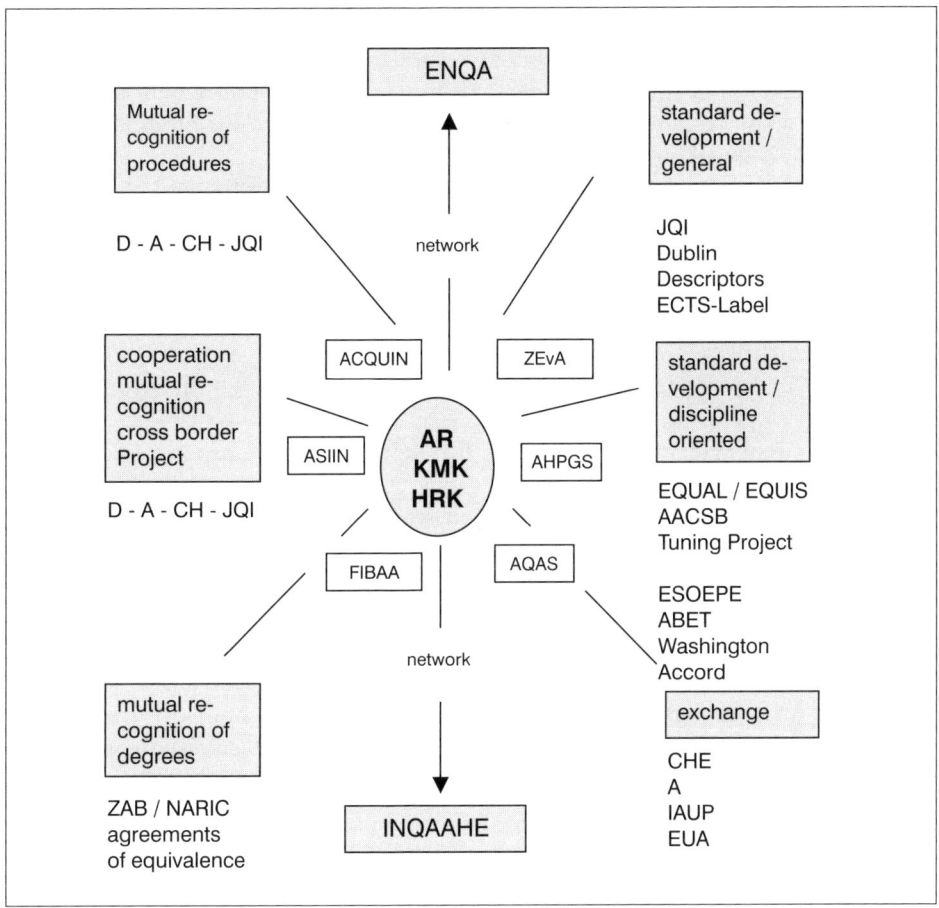

Abbildung 9:
Netzwerk des Akkreditierungsrates (Schade 2002)

Erläuterung der Abkürzungen (die Abkürzungen für die Akkreditierungsagenturen sind oben im Abschnitt 7.3.2 angegeben):
A = Österreich; AACSB = Association to Advance Collegiate Schools of Business; ABET = Accreditation Board for Engineering and Technology; AR = Akkreditierungsrat; CH = Schweiz; CHEA = Council for Higher Education Accreditation; D = Deutschland; ECTS = European Credit Transfer System; ENQUA = European Network for Quality Assurance in Higher Education; EQUAL = European Quality Link; EQUIS = European Quality Improvement System; ESOEPE = European Standing Observatory for the Engineering Profession and Education; EUA = European University Association; IAUP = International Association of University Presidents; HRK = Hochschulrektorenkonferenz; INQAAHE = International Network for Quality Assurance Agencies in Higher Education; JQI = Joint Quality Initiative; NARIC = National Academic Recognition Information Centres; ZAB = Zentralstelle für ausländisches Bildungswesen bei der Kultusministerkonferenz (KMK).

Für die weitere Entwicklung ist entscheidend, ob die deutsche Akkreditierung international anerkannt wird und nachweislich für die Qualitätssicherung in Deutschland eine zentrale Rolle spielt. Dies beginnt sich abzuzeichnen.

Qualitätssicherung für alte und neue Studiengänge

Momentan scheint die Struktur noch zu kompliziert und unübersichtlich für eine uneingeschränkt hohe internationale und auch nationale Anerkennung. Dies ist auch der Tatsache verschuldet, dass Akkreditierung zunächst nur für einen Teil der in Deutschland angebotenen Studiengänge maßgeblich ist. Die „alten" Studiengänge mit Diplom- und Magisterabschlüssen sind stärker in behördlich erlassene Regelungen eingebunden und haben kein Akkreditierungsverfahren zu durchlaufen, wenn sie einer geltenden Rahmenprüfungsordnung entsprechen. Ist dies nicht der Fall, z.B. bei neuen Diplom- oder Magister-Studiengängen, kann akkreditiert werden nach der Maßgabe der geltenden Akkreditierungsgrundsätze, die u.U. ergänzt werden müssen. So existieren derzeit nebeneinander:

- Diplom- und Magisterstudiengänge, die einer geltenden Rahmenordnung entsprechen
- Diplom- und Magisterstudiengänge, die keiner Rahmenordnung entsprechen und akkreditiert werden sollten
- B.A./M.A. Studiengänge, die akkreditiert sind
- B.A./M.A. Studiengänge die nicht akkreditiert sind

Trotzdem soll gelten: „Bachelorabschlüsse verleihen grundsätzlich dieselben Berechtigungen wie Diplomabschlüsse an Fachhochschulen; Masterabschlüsse verleihen dieselben Berechtigungen wie Diplom- und Magisterabschlüsse an Universitäten und gleichgestellten Hochschulen". Die oben im Abschnitt über die Berufsbefähigung zitierte Regelung, dass auch Fachhochschulen Masterstudiengänge anbieten dürfen; macht einen Zusatz erforderlich:

> „Nach der geltenden Vereinbarung mit der Innenministerkonferenz eröffnen an Fachhochschulen erworbene Masterabschlüsse den Zugang zum höheren Dienst, wenn dieses in der Akkreditierung festgestellt wurde." (KMK 2003, S. 10)

Damit unterliegen Fachhochschulen einem stärkeren Druck zur Akkreditierung als Universitäten.

Noch ist aber Akkreditierung für die Wertigkeit und Anerkennung der Abschlüsse nicht zwingend und die bestehenden Regelungen verteilen die „Last" der Akkreditierung ungleich auf die verschiedenen Hochschulen. Noch kann zusätzliche Kosten und immateriellen Aufwand umgehen, wer beim Alten und Bewährten bleibt. Der Impetus zu Veränderung wird (noch) nicht unterstützt durch die Ausgestaltung der Akkreditierungsregelungen. Langfristig allerdings sollen auf die eine oder andere Weise alle Studiengänge in das Akkreditierungssystem einbezogen werden. Zur Beschleunigung und Akzeptanz des Prozesses und für die Bewährung der neuen Abschlüsse am Markt ist der Druck der europäischen Bildungsminister zum Aufbau eines abgestimmten Qualitätssicherungssystems in Europa sicherlich ein wichtiger Faktor.

7.4 Zum Verhältnis von Evaluation und Akkreditierung

Die Akzeptanz innerhalb der Hochschulen und die Fortentwicklung von Akkreditierung zu einer Selbstverpflichtung wird entscheidend davon abhängen, wie Evaluation und Akkreditierung aufeinander abgestimmt werden. Zunächst aber war das Problem zu lösen, wie beide Verfahren gegeneinander abgegrenzt werden können, was sie voneinander unterscheidet. Evaluation war in verschiedenen Varianten längst etabliert, als 1998 Akkreditierung in der Variante des Peer-Review-Verfahrens, das sich auch als Verfahren für die Evaluation durchgesetzt hatte, hinzutrat. Beide dienen der Qualitätssicherung und haben im Zuge der wachsenden Autonomie der Hochschulen und dem parallel wachsenden Bedürfnis der Öffentlichkeit nach gesicherter Qualität in dieser Funktion Bedeutung erlangt: Evaluation breitete sich aus, weil sich die Hochschulen freiwillig an weitgehend selbstgesteuerten Verfahren beteiligen und damit auch die Konsequenzen und die Veröffentlichungspraxis in der Hand haben. Die Studienrealität als Übereinstimmung von gesetzten Zielen mit der Durchführungspraxis ist im Focus der Evaluation und ist insofern eine ex-post Bewertung. Akkreditierung dient der Qualitätsprüfung neuer Studienprogramme und hat eine stärkere Betonung der externen Komponente des Peer-Review-Verfahrens und der ex-ante Steuerung, sofern die Einhaltung von Mindeststandards und die Zertifizierung eines Programms Voraussetzung für seine Durchführung sind.

Definition Akkreditierungssysteme
Akkreditierungssysteme sind alle institutionalisierten und systematisch implementierten Evaluationssysteme für Hochschulen, akademische Abschlüsse und Studienprogramme, die in einer formalen zusammenfassenden Bewertung münden, welche zu formalen Genehmigungsprozessen in Bezug auf die jeweilige Institution, die Abschlussart und/oder das Programm führt. (Schwarz/Westerheijden 2005, S. 10)

1999 beschloss der Akkreditierungsrat, dass die Gutachtergruppen beider Verfahren unterschiedlich sein müssen und die Verfahren getrennt verlaufen. Dies kann sicherlich nicht für einzelne Personen gelten, da schon für die Peer-Review-Verfahren im Rahmen der Lehrevaluation die Rekrutierung von Gutachtern eng wurde. Dies verschließt aber nicht die Möglichkeit, dass die Gruppenzusammensetzung in beiden Verfahren differiert.

Reakkreditierung und Evaluation
Da Akkreditierung befristet erteilt wird, ist eine Reakkreditierung notwendig. Hier verschränken sich Evaluation und Akkreditierung. Für die Reakkreditierung sollen Evaluationsergebnisse berücksichtigt werden, einmal um den Aufwand für Qualitätssicherung nicht unnötig aufzublähen, zum anderen um perspektivisch Evaluation und Akkreditierung in ein einheitliches System der Qualitätssicherung zu integrieren. Derzeit heißt das, dass für die Reakkreditierung Berichte über zwischenzeitliche Evaluationen vorgelegt werden müssen und Reakkreditierungen auf die Fälle beschränkt werden können, in denen Evaluationsverfahren Mängel des

Studienangebots aufgedeckt haben, die Zweifel an der Einhaltung der Mindeststandards haben aufkommen lassen.

> „Die Entscheidung, ob die Begutachtung des zu reakkreditierenden Studiengangs im Rahmen einer neuerlichen Gutachtersitzung bzw. Vor-Ort-Begehung oder durch gutachterliche Bewertung im Umlaufverfahren erfolgt, wird auf Grundlage der vorliegenden Evaluationsergebnisse durch Beschluss der Akkreditierungskommission der Agentur getroffen. Ist es einer Hochschule oder einem Fachbereich möglich, eindeutig positive Evaluationsergebnisse präsentieren zu können, lässt sich in diesem Fall der Verfahrensaufwand wesentlich verringern." (vgl. Grundsätze für die Reakkreditierung von Studiengängen. Beschluss des Akkreditierungsrates vom 9.12.2004, S. 9)

Als Regulativ ist eingebaut: „allerdings (ist Voraussetzung für einen verringerten Verfahrensaufwand) die Vorlage eines qualifizierten studentischen Votums." (ebenda)

Evaluation insbes. der Lehre wird also nicht überflüssig oder durch Akkreditierung ersetzt. Evaluation bleibt als Instrument zur Bewertung der Aufgabenerfüllung im Hochschulbereich der Kernprozess der internen Qualitätssicherung und seine Gestaltung hat weiterhin wesentlichen Einfluss auf die Organisationsentwicklung. Ob Evaluation durch diese Koppelung ihre inhaltliche Validität festigt, ist die Frage. Ihre Funktion der Rechenschaftslegung wird durch die Koppelung mit Akkreditierung wohl eher betont und die Notwendigkeit und der Aufwand für die Sammlung quantifizierbarer Daten, Indikatoren und Messzahlen erhöht. Auf jeden Fall soll Evaluation als hochschulinterne Qualitätssicherung der Akkreditierung gegenübergestellt sein und das Verhältnis beider Verfahren zueinander bleibt spannungsreich, insofern hochschulübergreifende (Akkreditierung) und hochschulinterne Qualitätssicherung (Evaluation) getrennt, aber aufeinander bezogen sein müssen. Die Hauptverantwortung für die Qualitätssicherung liegt bei jeder Hochschule und so sind sie auch für die Akkreditierung bzw. für die Einhaltung ihrer Standards verantwortlich. Andererseits dient Akkreditierung vor allem der Rechenschaftslegung gegenüber Öffentlichkeit, Geldgebern und Arbeitgebern und „orientiert sich in erster Linie am Gedanken der Markttransparenz". Und so ist die Aufstellung der Standards eine zentrale, hochschulübergreifende Aufgabe, der sich zunehmend europäische Kommissionen annehmen, wie jüngst für die Formulierung eines Europäischen Qualifikationsrahmens (vgl. unten Kap. 8), der auch detailliertere europäische Rahmenvorgaben für die Qualitätssicherung nach sich ziehen wird. Ihre Entstehung und Berechtigung bleibt aus der internen Sicht einiger Hochschulvertreter immer noch umstritten.

Prozessakkreditierung

Eine Balance beider Verfahren ist auch aus Kostengründen geboten. Nicht zuletzt deshalb wird eine Änderung in dem Zuschnitt des Objekts der Akkreditierung erwogen: die Überlegungen zu institutionellen Akkreditierungen, bei der die Verfahrensabläufe innerhalb einer Einrichtung daraufhin geprüft werden, ob sie hohe Qualität in allen Aufgabenfeldern garantieren, häufen sich. Der Übergang von studiengangsbezogener zu institutioneller Akkreditierung könnte zu einer Verringerung des Aufwands für die Hochschulen führen, was allerdings eine Fortentwicklung der Verfahren erfordert (Kohler 2003/Reil 2004). Diesem Problem hat sich die HRK angenommen: In neuer Terminologie – aus der „institutionellen Akkreditierung" ist die „Prozessakkreditierung" geworden – ist 2005 ein zweijähriges Pilotprojekt gestartet, in dem das Projekt Q der HRK (siehe unten) und die Akkreditierungsagentur ACQIUN e.V. (Leitung) in Kooperation mit der Universität Bayreuth, der Universität Bremen, der FH Erfurt sowie der FH Münster die Prozessakkreditierung entwickeln und als Modell erproben.

Kosten entstehen hier auch, aber der Geldgeber dafür sind nicht die Hochschulen. Das BMBF (Bundesministerium für Bildung und Forschung) fördert das Projekt „Prozessqualität für Lehre und Studium – Konzeption und Implementierung eines Verfahrens der Prozessakkreditierung" großzügig unter den Zielsetzungen

- das bestehende Verfahren der Programmakkreditierung zu entlasten,
- die europäischen Diskussionen und Dimensionen zu berücksichtigen,
- die internen Organisations- und Entscheidungsstrukturen qualitätsorientiert zu optimieren, wozu auch die Vermeidung der Vergeudung von Ressourcen gehört,
- ein System von Kriterien und Verfahren zur Akkreditierung des prozessbezogenen Qualitätsansatzes zu entwickeln, das die einzelne Hochschule als Organisationssystem betrachtet und vom einzelnen Studiengang abstrahiert.

Es spricht für die Güte des Projekts, dass die zentrale Prämisse für eine Ablösung der Programmakkreditierung durch eine Prozessakkreditierung – nämlich dass ein funktionierendes Qualitätsmanagement zu einer verbesserten, d.h. zuverlässig prognostizierbaren und nicht zufälligen Qualität des Programms führe – auch der wissenschaftlichen Prüfung unterzogen wird.

Nur wenn dies stimmt, kann für die Hochschulen, die eine Prozessakkreditierung erfolgreich durchlaufen haben, die Anforderung an die Einzelakkreditierung all ihrer Studienangebote als erfüllt gelten. (http://www.hrk.de/de/projekte_und_initiativen/121_2443.php)

Mit diesem Schritt zur Prozessakkreditierung nähert sich die Diskussion in Deutschland dem Ansatz des **Quality Audits** an, das von Übersee zuerst in England ankam, inzwischen aber auch in der Schweiz, Finnland, Frankreich und Norwegen getestet wird und im außerhochschulischen Bereich als Auditierung (vgl. Kap. 3.2.) durchaus auch in Deutschland als Qualitätssicherungsmaßnahme bekannt ist. Gegenstand der Audits sind die einzelnen Prozesse, Mechanismen und Verfahren, die zur Qualitätssicherung in einer Hochschule eingesetzt werden. Es wird geprüft, ob das Qualitätssicherungssystem der Hochschule etabliert und mit anderen Managementprozessen verbunden ist. Hierbei spielt auch eine Rolle, ob das Qualitätssicherungssystem intern evaluiert wird. Die Prozesse der Lehre und Forschung selbst werden dabei nicht der Begutachtung unterzogen. Sie werden ausschließlich in hochschulinternen Verfahren einer Analyse unterzogen.

Wird ein solches Qualitätssicherungssystem zur Erfüllung der europäischen Vereinbarungen und zum Nachweis der internationalen Ausrichtung etabliert, geraten Akkreditierung, Reakkreditierung und Evaluation von Lehre und Forschung unversehens in den Hintergrund der europäischen Betrachtung. Es ist aber nicht zu erwarten, das Quality Audits kurzfristig das gerade aufgebaute Akkreditierungssystem in Deutschland ersetzen werden, ihre Etablierung im europäischen Ausland scheint sich hingegen abzuzeichnen.

Noch ist das Plädoyer für ein ausgewogenes Verhältnis zwischen Evaluation und Akkreditierung von der Gutachtergruppe „Evaluation des Akkreditierungsrats" nicht widerrufen:

> „Die Qualitätssicherung ist eine der wichtigsten, nobelsten Aufgaben der Hochschulen. Sie kann und soll nicht von übergeordneten Institutionen wahrgenommen werden, wenn die Hochschulautonomie greifen soll. Dies schließt selbstverständlich nicht aus, dass zusätzlich externe, auch marktbezogene Stellen ihre Beurteilung durchführen. Vor diesem Hintergrund betonen die Gutachter, dass Akkreditierung die Rahmenbedingungen des Hochschulwettbewerbs betrifft, aber nicht mit der internen Qualitätssicherung kollidieren darf. Hingegen ist es betriebswirtschaftlich und sachlich angemessen, im Rahmen des Akkreditierungsverfahrens nach der Existenz der internen Qualitätssicherung zu fragen und deren Leistungsfähigkeit abzuschätzen." (Bieri u.a. 2001, S. 12)

Das Projekt Q

Einen wesentlichen Einfluss auf die Gestaltung und Reichweite der Qualitätssicherung im Hochschulbereich wird dabei auch zukünftig die Vertretung der Hochschulen selber spielen, die Hochschulrektorenkonferenz, die sich mit dem Projekt Q – nun schon des öfteren erwähnt – als Kommunikationsplattform in der Qualitätsmanagementdebatte beachtliches Gehör verschaffen konnte. Zunächst finanziert aus Sondermittel der Bund-Länder-Kommission für Bildungsplanung und Forschungsförderung (BLK) wird es nun aus Mitteln des Bundesministeriums für Bildung und Forschung gefördert.

1998 gegründet lautete der Auftrag „Länderübergreifender Erfahrungsaustausch über Maßnahmen zur Verbesserung der Qualität der Lehre", der 2001 ausgeweitet wurde zu „Qualitätssicherung im Hochschulbereich" mit den Schwerpunkten der Umsetzung von Evaluationsergebnissen und dem Verhältnis von Evaluation und Akkreditierung. In einer dritten Phase nun steht Qualitätsentwicklung als Leitmotiv für die Hochschulsteuerung auf der Tagesordnung. Das Ziel für diese Projektlaufzeit ist nichts weniger als dies:

> „Aufgabe der Zukunft und des Projekts wird es daher sein, in den Hochschulen eine umfassende Qualitätskultur zu entwickeln und die Hochschulen dabei zu unterstützen, Qualitätsentwicklung als das zentrale Prinzip der Hochschulsteuerung zu verstehen, das für alle relevanten Entscheidungen leitend sein muss."
> (http://www.hrk.de/de/projekte_und_initiativen/121.php)

Was mit dieser Ausweitung der Qualitätssicherung auf das Gebiet der Hochschulsteuerung an Implikationen verbunden sein kann, wird im Kapitel 8 angedeutet.

Das Projekt nimmt dafür die gewonnenen Erfahrungen aus zwei Projektlaufzeiten in Anspruch und schlussfolgert:

> „Systeme und Verfahren der Qualitätssicherung an Hochschulen müssen ständig weiterentwickelt werden und über den Bereich der Lehre hinausgehen, um effizient und nachhaltig auf Lehre und Studium wirken zu können." (a.a.O.)

Und so versteht sich das Projekt Q nicht mehr nur als Informations- und Kommunikationsplattform für alle Fragen der Qualitätsentwicklung und -sicherung im Hochschulbereich, sondern auch aktiver Gestalter der Fortentwicklung der Qualitätssicherungsverfahren und Förderer der internationalen Kooperation.

Die Mitgliedschaft in der ENQA (European Association for Quality Assurance in Higher Education, das N stammt noch aus dem früheren Namen „European **Network** statt **Association**) sichert die Europatauglichkeit des Projekts Q.

Forschungsevaluation

Im Bereich der Forschung zielt die Qualitätssicherung, die über eine Bewertung der Forschung im Rahmen der Lehrevaluation hinausgeht, schon länger in die Richtung der Entwicklung eines Institutionen übergreifenden möglichst internationalen Referenzrahmens, weil der Wert von Forschungsevaluationen von der Gewinnung von Vergleichsdaten abhängt. Im Forschungsbereich sind zwar Indikatoren schon länger etabliert, aber besonders dann umstritten, wenn sie in Form von Ranking-Listen die Hochschulen in eine Rangreihe bringen. Als Indikatoren dienen hierfür anerkannt – wenn auch in ihrer Aussagekraft aufgrund ihres ausschließlich quantitativen Charakters beschränkt:

- Drittmittel pro Wissenschaftler
- Promotionen pro Professor
- Publikationen pro Professor.

Wird aufgrund der mangelhaften Datenlage das Ranking auf nur einen Indikator gestützt, z.B. die besonders gut zählbaren Publikationen, sind die Proteste groß – wie bezüglich des CHE–Rankings der erziehungswissenschaftlichen Forschung in 2001.

> „Angesichts der eigenen Ergebnisse über die Zusammenhänge zwischen den Forschungsindikatoren erscheint vor allem die Entscheidung des CHE angreifbar, als Indikator für die Forschungsleistung der Erziehungswissenschaft an den einzelnen Hochschulstandorten nur die Zahl der Publikationen je Professor zu wählen. Diese Entscheidung wurde nicht begründet. Bei der eigenen Zusammenstellung von Forschungsindikatoren zeigten sich nur niedrige Korrelationen der Veröffentlichungstätigkeit mit anderen Forschungsindikatoren, wie der Zahl der Drittmittelprojekte in den letzten 5 Jahren und des aus Drittmitteln finanzierten Personals. Deshalb erscheint es nicht einleuchtend, Angaben zum Drittmittelaufkommen und zur Zahl der Promotionen bei der Bewertung der Forschungsleistung unberücksichtigt zu lassen, weil dadurch unterschiedliche Forschungsprofile nicht mehr angemessen erfasst werden können. … Da die Bewertung der Forschungstätigkeit zunehmend im Wettbewerb zwischen Hochschulen an Bedeutung gewinnt, wäre eine den

eigenen methodischen Ansprüchen entsprechende Bearbeitung dieses Leistungs-
aspekts nicht nur den Universitäten zu wünschen gewesen. Auch das CHE hätte
dazu beigetragen, Reputation auf dem Gebiet des fachbezogenen Hochschul-
Rankings nicht zu verspielen." (Vgl. Weishaupt/Preuschoff 2002)

Soll der Forschungsstandort Deutschland bewertet werden, kompliziert sich die
Situation noch mehr: Eine dauerhafte Bewertung des Forschungssystems erfordert
die Aufbereitung der dezentral erhobenen Forschungsaktivitäten und die Entwicklung und den Einsatz von validen Wissenschaftsindikatoren. Aufgaben, die die
Kapazität eines Lehrstuhls zu übersteigen schienen. Denn es wurde begonnen,
nach einem Kompetenzzentrum für Forschungsevaluation und Wissenschafts-
forschung für die Bundesrepublik Deutschland zu suchen, das u.a. in den USA oder
den Niederlanden bereits Vorbilder hat und auch in Frankreich im Entstehen ist
(Hornbostel 2002). Diese Suche wurde 2005 mit der Gründung des Instituts für
Forschungsinformation und Qualitätssicherung (IFQ) abgeschlossen.

> „Das IFQ wird von der DFG als „Hilfseinrichtung der Forschung" gefördert und ist
> als wissenschaftliche Einrichtung konzipiert, die sich zunächst auf die Evaluierung
> der DFG-Förderprogramme konzentriert, sich langfristig aber weiteren Partnern und
> Aufgaben öffnen wird. Mit der Gründung des IFQ verfolgt die DFG folgende Ziele:
> - die dauerhafte Beobachtung und Evaluation ihrer Förderaktivitäten
> - die Analyse allgemeiner Entwicklungen in der nationalen und internationalen
>   Forschung
> - Information über die Ergebnisse DFG-geförderter Forschung
> - Aufbau und Vernetzung von „Informationsressourcen" (DFG Pressemitteilung
>   Nr. 38, 6. Juli 2005

All die aufgezeigten Entwicklungen verweisen darauf, dass die Qualitätssicherung
im Hochschulbereich ein Thema höchster Brisanz ist und noch lange im Fluss sein
wird. Die knappen Mittel, das gestiegene Interesse der Öffentlichkeit an den Leistungen der Hochschulen, der europäische Einigungsprozess mit seiner Ausweitung
von der Gestaltung des Hochschulraums zum Hochschul- und Forschungsraum
und der Druck zur Profilbildung in Verbindung mit der gestiegenen und noch
steigenden Autonomie der Hochschulen bei der Mittelverwendung werden
weiterhin der Motor dieser Entwicklung sein.

Fragen zum Themenbereich „Qualitätssicherung und -management im Hochschulbereich":

Welche Lösungsmöglichkeiten sehen Sie für das Dilemma einer validen Datenbasis
für Evaluation, die auch Grundlage von Mittelverteilung sein könnte, und ihrer
inhaltlichen Aussagekraft als Grundlage einer Strategie-Entwicklung?

Wie kann Ihrer Meinung nach eine Qualitätskultur an Hochschulen entwickelt
werden, in der beide – die Qualität der Basisprozesse und die Optimierung der
Hochschulsteuerung – ihren gleichberechtigten Platz haben?

Wie verändert sich das Verhältnis von Evaluation und Akkreditierung mit dem Trend zur Prozessakkreditierung und welchen Stellenwert hat Prozessakkreditierung für die Koppelung von Qualitäts- mit Organisationsentwicklung?

Literatur zur Vertiefung

Bülow-Schramm, M. (1994): Planen-Beurteilen-Analysieren-Anwenden, In: Handbuch Hochschullehre, Bonn.

Bülow-Schramm, M. (2001): Stichwort Evaluation, In: Hanft, A. (Hg.): Grundbegriffe des Hochschulmanagements. Neuwied/Kriftel, S. 111–118.

Pasternak, P. (2001): Hochschulqualität: Ein unauflösbares Problem und seine Auflösung. In: Olbertz, J.-H./Otto, H.-U.: Qualität von Bildung (Arbeitsberichte 2'01). Wittenberg, S. 105–126.

Pellert, A. (2002): Hochschule und Qualität. In: Reil, T./Winter, M. (Hg.): Qualitätssicherung an Hochschulen: Theorie und Praxis. Forum der Hochschulpolitik hg. von der HRK. Bielefeld, S. 21–29.
    http://www.degeval.de/index.php?class=Calimero_Webpage&id=9025

8 Qualitätsmanagement und Organisationsentwicklung

8.1 Einleitung

Bereits die Implementierung von Qualitätsmanagement stellt eine Organisationsveränderung dar und ist Teil der Organisationsentwicklung. Darüber handelten alle Kapitel des Studientextes bisher: Welches Konzept der Qualitätssicherung ist für unseren Bereich geeignet? Wer ist verantwortlich? Wer trägt den Prozess? Wie wird er verbindlich gemacht? etc. Die Implementierung von Qualitätssicherungsprozessen muss geplant und strategisch durchgeführt werden, und im Kapitel über Qualitätsmanagement im Schulbereich (Kapitel 5) ist auf die Bedeutung von Projektmanagement für diesen Prozess hingewiesen worden.

In diesem Kapitel interessiert aber auch der andere Aspekt der Organisationsentwicklung, der sich an die Qualitätssicherungsprozesse sozusagen als follow up anschließt.

Denn Qualitätsmanagement als Weiterentwicklung von Qualitätskontrolle und Qualitätssicherung zielt nicht nur auf Auskunft über die Einhaltung von Qualitätsstandards (Bewertung), sondern auf Erreichung der Qualitätsstandards und ihre kontinuierliche Weiterentwicklung (Umsetzung). Obgleich viele Instrumente und Methoden, die im Qualitätsmanagement Anwendung finden, so aufgebaut sind, dass sie den Ist-Stand erfassen und hier darin differieren, ob sie auf die Erfassung eines Produkts (oder Dienstleistung oder Idee) zielen oder auf die Qualität seines/ihres Herstellungsprozesses, lässt ihre Einbettung in ein Management eine Umsetzungsperspektive erwarten. Im Ansatz des Total Quality Managements und allen darauf aufbauenden Konzepten ist kontinuierliche Verbesserung ein Grundprinzip und alle Qualitätsmethoden, die auf Dialog und Gespräche setzen, hoffen auf eine Entwicklung im Prozess der Erkenntnis, die in Verbesserungen mündet. Aber wie ist solch eine prozessgebundene, wenig planbare Veränderung in eine intendierte strukturelle Entwicklung der Institution/Organisation zu überführen?

Die Enge des Bezugs zwischen Qualitätsbewertung und dem Aufbau eines Managements zur Qualitätsverbesserung als Organisationsentwicklungsprozess differiert zwischen den Bildungsbereichen. So besteht z.B. im Schulbereich Qualitätsmanagement zum großen Teil in der Implementierung von Schulentwicklungsprojekten und -programmen, in der Weiterbildung ist es eng mit Personalentwicklung gekoppelt, während in der Hochschule Evaluation und Organisationsentwicklung lange Zeit getrennt verliefen und erst 2001 im Projekt Q der HRK gefragt wurde: „Evaluation, was nun? Erfahrungen mit der Umsetzung von Evaluationsergebnissen" (HRK/Projekt Q 2001) und von da an diese Frage auf der Tagesordnung stand.

Veränderungsmanagement (oftmals besser bekannt in seiner englischen Variante des **Change Management**) und Qualitätsmanagement sind also zwei verschiedene Handlungs- und Forschungsbereiche, deren systematische Zusammenführung zunächst noch ein Desiderat darstellt und erst in Ansätzen durchdacht ist. (Pellert 1999; Hanft 2003)

„Auffallend ist, dass bei der Umsetzung des Qualitätsmanagements in Organisationen bisher wenig oder gar nicht die Ansätze der Organisationsentwicklung verfolgt wurden." (Zollondz 2002, S. 323) D.h. die Einführung von Qualitätssicherung wird oftmals nicht als Organisationsveränderung begriffen. Dabei sind die Erkenntnisse der Organisationsforschung für die Umsetzung von Qualitätssicherung und die Implementierung von Qualitätsmanagement in Organisationen mindestens hilfreich, wenn nicht unverzichtbar. Insbesondere für den Hochschulbereich gilt, dass die Entwicklung von vielschichtigen Qualitätskonzepten auf eine Organisationsstruktur stößt, in der die Bedingungen der Aufgabenerfüllung und Leistungserbringungen, die Verantwortlichkeiten und Steuerungsprozesse nicht klar geregelt sind. Viele Qualitätssicherungskonzepte laufen deswegen ins Leere und moderne Qualitätssicherungsinstrumente wie Ziel- oder Zweckerfüllung (fitness for purpose), Gegenwert für eine Investition (value for money), Kundenzufriedenheit (customer satisfaction), Erfüllung von formalen Richtlinien und von Standards (compliance) können nicht greifen:

> „Wenn die Organisationsformen systematisch entwickelt werden, kann die Qualitätssicherung diese fördern, wenn jedoch die Organisationsformen noch nicht oder kaum ausgeprägt sind, findet Qualitätssicherung in alten Strukturen als „Modernisierungsfassade" statt und Evaluationen sind nicht selten làrt pour làrt. Denn für die Umsetzung von Evaluationskonsequenzen bedarf es organisationaler Strukturen" (Carstensen 2005, S. 3).

Besonders relevant sind hier Hinweise auf die begrenzte organisatorische Rationalität in einigen Institutionen des Bildungswesens und der Entwurf von Umsetzungsstrategien unter Berücksichtigung dieses Umstandes. So ist seit längerem das zentrale Thema organisationstheoretischer Überlegungen, wieso betriebswirtschaftliche Instrumente zur Organisationsentwicklung nicht ausreichen, bzw. welche soziologischen Erkenntnisse den Einsatz dieser Instrumente ergänzen müssen, damit die Wirkung der betriebswirtschaftlichen Werkzeuge nicht irreparabel konterkariert wird durch informelle Gruppenprozesse oder emotionale Abwehrreaktionen. Hier kommt die **Organisationskultur** ins Spiel. Der Begriff Organisationskultur ist in diesem Kontext gegen die Enge rein ökonomischer Definitionen von Organisationen gerichtet. Vorrangig erscheinen demgegenüber vielmehr die gelebten kollektiven Denkmuster, Alltagstheorien und das Selbstverständnis der Akteure, die konstitutiv sind für die gemeinsam erlebte und kontinuierlich im tagtäglichen Handeln reproduzierte Wirklichkeit. Wir stehen damit vor dem Problem, wie im Veränderungsprozess Selbstverständlichkeiten, die fraglos hingenommene Lebenswelt, aufgebrochen, der Reflexion zugänglich gemacht und in manifeste Implementierungsprozesse überführt werden können.

8.2 Erfordernisse eines Change Managements

Eine Veränderung von Organisationen wird in diesem Sinne nicht verstanden als eine technisch-instrumentelle oder strukturelle Überführung von einem Zustand in einen anderen, sondern als ein kontinuierlicher kollektiver und kultureller Lernprozess, der sich mit den bestehenden selbstverständlichen Bedeutungsstrukturen innerhalb eines sozialen Systems befasst. Ein solcher Ansatz der Organisationsveränderung verlangt eine ständige Beobachtung aller Organisationsbestandteile. Auf dem Weg von einer Organisation des Lernens zu einer lernenden Organisation erfordert ein Change Management vor allem eine umfassend angelegte Kommunikationsstrategie. Jede Vereinseitigung des Veränderungsprozesses z.B. bei Dominanz einzelner betriebswirtschaftlicher Instrumentarien und deren bürokratischer Handhabung steht in Gefahr, die Fähigkeit zur Prägung der Organisationskultur einzubüßen. Die nachhaltige zielorientierte Veränderung der Organisationsstrukturen bedarf der kontinuierlichen wissenschaftlichen Reflexion zur Rekonstruktion der Veränderungsprozesse und zur Entwicklung von Impulsen für die **sukzessive Transformation** von Organisationskultur und -struktur.

Vier analytische Größen müssen mindestens bei der Frage nach dem Erfolg von Veränderungsbemühungen beobachtet werden:

Wissen
Verändert sich das *Wissen* der Mitarbeiter über ihre Organisation und ihre Aufgaben oder kommt es nur zur oberflächlichen Übernahme einer angesagten Modernisierungssprache?

Emotionen
Welche Veränderungen spielen sich auf der Ebene der *Emotionen* bei Mitarbeitern und Mitarbeiterinnen im Laufe der Veränderungsbemühungen ab? Wo zeichnet sich eine neue Balance ab, bei der auch eine neue Freude-Dimension für den einzelnen oder die Gruppe aufscheint, so dass Befürchtungen und Resignation kompensiert werden können?

Praktiken
Wandeln sich wirklich die alltäglichen Praktiken innerhalb der Organisation oder werden wenige neue Methoden und Vorgehensweise in den Rahmen der alten Rituale (neuer Wein in alten Schläuchen) lediglich eingepasst?

Positionen
Die vierte Größe, die den Veränderungsprozess bestimmt, kann unter dem Begriff *„Positionen"* gefasst werden. Welche Verschiebungen im Positions- und Machtgefüge zwischen den verschiedenen Gruppen und Personen der Organisation und ihrer Einheiten ergeben sich durch welche Reformmaßnahmen? Ein genaues Verständnis der Machtbalancen und -asymmetrien, der Inseln relativ autonomer Gestaltung und intensiver Konflikthaftigkeit ist mithin eine Voraussetzung erfolgreicher Veränderungsgestaltung.

Evaluation als Begleitung von Veränderungsprozessen und Beobachtung der genannten analytischen Größen ist also für Organisationsentwicklung unverzichtbar und Voraussetzung dafür, die Interessen, die von verschiedenen Gruppen ins Spiel gebracht werden, erkennen und die Rationalität der Irrationalität und umgekehrt einschätzen zu können.

Dass richtige Bewertungen noch keine Garantie für erfolgreiche Umsetzung intendierter Veränderung ist, zeigt das folgende Beispiel aus dem Universitätsbereich, in dem es um Organisationsveränderung durch leitbildorientierte **Zielvereinbarungen** geht. Das Leitbild einer Universität als Schnittstelle zwischen Wissen, Emotionen und Politiken sollte zu Zielvereinbarungen zwischen Universitätsleitung und Fachbereichen anregen und so die vierte für Change Management relevante Größe, die Praktiken, steuerbar machen.

Praxisbeispiel

Im Projekt Universitätsentwicklung der Universität Hamburg wurden wertvolle Erfahrungen mit der Erprobung von Zielvereinbarungen zur Steuerung und Planung von Veränderungsprozessen gemacht und reflektiert. Dieses Projekt wurde für eine Dauer von fünf Jahren (1996–2001) von der Volkwagen-Stiftung im Programm „Leistungsfähigkeit durch Eigenverantwortung" gefördert (Der Präsident der Universität Hamburg 2001). Zielvereinbarungen helfen, Wirkungen und Blockierungen in Umsetzungsprozessen zu veranschaulichen.

Die Macher des Projekts haben sich darum bemüht, das Instrument der Zielvereinbarung mit den Kernprozessen in den Fachbereichen in Verbindung zu bringen, um von hier aus den Einsatz eines neuen Instruments, das neue Kommunikationsformen erfordert, zu legitimieren. Deshalb wurden u.a. Klausurtagungen, Strategietage auf Fachbereichsebene und die Konsensfindung über Arbeitsprogramme einer Dekanatsperiode unterstützt. Hinzu kam unerlässlich das Unterfangen, über das vereinbarte Vorhaben hinaus einen Gesamtzusammenhang zu thematisieren, ohne trivial zu werden, d.h. konkret für jede Maßnahme in einer Zielvereinbarung den Leitbildbezug zu bestimmen.

In einem extern moderierten Reflexionsworkshop im Sommer des Jahres 2001 haben die Kooperations- und Kontraktpartner von ProUni einen kritischen Blick auf die Arbeit des Projekts geworfen. Seitdem schien klarer, welche Wirkungen Zielvereinbarungen der sanften Art entfalten konnten: Die Zielvereinbarungen konnten insbes. in ihrer Verknüpfung mit einem Arbeitsprogramm für eine Amtsperiode von der Fachbereichsleitung als Führungsinstrument eingesetzt werden. Die Zielvereinbarung erleichterte durch die verbindliche Fixierung von Projekten, ihrer Terminierung und der Angabe der notwendigen Ressourcen den Dekanen die Einbeziehung der Fachbereichsmitglieder in die Fachbereichsarbeit. Die im Vorlauf zu den Zielvereinbarungen angesetzten Strategietage boten die Möglichkeit zur Festlegung von Arbeitsschritten und Verteilung der Arbeit. Die Zielvereinbarungen boten Denkanstöße zur Bearbeitung bisher unklarer Probleme, unterstützten Reformprozesse und beförderten so die Fachbereichsentwicklung, wenn auch in begrenztem Umfang, da nur kleinere Projekte gefördert werden konnten.

Damit verknüpften die Fachbereiche jedoch auch grundsätzliche Kritik: Für größere Umstrukturierungen fehlte das Geld ebenso wie für die Implementierung und technische Unterstützung der angeregten Innovationen. Außerdem konnte vielfach nicht einsichtig gemacht werden, weshalb sich Zielvereinbarungen nur auf innovative Projekte bezogen. Die Fachbereiche sahen darin eine Abwertung ihrer schon immer vorhandenen Bemühungen um exzellente Aufgabenerfüllung.

Hiermit stand die Philosophie von ProUni, auf eine Koppelung der Zielvereinbarungen mit der zentralen Mittelvergabe – erst einmal – zu verzichten, auf dem Prüfstand.

An dem Punkt der Überführung der Zielvereinbarungen in den Normalbetrieb war dem Management der Universität die Lösung des Dilemmas aufgegeben, Veränderungsprozesse zu verstetigen und Zielvereinbarungen mit ihrem Innovationscharakter permanent in der Universitätsstruktur zu verankern.

Soll hier nicht ein bürokratisches Verfahren die Oberhand gewinnen, in dem die Fach-bereiche einer überbordenden Berichtspflicht eher widerwillig nachkommen, muss die Verhal-tensform des Aushandelns etabliert und gekonnt sein. Hier zeigt sich, wie eng Universitäts-entwicklung mit Personalentwicklung gekoppelt sein muss, damit begonnene Veränderungs-prozesse und -initiativen nach ihrem Aufflackern nicht wieder verpuffen. Zur Abstützung der neuen Strukturelemente sind Qualifizierungsangebote auf allen Ebenen notwendig, damit die Überführung der Aufgaben von einer temporären, projektförmig organisierten Universitäts-entwicklung in die ständige Arbeitsstruktur der Universität gelingen und professionell weiter-geführt werden kann.

Tatsächlich stagnierte nach Beendigung von ProUni der Abschluss von Zielvereinbarun-gen, weil Belohnungen relevanter Art ausblieben und die Nichterfüllung der vereinbarten Pro-jekte von der Universitätsleitung nicht sanktioniert wurden. Den Fachbereichen erschienen die vereinbarten Zielprojekte entweder zu kleinteilig, um darauf ein Arbeitsprogramm für die ge-samte Universität aufbauen zu können, oder nicht mehr aktuell. Ferner war ein Trend fest-zustellen, dass sich die Fachbereiche im Rahmen der Vereinbarungen fast ausschließlich auf ihre eigenen Stärken bezogen, ohne die Gesamtentwicklung der Universität zur Richtschnur zu nehmen. Das Leitbild war zwar insofern etabliert, als es jedes Vorlesungsverzeichnis zierte und insbesondere Studierende in Grundsatzdiskussionen darauf zurückgriffen, aber leitend für die Entwicklungspläne der Universität wurden externe Gutachten und die Orientierung an Exzel-lenzinitiativen des Bundes, also extern gesetzte Ziele.

Zielvereinbarungen wurden in der Folge von den Entwicklungszielen des Leitbildes abgekoppelt und nur noch auf die aktuellen Evaluationsergebnisse bezogen, was inzwischen ein durchaus übliches Verfahren ist, um der Maßnahmenplanung ein stärkeres Gewicht zu verleihen und Qualitätsverbesserungen in kleinen Schritten umzusetzen. Ein systemischer Anspruch wird damit allerdings nicht erfüllt und die Veränderungen sind kleine Veränderungen, „die zum Funktionieren des Systems beitragen, ohne es in seinen Grundfesten zu berühren." (Hanft 2003, S. 13) Das entspricht durchaus den Interessen der Organisationsmitglieder, die die Aufgabe liebgewordener Gewohnheiten und vor allem den vermeintlichen Verlust von Ein-flussmöglichkeiten scheuen.

Das Beispiel zeigt, dass umfassende Problemanalysen im Rahmen von Evalua-tion als Teil des Qualitätsmanagements der „Anstoß für „Anpassungslernen" sein können, aber nur selten zu fundamentalem Wandel" (Hanft 2003, S. 14) führen.

Double loop oder Veränderungslernen verlangt nach Hanft ein Umlernen für jeden Mitarbeiter, das Loslassen von zentralen Wertvorstellungen und Hand-lungsmustern. Dies ist uns schon in anderer Begrifflichkeit als Voraussetzung für und Gründe des Scheiterns von Total Quality Management und darauf bezogene Qualitätskonzepte begegnet. Was jedoch dort noch planbar und in Handlungs-schritte operationalisierbar erschien, wird hier jenseits bewusster Steuerung gesehen. Gesellschaftlicher und organisatorischer Wandel vollzieht sich in der Sichtweise von Organisationsforschern zu einem großen Teil über selbst tragende und selbst verstärkende Veränderungen, die noch gar nicht ins Visier von Organi-sations- und Qualitätsentwicklern gekommen sind. Aber Akteure gibt es in dieser Sichtweise auch, die sozusagen als change agents ohne Auftrag fungieren, ohne die aber kaum Prozesse ins Laufen kommen oder am Laufen gehalten werden können. Dies sind z.B. „einzelne Akteure, die Interesse an einem Ausbruch aus den Routi-nespielen haben und sich vom Nachweis ihrer Innovationsbereitschaft Vorteile er-hoffen" (a.a.O. S. 13).

Neben der Kennzeichnung der Akteure sind auch Strukturen und Handlungs-möglichkeiten benennbar, die in den Organisationen Entwicklungen begünstigen, die solch einen Schwung erzeugen, dass die ganze Organisation von ihnen erfasst wird:

Dazu gehört unverzichtbar die „Verfügbarkeit über Ressourcen, die nicht unbe-dingt monetär sein müssen. Der Zugang zu Informationen, die Besetzung wichtiger Schnittstellen oder Expertenwissen können solche Ressourcen sein". Aber auch „blinde Flecken in der Organisation, die die Entfaltung neuer, innovativer Nischen ermöglichen, ohne bestehende Systeme dabei – zunächst – zu tangieren", können den Prozess ankurbeln. Und schließlich ist die „die Vernetzung mit weiteren Ver-bündeten, die sich ebenfalls Vorteile von einer Beteiligung/ihrer Risikobereitschaft versprechen" Bedingung für die Ausweitung und Dauerhaftigkeit von Entwick-lungen (Hanft 2003, S. 13).

Welche Rolle spielt in einem so begriffenen Wandlungsprozess Evaluation? Wie in Kapitel 7.2.3 beschrieben, ist eine Kombination von systemischer Evalua-tion mit diesem Entwicklungskonzept denkbar und praktisch umsetzbar. Aber auch Projektmanagement zur Moderation von Schulentwicklung oder die Selbst-beschreibungen zur Erlangung von Qualitätstestierungen für Weiterbildungs-angebote können nach diesen Maximen ausgerichtet werden: Prozessen und Ver-netzungen, kreativen Lösungen, instabilen Gleichgewichten, Interessengegensätzen und Pilotprojekten ohne Erfolgsgarantie wird in der wissenschaftlichen Begleitung und Beobachtung einer Organisation größere Aufmerksamkeit gewidmet als dem Aufbau eines großen technischen Apparates zur präzisen und validen Beschreibung ihres Ist-Standes und daraus eins zu eins abgeleiteter Maßnahmenpläne oder Empfehlungen.

Dies ist von Seiten der Verfechter einer Standardisierung der Evaluations-prozesse und ihrer regelhaften Metaevaluation nicht unwidersprochen geblieben und so begegnen wir hier wieder dem Widerspruch zwischen Standardisierung und systemischer, prozessorientierter Ausrichtung der Qualitätssicherung, für den wir keine andere Lösung anbieten können, als beide in einem labilen Gleichgewicht zu halten.

8.3 Die Herausforderung der Qualitätsentwicklung durch das europäische Qualifikationsrahmenwerk (EQR)

8.3.1 Kennzeichen des EQR

Das große Projekt der Europäisierung der Bildung hin zu Lebenslangem Lernen bei gegenseitiger Anerkennung der national vermittelten Qualifikationen setzt momentan auf einen ähnlichen Mittelweg von konsensualen Rahmenvorgaben, in denen allgemeine Grundsätze festgehalten sind, die bei konkreter Umsetzung möglichst einzuhalten sind, die aber nicht als Regelungswerk oder Verordnungen vorgeschrieben sind, sondern „unter Berücksichtigung der nationalen Gegeben-heiten und unter Beachtung der Zuständigkeiten der Mitgliedstaaten umgesetzt werden" (Zwischenbericht des Europäischen Rates und der Kommission der Europäischen Gemeinschaften vom Februar 2004).

> „Eine wichtige Aufgabe dieses Rahmens wäre die Stärkung des gegenseitigen Vertrauens zwischen den verschiedenen Akteuren des Lebenslangen Lernens. Denn dies wird als notwendige Voraussetzung für die Beseitigung von Lernhindernissen und die bessere Nutzung vorhandener Kenntnisse, Fertigkeiten und Kompetenzen erachtet. … Der Erfolg eines EQF hängt davon ab, wie weit er die freiwillige und engagierte Zusammenarbeit der Akteure in den Bereichen Bildung, Aus- und Weiterbildung und Lernen auf allen relevanten Ebenen fördern kann. Die gemeinsamen Deskriptoren würden eine zentrale Rolle spielen, eine solche Zusammenarbeit müsste sich aber auch auf gemeinsame Grundsätze und Verfahren stützen." (Kommission der europäischen Gemeinschaften, Arbeitsunterlage der Kommissionsdienststellen: Auf dem Weg zu einem Europäischen Qualifikationsrahmen, Brüssel, den 8.7.2005, S. 17 und 31 http://europa.eu.int/comm/education/policies/educ/eqf/index_en.html)

Dieser Rahmen, das European Qualification Framework (EQF), ist seit dem Beschluss von Bildungsministern aus 32 europäischen Staaten in Maastricht am 14. Dezember 2004 (Maastricht-Kommuniqué) in Arbeit und wurde letztlich in Budapest am 27./28. Februar 2006 als work in progress vorgestellt. Der EQF wurde bereits in Kapitel 6 im Kontext der Weiterbildung erwähnt. Er umfasst aber neben der beruflichen Bildung auch die schulische und Hochschulbildung und ist daher für die Verflechtung von Qualitätssicherung und Organisationsentwicklung auch in anderen Bildungsbereichen relevant. Im Rahmen des Bologna-Prozesses haben sich die Bildungsminister, wie zu Beginn des vorigen Kapitels geschildert, auf Vereinbarungen zur Anrechnung von Studienleistungen geeinigt und das European Credit Transfer System, das inzwischen um die Akkumulation von Leistungen erweitert wurde (European Credit Transfer and Accumulation System – ECTS), etabliert. Ihm folgte die Zwei-Stufen-Struktur der Studiengänge. Beides soll die Anrechnungsprobleme von Studienleistungen aus verschiedenen nationalen Bildungssystemen verringern – eliminieren lassen sie sich wegen der unterschiedlichen Ansprüche der einzelnen Wissenschaftler und ihrer Idiosynkrasien nie ganz.

In dem erwähnten Maastricht-Kommuniqué haben sich die Bildungsminister auch auf ein europäisches Kreditsystem für Berufliche Bildung (European Credit Transfer System for Vocational Education and Training, ECVET) geeinigt. Der Europäische Qualifikationsrahmen soll beides verbinden.

Der EFQ enthält:
- acht Niveaustufen, die die berufliche und hochschulische Ausbildung umfassen,
- Orientierung an Lernergebnissen in den Ausprägungen Kenntnisse, Fertigkeiten und Kompetenzen im weiteren Sinne (persönliche und fachliche Kompetenzen)
- Einbeziehung informell erworbener Kompetenzen.

„Ziel des EFQ ist es, eine auf alle Bildungssysteme in Europa anwendbare Beschreibung von Qualifikationen zu entwickeln. ... Tragendes Prinzip des EFQ ist die Orientierung an Lernergebnissen (learning outcomes). Die Lernergebnisse sind die im Rahmen eines Bildungsgangs oder auf informellem Wege erworbenen Kenntnisse, Fertigkeiten und Fähigkeiten (knowledge, skills and competencies). Der EFQ betrachtet ausschließlich Lernergebnisse. Ausbildungsdauer, Ausbildungsort (Schule, Betrieb, Hochschule, Bildungseinrichtung) und Ausbildungsformen (duale Ausbildung, Lernen am Arbeitsplatz, Studium) spielen explizit keine Rolle. ... Kein Bildungssystem soll dabei bevorzugt oder diskriminiert werden." (Fahle/Hanf 2006, S. 4)

Damit wird der shift von der Input- zur Outputsteuerung konsequent zu Ende gedacht, der nun auch in aller Konsequenz auf nationaler Ebene nachvollzogen werden muss. Denn die Heterogenität der Bildungssysteme in Europa macht es notwendig, dass der EQF als Rahmen für die Formulierung nationaler Qualifikationsrahmen dient, die durch den Bezug auf das gemeinsame Dritte, die europäische Dimension, vergleichbar werden. Ein Qualifikationsrahmen für deutsche Hochschulabschlüsse wurde 2005 im Zusammenwirken von Hochschulrektorenkonferenz, Kultusministerkonferenz und Bundesministerium für Bildung und Forschung beschlossen u.a. mit dem Ziel, Evaluation und Akkreditierung durch die Definition von Referenzpunkten zu unterstützen. http://www.kmk.org/doc/beschl/BS_050421_Qualifikationsrahmen_AS_Ka.pdf

Das gesamte Bildungssystem ist damit einer Entwicklung unterworfen, die Voraussetzung für das Funktionieren eines Qualifikationsrahmens ist: Ausbildungsordnungen und Rahmenlehrpläne müssen eventuell umgeschrieben werden, um Handlungskompetenzen adäquat und konsistent zu beschreiben; Rahmenordnungen im Hochschulbereich werden bereits sukzessive durch Akkreditierungsverfahren ersetzt. Dies deutet zwei Dinge an:

1. dass Qualitätssicherung eine entscheidende Dimension des vorgeschlagenen europäischen Qualifikationsrahmens ist,
2. dass Berufsbildung und Hochschulbildung bei der Aufstellung von Grundsätzen für die Qualitätssicherung eine Vorreiterrolle einnehmen, Bildungsbereiche, in denen Zertifizierung und Akkreditierung bereits etabliert sind.

8.3.2 Die Dimension der Qualitätssicherung

Die angestrebte erhöhte Durchlässigkeit zwischen den Bildungssystemen in Europa und innerhalb eines Bildungssystems, die Vervielfältigung der Zugangswege zu Qualifikationen zur Verwirklichung Lebenslangen Lernens und die Zunahme privater Akteure auf dem Bildungsmarkt bedeuten eine wachsende Unübersichtlichkeit.

„Und deshalb ist die Kehrseite einer konsequenten Orientierung an Lernergebnissen (outcomes) eine umfassende Qualitätssicherung. ... Qualität kann durch öffentlich-rechtlich anerkannte Stellen oder durch Akkreditierung, Zertifizierung und Qualitätsmanagement privater Stellen gesichert werden." (Fahle/Hanf 2006, S. 8)

Interessanterweise macht die Europäische Kommission in ihren Erörterungen über Grundsätze zur Qualitätssicherung eine klare Unterscheidung zwischen Qualitätssicherungssystemen, die für Transparenz und Effizienz der Bildungsangebote sorgen sollen, und Sicherung der Qualitätsverbesserung, die in die Zuständigkeit der Bildungsanbieter gelegt wird. Dies scheint einem Qualitätsdenken verhaftet zu sein, das zwischen Qualitätskontrolle und Verbesserung des Herstellungsprozesses streng trennt, also einen TQM-Ansatz, beruhend auf einem kontinuierlichen Verbesserungsprozess, nicht zu kennen scheint. Allerdings lässt die Struktur des europäischen Bildungssystems auch keinen anderen Weg zu: Denn das europäische Dach, sprich Europäische Kommission, will den Mitgliedsstaaten in ihre Festlegung von Qualitätssicherungsstrategien, -systemen und -verfahren nicht hinein reden und schon gar nicht den Akteuren auf nationaler Ebene. Dem europäischen Dach bleibt also nur die Überprüfung der Einhaltung von Grundsätzen und der Bildungsprozess selbst ist davon erklärtermaßen weit entfernt.

Dennoch sind die vorgeschlagenen Grundsätze für Qualitätssicherung auf Europa-Ebene recht detailliert, z.B. im Vergleich zu den Empfehlungen des Berlin-Kommuniqués von 2003 für den europäischen Hochschulraum, wo es heißt:

> „Therefore, they agree that by 2005 national quality assurance systems should include:
> - A definition of the responsibilities of the bodies and institutions involved.
> - Evaluation of programmes or institutions, including internal assessment, externalreview, participation of students and the publication of results.
> - A system of accreditation, certification or comparable procedures.
> - International participation, co-operation and networking".
> (Bologna Process: Realising the European Higher Area, Berlin 2003, S. 3, http://www.bologna-berlin2003.de)

Schauen wir uns im Vergleich dazu die Ausführungen zur Qualitätssicherung als relevante Dimension im EQF an, so ist abzusehen, dass es darüber noch viele Diskussionen geben wird, bis er 2007 – so der Zeitplan – verabschiedet werden wird. Dies hängt auch mit dem zusammen, was wir eingangs als Verhältnis von Qualitätssicherung zu Organisationsentwicklung beschrieben haben: Ein Einhalten der Grundsätze erfordert eine organisationale Entwicklung der betroffenen Bildungsinstitutionen, die gerade erst auf dem Weg ist: Schaffung von klaren Verantwortungs-, Entscheidungs- und Handlungsstrukturen.

„**Gemeinsame Grundsätze für die Qualitätssicherung in Bildung und Berufsbildung**

- Qualitätssicherung ist notwendig, um für eine Rechenschaftspflicht und Verbesserungen im Bereich der Bildung und Berufsbildung zu sorgen.
- QS-Strategien und -verfahren sollten alle Ebenen der Bildungs- und -Berufsbildungssysteme erfassen.
- QS sollte ein integrierter Bestandteil der internen Verwaltung von Bildungs- und Berufsbildungseinrichtungen sein.
- QS sollte eine regelmäßige Evaluierung von Einrichtungen und Programmen durch externe Prüforgane oder -stellen mit einschließen.
- Externe QS-Prüforgane oder -stellen sollten selbst regelmäßig überprüft werden.
- QS sollte die Dimensionen Kontext, Input, Prozess und Output umfassen und den Schwerpunkt auf den Output- und die Lernergebnisse legen.
- QS-Systeme sollten umfassen:
    - Klare und messbare Ziele und Standards
    - Leitlinien für die Umsetzung unter Beteiligung der Akteure
    - Geeignete Ressourcen
    - Konsistente Evaluierungsmethoden, die Selbstbewertung und externe Prüfung verbinden
    - Feedbackmechanismen und Verfahren zur Verbesserung
    - Leicht zugängliche Evaluierungsergebnisse
- QS-Initiativen auf internationaler, nationaler und regionaler Ebene sollten koordiniert werden, um einen Überblick, Kohärenz, Synergie und eine systemübergreifende Analyse zu gewährleisten
- QS sollte ein kooperativer Prozess über alle Ebenen hinweg sein, an dem alle einschlägigen Akteure innerhalb der einzelnen Länder sowie europaweit mitwirken
- QS-Leitlinien auf europäischer Ebene können Referenzpunkte für Evaluierungen und Peer-Learning bereitstellen."

(Kommission der europäischen Gemeinschaften, Arbeitsunterlage der Kommissionsdienststellen: Auf dem Weg zu einem Europäischen Qualifikationsrahmen, Brüssel, den 8.7.2005, S. 33/34 http://europa.eu.int/comm/education/policies/educ/eqf/index_en.html)

Hierin sind neben den Dimensionen der Qualitätssicherung und der Struktur der Qualitätssicherungssysteme auch die Verortung der Qualitätssicherung in der internen Verwaltung, eine Überprüfung der Prüfstellen, die Omnipräsenz der Qualitätssicherung („alle Ebenen der Bildungs- und Berufsbildungssysteme") und selbst „geeignete" Ressourcen festgeschrieben – was für einige Organisationen erst einmal Eingriffe in die Organisationsstruktur notwendig machen dürfte, bevor den Grundsätzen entsprochen werden kann. Das erfordert ein Umkehren des Verhältnisses von Qualitätssicherung und Organisationsentwicklung, wie es vorne schon erwähnt wurde. Die Organisationsentwicklung ist nicht das follow up der Qualitätssicherungsergebnisse, sondern eine Voraussetzung zur Etablierung von Qualitätssicherung.

Daneben tauchen auf Seiten der künftigen Akteure der Qualitätssicherung, wie z.B. beim Bundesinstitut für Berufsbildung (bibb) ganz konkrete Fragen auf, die im Zusammenhang mit der Qualitätssicherung bearbeitet werden müssen: Fragen nach Möglichkeiten der validen Messung der Lernergebnisse (Erfassung und Bewertung) unter der Bedingung, dass formale Angaben keine Rolle mehr spielen (dürfen). Dann ist auch eine Testierung einzelner erworbener Kompetenzen außerhalb von formalen Abschlüssen wünschenswert sowie die Testierung von auf informellen Wegen erworbenen Kompetenzen (prior learning). Eine solche Testierung setzt jedoch eine Präzisierung und Messung der Lernergebnisse voraus.

Einige gravierende methodische Probleme sind bereits benannt: je enger die Definition der Lernergebnisse, desto besser erhebbar. Dabei gerät aber das Verbindende, Allgemeine (das integrale Handlungsvermögen) aus dem Blick. Je allgemeiner die Definition, desto weniger empirisch erhebbar. Wir haben diese Datenproblematik im Zusammenhang mit der Evaluation der Hochschullehre in Kapitel 7 relativ ausführlich erläutert und daraus Konsequenzen für die Konzeptualisierung von Evaluation als Qualitätsmanagement im Hochschulbereich gezogen.

Die Hinwendung zur Beschreibung von Leistungsparametern und outcomes ist ein Problem, das im Kontext von Hochschulentwicklung auf der Tagesordnung steht. Zunächst als ein Erfordernis der Außendarstellung und somit der Rechenschaftslegung traktiert, wird es zunehmend in den Kontext der internen Steuerung gestellt und nimmt im Sinne der Balanced Scorecard für die strategische Entwicklung und Steuerung von Bildungsinstitutionen einen immer wichtigeren Stellenwert ein. Wir beobachten eine wachsende Annäherung von Qualitäts- und Organisationsentwicklung. Für den Hochschulbereich widmet sich das bei der HRK angesiedelte Projekt Q, das uns oben (8.1.) und in Kapitel 7 schon begegnet ist, zunehmend dieser Problematik.

> „Hinzu (zur Funktion der Rechenschaftslegung von Qualitätssicherung, d. V.) kommt jedoch zunehmend die stärker nach innen gerichtete Funktion der Qualitätsentwicklung, die vor allem aus der in wachsendem Maße leistungsorientierten Finanzierung der Hochschulen erwächst. Qualitätssicherung und -entwicklung bilden die Grundlage für strategisches und operatives Entscheidungshandeln, nicht zuletzt für Ressourcenallokation. Dies ist ein neues Verständnis von Qualitätssicherung, die mit dem Ziel der Qualitätsentwicklung und -steigerung zu einem zentralen Element der strategischen Hochschulentwicklung wird. ... Statt sektoraler, additiver Qualitätssicherung in allen hochschulinternen Prozessen, die zudem isoliert von anderen Steuerungsaufgaben betrieben wird, kommt es somit darauf an, Qualitätsentwicklung als verbindendes und leitendes Prinzip der gesamten Hochschulsteuerung zu begreifen und zu verankern." (Ebel-Gabriel 2006, S. 11)

Damit verschwimmen die Grenzen zwischen Qualitätsmanagement und Organisationsentwicklung bzw. Qualitätsmanagement wird wieder die treibende Kraft für die Gestaltung der Steuerungsprozesse, was schon ein Ziel des Total Quality Management Ansatzes war, aber – die Diskussionsentwicklung im Kontext der Hochschulen könnte diesen Verdacht nähren – auch zu einem Übergewicht der quantitativen und indikatorengestützten Qualitätssicherungsverfahren im Kontext von Mittelverteilung und Ressourcenallokation führen kann: Nach vielem Hin und Her zwischen mehr psychologischer, soziologischer, philosophischer oder betriebwirtschaftlicher Fundierung der Qualitätssicherung wäre dies ein später Sieg der betriebswirtschaftlichen Betrachtungsweise.

Abschließend sei das Verhältnis von Organisationsentwicklung und Qualitätsmanagement so beschrieben, dass Qualitätssicherung der Anstoß für Organisationsentwicklung im Sinne der Anpassung an neue Anforderungen sein kann, in dessen Vollzug sich selbst tragende Veränderungen etablieren können, die einen verstärkenden Schwung erzeugen. Qualitätssicherung kann dann je nach ihrer Ausgestaltung diesen Prozess weiter ankurbeln (z.B. Risikobereitschaft belohnen durch entsprechende Indikatoren oder Peer-Urteile) oder behindern (nur traditionelle Parameter der Leistungsmessung bereitstellen oder in die Außenbegutachtung einbeziehen). Die Steuerungskapazität wäre die gleiche, aber die Auswirkungen wären andere und würden andere Akteure stützen. Ob Modernisierungsfassaden favorisiert oder fundamentaler Wandel angezielt wird, wäre die spezifische Differenz zwischen den Qualitätsmanagement-Konzepten – wie unter 8.1. beschrieben. Zu Organisationsentwicklung bekennen sich alle.

Wie viel Distanz zur Organisationsleitung nötig, wie viel Anbindung hinreichend wäre für solch einen Gestaltungsspielraum des Qualitätsmanagements, wäre auszuloten, Verbündete braucht es dafür allemal. Eine Differenz zwischen den Handlungsfeldern mit ihrem jeweiligen ‚Eigensinn‘ erscheint nötig, um über Integrationsformen verhandeln zu können.

Frage zum Bereich „Qualitätsmanagement und Organisationsentwicklung":

Die immer enger werdende Verbindung von Qualitätsmanagement und Organisationsentwicklung ist zum guten Teil auf die europäische Gestaltung des Bildungsraumes zurückzuführen, in dem Neuerungen vereinbart, national nachvollzogen und in ihrer Qualität ausgewiesen werden. Sehen Sie die Möglichkeiten, in diesem Prozess die Interessen einzelner Organisationen zum Tragen zu bringen, eingeschränkt? Wie schätzen Sie die Wirkung europäischer Rahmenvorgaben für die Qualitätsentwicklung vor Ort ein? Wer sollten die Akteure dieser Entwicklung sein?

Literatur zur Vertiefung

Bülow-Schramm, M. (2003): Evaluation auf dem Weg zum Qualitätsmanagement. In: HRK (Hg.): Evaluation und ihre Konsequenzen. Beiträge zur Hochschulpolitik 2/ S. 13–34.

Pellert, A. (2001): Organisationsentwicklung. In: Hanft, A. (Hg.): Grundbegriffe des Hochschulmanagements. Neuwied/Kriftel, S. 342–348.

Zollondz, H.-D. (2002): Grundlagen Qualitätsmanagement, Kap 4.7. München/Wien.

Anhang

9   Glossar

Akkreditierung
Überprüfung der Einhaltung vorgegebener Standards gemäß angebbarer Verfahrensregeln und -kriterien (Kap. 7.3)

Auditierung
bezeichnet im Rahmen eines Überprüfungs- oder Testierungsverfahrens (Audit) die systematische Untersuchung einer Aktivität und ihrer Ergebnisse, um Schwachstellen zu erkennen und Verbesserungsmaßnahmen anzuregen. (Kap. 2 und 6)

Balanced Scorecard
Konzept zur Entwicklung eines organisationsspezifischen Kennzahlensystems (Kap. 3.2)

Befähiger-Faktoren
sind die Elemente einer Organisation, die einem Qualitätsmanagement den Weg und spielen im EFQM eine entscheidende Rolle. (Kap. 2.4)

Benchmarking
ist der Prozess des Vergleichens und Messens der eigenen Produkte mit anerkannten Marktführern. (Kap. 3.3)

Best Practice
bezeichnet die im Vergleich festgestellten besten Methoden. (Kap. 3.3.2)

Bewertungskriterien
sind die explizite Grundlage für die Beurteilung von Organisationsbestandteilen und -prozessen. (Kap. 3.4)

Bewertungsmodell
ist die Zusammenstellung von Bewertungskriterien zu einem konsistenten System. (Kap. 3.4)

Bologna-Prozess
bezeichnet die Initiative der Bildungsminister europäischer Länder, im Rahmen überregionaler Konferenzen den europäischen Hochschulraum gemeinsam zu gestalten. Die Bologna Konferenz fand 1999 statt. (Kap. 7.3.1)

Corporate Identity
Image einer Organisation, das von allen Mitgliedern getragen wird und ihre Zusammengehörigkeit ausdrückt und stärkt. (Kap. 2)

Change Management oder Veränderungsmanagement
ist die Identifizierung und Handhabung der Elemente, die Einfluss auf die Organisationsentwicklung haben. Es hat mit der Erkenntnis an Bedeutung gewonnen, dass Wandel keine technische Größe ist, sondern einen Lernprozess erfordert. (Kap. 8.2)

Change Agents
sind die Subjekte von Veränderungen in einer Organisation. Sie tragen durch ihr bewusstes oder unbewusstes Handeln, das nicht konform ist, zum Wandel der ganzen Organisation bei. (Kap. 8)

Checkliste oder Leitfaden
bezeichnet die Kriterien und Fragen, die eine Einheit ihrer Selbstbeschreibung im Rahmen eines Evaluationsverfahrens zugrundelegt und die von einer externen Stelle entwickelt wurde. (Kap. 7.2)

Dialogischer Ansatz
kennzeichnet in pädagogischen Einrichtungen einen Ansatz des Qualitätsmanagements, bei dem im Dialog zwischen allen Beteiligten das Verständnis und die Weiterentwicklung der Qualität in einer spezifischen Einrichtung entstehen. (Kap. 4)

DIN ISO Norm
ist ein in Deutschland begründetes Regelwerk zur Erfassung der Qualität von Produkten, Prozessen und Dienstleistungen, das internationale Standards berücksichtigt. (Kap. 2.2)

EFQM
Abkürzung für das Modell der European Foundation for Quality Management, das eine Weiterentwicklung des TQM in Europa darstellt. (Kap. 2.4)

Ergebnis-Faktoren
sind die Faktoren im EFQM-Modell, die mit Qualitätsmanagement erreicht werden und in die Bewertung des Qualitätsmanagements einer Organisation eingehen. (Kap. 2.4)

Evaluation
bezeichnet die strukturierte Bewertung von Prozessen, Dienstleistungen und Gütern hinsichtlich ihrer Qualität und das Bemühen, sie weiterzuentwickeln. Ist vor allem im Hochschulbereich gebräuchlich, gewinnt aber auch im Schul- und Weiterbildungsbereich an Bedeutung. Evaluation erfordert ein systematisches Vorgehen, das zur Differenzierung in folgende Verfahren geführt hat:
- Selbstevaluation: die Festlegung der Struktur des Bewertungshandelns, seine Durchführung und Ergebnisinterpretation obliegt der Einheit, die evaluiert wird.
- Fremdevaluation: die Subjekte der Evaluation sind andere als die Objekte der Evaluation.
- Formative Evaluation bezeichnet Beurteilungsverfahren, die prozessbegleitend sind zum Ziel haben, in die Prozesse steuernd einzugreifen.
- Summative Evaluation bewertet im Nachhinein den Erfolg eines Prozesses z.B. auf seine Zielerreichung.
- Metaevaluation bewertet das Evaluationshandeln selbst, überprüft die eingesetzten Verfahren und die Dateninterpretation und sichert so die Qualität der Evaluation. (Kap. 7.2)

Implementierung
meint den Prozess der Einführung einer Neuerung in ein Organisationsgefüge. (Kap. 8)

Input-Throughput-Output
sind die drei Qualitätsbereiche, die in TQM- und EFQM- Konzepten Berücksichtigung finden. Sie lassen sich mit vorhandenen Qualitäten (input) – Prozessqualitäten (Throughput) und Ergebnisqualitäten (Output) übersetzen. (Kap. 6)

Kennzahlen
sind quantitative Variablen, die einen Ist-Soll-Vergleich möglich machen sollen. (Kap. 3.2)

Kindergarten-Einschätz-Skala
ist eine deutsche Überarbeitung der amerikanischen Early Childhood Environment Rating Scale (ECERS) aus dem Jahr 1980. Sie ist ein Instrument zur Feststellung des Ist-Standes der pädagogischen Qualität und dient als Grundlage für Qualitätsverbesserungen. (Kap. 4)

Kontinuierlicher Verbesserungsprozess (KVP)
stellt das Herzstück von TQM und ähnlicher Konzepte dar. Es entspricht dem kaizen in Japan und beinhaltet das endlose Streben nach einer immer höheren Qualitätsstufe durch die Identifizierung von Fehlerquellen, die möglichst ganz ausgeschaltet werden sollen (zero defects). (Kap. 2.3 und 2.4)

Kundenorientierung
ist die Ausrichtung des Organisationshandelns an den Nutzern der Güter oder Dienstleistungen, die die Organisation herstellt. Kunden können interne oder externe sein. Manchmal wird unterschieden zwischen Kunde und Klient, letzterer ist dann definiert als Kunde, der für die Inanspruchnahme von Gütern und professionellen Dienstleistungen zahlt. (Kap. 2)

Lean Management
ist ein in Japan entwickeltes Managementkonzept, das auf die Eliminierung aller Arbeiten zielt, die für die Herstellung qualitativ guter Produkte oder Dienstleistungen nicht notwendig sind. Diese „Verschlankung" ist oftmals das Ergebnis eines angewandten Qualitätsmanagementsystems. (Kap. 2)

Lebenslanges Lernen
ist die Antwort auf die wachsende Geschwindigkeit der Veralterung von Wissen und damit der Qualifikationen der Menschen. Der Lernprozess wird nicht mehr als eine abgeschlossene Phase i.d.R. in der Jugendzeit betrachtet, sondern als das ganze Leben begleitend. (Kap. 6)

Lehrbericht
bezeichnet im Hochschulbereich die turnusmäßige Berichterstattung über die Qualität der Lehre und ihrer Bedingungen durch die Lehreinheit. (Kap. 7)

Leistungsvergleich
setzt die Messung von Leistung (Schul-, Studien-, Prüfungsleistung etc.) mit standardisierten Tests voraus, um sicher zu stellen, dass nicht Äpfel mit Birnen verglichen werden. Besonders im Schulbereich haben Leistungsvergleiche auf internationaler Ebene Aufmerksamkeit erlangt: TIMSS (Third International Mathematics and Science Study); PISA (Programme for International Student Assessment). (Kap. 5)

Leitbild/Mission
ist eine griffige Formulierung der Organisationsphilosophie, die möglichst auf Konsens beruht und die corporate identity stärken soll. Sie dient als Orientierung für Evaluationen und Organisationsentwicklung. (Kap. 2.3 und 8)

Loop
single Loop: Anpassungslernen
double Loop: Veränderungslernen, Umlernen. (Kap. 8)

Mitarbeiterorientierung

bedeutet, dass das Organisationshandeln zur Qualitätssicherung und -verbesserung darauf ausgerichtet ist, möglichst alle Mitarbeiter in die Prozesse einzubeziehen, ihr Potential voll auszuschöpfen und ihre Zufriedenheit zu erhöhen. (Kap. 2.3.5)

Organisationskultur

meint den Bereich der gemeinsamen Überzeugungen in einer Organisation, die in Symbolen zum Ausdruck kommen und den Beteiligten bei der Durchführung ihrer Aufgaben, ihrer Positionierung im Umfeld der Organisation helfen. (Kap. 8)

Pädagogische Interaktion

meint im Vorschul- und Schulbereich die Beziehung zwischen Lehrer und Schüler, in die mehr eingeht als die Vermittlung strukturierten Wissens vom Lehrer zum Schüler. (Kap. 4 und 5)

Paternoster-Prinzip

Die Bereiche pädagogischer Arbeit (der Organisationsbereich, der pädagogische Bereich und der personelle Bereich) werden nacheinander evaluiert sowie von außen (Rekonstruktion der Ebenen durch Experten) und von innen (aus der Perspektive der Mitarbeiterinnen) bilanziert. (Kap. 4)

Peer Review

Bewertungs- und Beurteilungsverfahren, die externe Expertenurteile einschließen. Die Experten sind Peers, kritische Freunde und gehören ähnlichen oder gleichen Organisationen an wie die bewertete Einheit. (Kap. 7.2.2)

Professionalisierung

ist die Herausbildung eines beruflichen Selbstverständnisses (Ethos), die Formalisierung der Voraussetzungen und des Zugangs zu einem Berufsfeld sowie das organisierte Auftreten der Berufsangehörigen nach außen (Berufsverband). (Kap. 6)

Projektmanagement

ist die Gesamtheit von Führungsaufgaben mit dem Ziel der effizienten Realisierung von Projekten durch den Einsatz einer Vielzahl von Verfahren und Instrumenten zur Planung, Überwachung und Steuerung der Projektabwicklung. (Kap. 5)

Prozessqualität

wird in TQM und ähnlichen Konzepten neben Kunden- und Mitarbeiterorientierung in den Mittelpunkt von Analyse und Verbesserungsstrategien gestellt. Welche Tätigkeiten auf welche Art und Weise verrichtet werden, wird als entscheidend für den Output angesehen. (Kap. 2 und 6)

Qualität

ist im weitesten Sinne die Eigenschaft einer Sache, Dienstleistung oder eines Prozesses, gewöhnlich wird damit eine hoch bewertete Eigenschaft gemeint. (Kap. 1)

Qualitätscontrolling

Informationsversorgung der Leitung von Organisationen zur Unterstützung bei der Entscheidungsfindung im Hinblick auf Qualitätsverbesserung – meist auf der Grundlage von Kennzahlen. (Kap. 3)

Qualitätskontrolle
soll sicherstellen, dass vorgegebene oder selbst gesetzte Standards der Qualität erreicht werden und wird von einer bei der Leitung angesiedelten Organisationseinheit mit überwiegend quantitativen Verfahren durchgeführt. (Kap. 1)

Qualitätsmanagement
ist der Einsatz von Strategien zur Qualitätsentwicklung, die Auswahl der passenden Instrumente mit ständiger Rückversicherung über die Wirkungen der Instrumente, die Umsetzung der Erkenntnisse in transparente Modifikationen der Strategien und nachvollziehbare Qualitätsverbesserungen der Produkterstellung. (Kap. 1)

Qualitätssicherung
bedeutet, dass bei der Planung und Vorbereitung sowie kontinuierlich im Prozess der Produktion von Gütern und Dienstleistungen in jedem Schritt dafür gesorgt wird, dass ‚gleich von Anfang an' alles richtig gemacht wird und insofern am Ende überhaupt kein Ausschuss mehr entsteht. (Kap. 1)

Qualitätszirkel
ist eine Arbeitsgruppe in einer Organisation, die auf freiwilliger Basis für den eigenen Bereich Qualität überprüft und an ihrer Verbesserung arbeitet. (Kap. 1)

Ressourcen
Vorhandene Werte – sächliche, ideelle, personale – die für die Produktion eingesetzt werden können. (Kap. 3)

Schulprogramme
sind die Plattform der pädagogischen Arbeit einer Schule und gründen auf Verständigungsprozessen des pädagogischen Personals. Sie enthalten neben dem pädagogischen Konzept auch Entwicklungsbedarfe und ein Arbeitsprogramm mit pädagogisch intendierten Entwicklungszielen. Sie geben ein Bild über die Schule nach innen und außen ab. (Kap. 5)

Stakeholder
sind Personen, Abteilungen oder Organisationen, die ein klares Interesse an den Ergebnissen des Organisationshandelns haben. (Kap. 7)

Stiftung Bildungstest
Unabhängige Einrichtung zur Durchführung vergleichender Tests von Bildungsangeboten und -anbietern (Kap. 6)

TQM (Total Quality Management)
ist ein Konzept zur Entwicklung von Qualität durch einen kontinuierlichen Prozess der Überprüfung und Verbesserung von Qualität in der gesamten Organisation mit den Merkmalen der Kunden- und Mitarbeiterorientierung, der Beobachtung von Prozessen und der Verantwortlichkeit der Leitung für das Konzept. (Kap. 2.3)

Überlast
meint vor allem im Hochschulbereich die bewusste Inkaufnahme einer Überauslastung der Kapazitäten in der Hoffnung auf eine künftige Entspannung durch Nachlassen der Nachfrage. (Kap. 7)

Weiterbildung

ist ein organisiertes Bildungsangebot zur Entwicklung der Qualifikation mit vielen unterschiedlichen Ausprägungen in Trägerschaft, Organisationsprinzipien, Inhalten. Dementsprechend unterscheidet sich auch das Qualitätsmanagement in der Weiterbildung:

- allgemeine W.: die Bildungsangebote betreffen alle Wissensbereiche (berufliche W., Sprachen, kulturelle und gesundheitliche W., politische Bildung) und werden von einer Vielzahl unterschiedlicher Anbieter organisiert
- berufliche W. bezieht sich in den Inhalten auf Berufswissen und wird als betriebliche, von der Bundesagentur für Arbeit und als marktmäßig organisierte W. angeboten
- lernerorientierte W. stellt den Lerner als eigentlichen Produzenten von Bildung in den Mittelpunkt und betreibt eine Qualitätsentwicklung, die auf den gelingenden Lernprozess ausgerichtet ist. (Kap. 6)

Zertifizierung

ist der Nachweis der Wirksamkeit und Funktionsfähigkeit eines Qualitätsmanagementsystems in einer Organisation. Der Nachweis wird durch ein unabhängiges Systemaudit von einer Zertifizierungsstelle erbracht. (Kap. 1)

Zweistufiges Studiensystem

heißt das Studienmodell, das zwei Studienabschlüsse vorsieht, die hierarchisch aufeinander bezogen sind: der erste Studienabschluss ist ein Bachelor, der eine meist 3 jährige Studienzeit abschließt und berufsbefähigend ist, der zweite ein Master, der bestimmte wissenschaftliche und/oder berufliche Qualifikationen voraussetzt. Mit dem Bologna-Prozess soll dieses Studiensystem in Europa andere Studiensysteme ersetzen. (Kap. 7.3)

10 Stichwortverzeichnis

11 Literaturverzeichnis

Altrichter, H./Posch, P. (Hg.) (1999): Wege zur Schulqualität – Studien über den Aufbau von qualitätssichernden und -entwickelnden Systemen in berufsbildenden Schulen. Innsbruck.

André, D. (2005): Berufsqualifizierung bei Bachelorstudiengängen. In: HRK (Hg.) Beiträge zur Hochschulpolitik 10/2005, S. 119–125.

ACQUIN (2002): Handreichungen, Bayreuth.

Arbeitsstab Forum Bildung (2001): Qualitätsentwicklung und Qualitätssicherung im internationalen Wettbewerb. Materialien des Forum Bildung 8, Köln.

Arnold, R. (1997): Die Einbindung wissenschaftlicher Weiterbildung in die Diskussion um die Qualitätssicherung der akademischen Lehre. In: Arnold, R. (Hg.): Qualitätssicherung in der Erwachsenenbildung. Opladen, S. 151–159.

Balli, C./Krekel, E./Sauter, E. (2002): Qualitätsentwicklung in der Weiterbildung. Wissenschaftliche Diskussionspapiere des BIBB, Heft 62 2002.

Bauman, Z. (1995): Moderne und Ambivalenz, Hamburg.

Bieri, S./Brinkmann, H./Mayer, E./Osterwalder, K./Schulze W. (2001): Bericht der Gutachtergruppe „Evaluation des Akkreditierungsrates", Freiburg 24. September 2001 (Manuskript).

BLK für Bildungsplanung und Forschungsförderung (2001): Übersicht über nationale und internationale Initiativen zu Qualitätsvergleichen und zur Qualitätssicherung im Bildungswesen (Stand 23. 7. 2001), internes Papier.

Braun, K./Lawrence, Ch. (1997): TQM-Trainer. München/Wien.

Brunsson, N. (1989): The organization of hypocrisy. Chichester.

Bülow, M. (1976): Evaluierung von Projektstudiengängen als Aktionsforschung, Hamburg.

Bülow, M. (1977): Evaluation I, Verfahren – Methoden – Erfahrungen zur Überprüfung universitärer Ausbildung. Hamburg (Hochschuldidaktische Arbeitspapiere 8).

Bülow-Schramm, M.(1994): Planen-Beurteilen-Analysieren-Anwenden, In: Handbuch Hochschullehre. Bonn.

Bülow-Schramm, M. (1995): „Wer hat Angst vor den Evaluatoren?" Der Umgang mit Akzeptanzproblemen von Evaluationsverfahren. In: Handbuch Hochschullehre. November 1995. Bonn.

Bülow-Schramm, M. (Hg.) (1997): Gestufte Studiengänge an Universitäten. Fakten, Meinungen, Tendenzen. Hochschuldidaktische Arbeitspapiere – Sonderheft. Hamburg.

Bülow-Schramm, M. (2000): Evaluation als Qualitätsmanagement. In: Hanft, A. (Hg.), Hochschulen managen? Neuwied/Kriftel/Berlin, S. 170–191.

Bülow-Schramm, M. (2001): Stichwort Evaluation. In: Hanft, A. (Hg.), Grundbegriffe des Hochschulmanagements. Neuwied/Kriftel, S. 111–118.

Bülow-Schramm, M. (2002 a): Der systemische Umbau der Universität Hamburg. In: die Hochschule 1/2002, S. 92–100.

Bülow-Schramm, M. (2002 b): Der Nutzen von Zielvereinbarungen und Evaluation für die Universitätsentwicklung in Hamburg. In: HRK (Hg.): Beiträge zur Hochschulpolitik 1/2002, Bonn, S. 39–50.

Bülow-Schramm, M. (2003): Evaluation auf dem Weg zum Qualitätsmanagement, in: HRK (Hg.): Evaluation und ihre Konsequenzen. Beiträge zur Hochschulpolitik 2/2003, S. 13–34.

Bülow-Schramm, M./Carstensen, D. (Hg.) (1995): Frischer Wind für Evaluation? Chancen und Risiken von Peer Review an deutschen Universitäten. Hamburg.

Carstensen, D. (2005): Qualitätssicherung und Organisationsentwicklung. evaNet-Positionen 04/2005. http://evanet.de/evanet/potitionen/positionen2005/Carstensen.pdf

Claussen, W. (2000): Gemeinsame Qualitätsentwicklung von Planenden und Lehrenden. In: v. Küchler, F./Meisel, K. (Hg.): Herausforderung Qualität. Dokumentation der Fachtagung Qualitätssicherung in der Weiterbildung, DIE. Frankfurt, S. 33–40.

Crosby, Philipp B. (1979): Quality is Free. New York, McGraw-Hill Book Company.

Czarniawska-Joerges, B./Joerges, B. (1990): Linguistic Artifacts at Service of Organizational Control. In: Gagliardi, P. (ed.): Symbols and Artifacts: Views of the Corporate Landscape. Berlin/New York, S. 387–420.

Daxner, M. (1997): Das eingespielte System der Blockierer und der Bewährungshelfer. In: Frankfurter Rundschau 13.2.1997.

Deming, W.E. (1986): Out of the Crisis. 2. Aufl. Cambridge, Mass.

Der Präsident der Universität Hamburg (Hg.) (2001): Systemische Universitätsentwicklung an der Universität Hamburg. Abschlussbericht des Projekts Universitätsentwicklung (ProUni). Hamburg.

Ditton, H. (2000): Qualitätskontrolle und -sicherung in Schule und Unterricht. In: 41. Beiheft der Zeitschrift für Pädagogik, S. 73–92.

Ebel-Gabriel, Ch. (2006): Begrüßung. In: HRK (Hg.): Von der Qualitätssicherung der Lehre zur Qualitätsentwicklung als Prinzip der Hochschulsteuerung. Beiträge zur Hochschulpolitik, 1/2006 Band I, S. 11–14.

Ehses, Ch./Zech, R. (2002) Abschlussbericht des Projekts „Lernerorientierte Qualitätstestierung in Weiterbildungsnetzwerken", Hannover 01.10.2002.

Ellis, V. (1994): Der European Quality Award. In: Stauss, B. (Hg.): Qualitätsmanagement und Zertifizierung. Wiesbaden, S. 302.

European Foundation for Quality Management (Hg.) (1993): Total Quality Management – The European Model for Self- Appraisal. Brüssel.

Fahle, K./Hanf, G. (2006): Der Europäische Qualifikationsrahmen – Konsultationsprozess läuft. In: BiBB/Online-Dokumente http://www.bibb.de/de/print/21696.htm

Fend, H. (2000): Qualität und Qualitätssicherung im Bildungswesen. In: Zeitschrift f. Pädagogik, 41. Beiheft, S. 55–72.

Franz, H.-W. unter Mitarbeit von Schlotmann, B. (2002): Internationale Ansätze zur Stärkung des Nachfragerverhaltens auf dem Bildungsmarkt, BIBB Diskussionspapiere 62, S. 85–124. Online Dokument.

Frehr, H.-U. (1994): Total-Quality-Management. In: Masing, W.: Handbuch Qualitätsmanagement. München, S. 31–48.

Giesecke, W. (1997): Die Qualitätsdiskussion aus erwachsenenpädagogischer Sicht. In: Arnold, R. (Hg.): Qualitätssicherung in der Erwachsenenbildung, Opladen, S. 29–48.

Glaap, W. (1996): TQM in der Praxis leichtgemacht. München/Wien, S. 21.

Greve, G./Pfeiffer, I. (2002): Qualitätsmanagement in Unternehmen. In: Zeitschrift für Erziehungswissenschaft, 5. Jg. Heft 4/2002, S. 570–583.

Hahne, A. (2001): Balanced Scorecard. In: Hanft, A. (Hg.): Grundbegriffe des Hochschulmanagements, Neuwied/Kriftel, S. 15–21.

Hameyer, U. (2000): Schulentwicklung mit den Methoden des Projektmanagements, in: STEVkonkret 03 Februar.

Hanft, A. (Hg.) (2000): Hochschulen managen? Neuwied/Kriftel/Berlin.

Hanft, A. (2001): Grundbegriffe des Hochschulmanagements. Neuwied/Kriftel.

Hanft, A.(2003): Evaluation und Organisationsentwicklung. Eröffnungsvortrag zur 6. Jahrestagung der DeGEval am 8. 10. 2003 im EvaNet: http://evanet.his.de.

Harvey, L./Green, D. (2000): Qualität definieren. Fünf unterschiedliche Ansätze. In: Zeitschrift für Pädagogik, 41. Beiheft, S. 17–39.

Heimlich, Ch. (2003): Qualitätsentwicklung in Weiterbildungseinrichtungen. Deutsches Institut für Erwachsenenbildung August 2003, S. 105 und 133. Online im Internet: http://www.die-bonn.de.

Heise, S. (2001): Kostenrechnung. In: Hanft, A. (Hg): Grundbegriffe des Hochschulmanagements. Neuwied/Kriftel, S. 249/250.

Helmke, A./Hornstein, W./Terhart, E. (2000): Qualität und Qualitätssicherung im Bildungs-bereich, Zeitschrift für Pädagogik, 41. Beiheft.

Hirsch-Kreiensen, H. (1997): Resümee: Mitarbeiterorientiertes Qualitätsmanagement. In: Hirsch-Kreiensen, H. (Hg.): Organisation und Mitarbeiter im TQM. Berlin-Heidelberg, S. 267–280.

Hirsch-Kreiensen, H. (Hg.) (1997): Organisation und Mitarbeiter im TQM, Berlin/Heidelberg

Höck, U. (1999): Future '98, DUZ 7/1999, S. 12.

Holtappels, H.-G. (2001): Schulentwicklung und Qualitätssicherung im Schulbereich. In: Olbertz, J.-H./Otto, H.-U.: Qualität von Bildung (Arbeitsberichte 2001). Wittenberg, S. 58–70.

Hornbostel, S. (2002): Forschungsevaluation in Deutschland. In: Reil, Thomas/Winter, Martin (Hg.): Qualitätssicherung an Hochschulen: Theorie und Praxis. Forum der Hochschul-politik hg. von der HRK. Bielefeld, S. 147–157.

HRK (Hg.) (1998): Evaluation. Dokumente und Informationen 1/1998, Projekt Qualitäts-sicherung.

HRK (Hg.) (2006): Von der Qualitätssicherung der Lehre zur Qualitätsentwicklung als Prinzip der Hochschulsteuerung. Beiträge zur Hochschulpolitik 1/2006, Band I.

HRK/Projekt Q (2001): Internationalisierung = Evaluation und Akkreditierung?, Beiträge zur Hochschulpolitik 8/2001.

Huber, L. u.a. (Hg.) (1978): Auswertung – Rückmeldung – Kritik im Hochschulunterricht. Band 1 und 2. Hamburg.

Hummeltenberg, W. (1995): Bewertungsmodelle für das TQM, in: Preßmar, D. B. (Hg.): Total-Quality-Management. Wiesbaden, S. 137–184.

Kamiske, G. F. (Hg.) (1994): Die hohe Schule des Total Quality Management. Berlin/Heidelberg.

Kamiske, G. F./Brauer, J.-P. (2003): Qualitätsmanagement von A–Z. München/Wien.

Kaplan, R. S./Norton, D. P. (2001): Die strategiefokussierte Organisation. Stuttgart.

Kern, H. (2000): Rückgekoppelte Autonomie. Steuerungselemente in lose gekoppelten Syste-men. In: Hanft, A.: Hochschulen managen? Neuwied/Kriftel/Berlin, S. 25–38.

Kieser, A. (1998): Going Dutch – Einige Reflexionen zur Aussagefähigkeit von Evaluationen universitärer Forschung auf der Basis von Erfahrungen in niederländischen Bedrijfs-kunde-Fakultäten, internes Manuskript, S. 12.

KMK (2002): Künftige Entwicklung der länder- und hochschulübergreifenden Qualitäts-sicherung in Deutschland. Beschluss der Kultusministerkonferenz vom 01.03.2002.

KMK (2003): Ländergemeinsame Strukturvorgaben gem. § 9 Abs. 2 HRG für die Akkreditie-rung von Bachelor- und Masterstudiengängen. Beschluss vom 10.10. 2003, S. 3.

Kohler, J. (2003): Institutionelle Qualitätssicherung statt Programmevaluation? Vortrag zur Tagung des Projekts Qualitätssicherung der HRK „Qualitätssicherung an Hochschulen – Neue Herausforderungen nach der Berlin-Konferenz" am 20./21. November 2003 in Bonn.

Kommission der europäischen Gemeinschaften (2005): Arbeitsunterlagen der Kommissions-dienststellen: Auf dem Weg zu einem Europäischen Qualifikationsrahmen. Brüssel, 08.07.2005 http://europa.eu.int/comm/education/policies/educ/eqf/index_en.html

Krug, P. (1997): Qualitätssicherung in der Weiterbildung – eine Korporative Aufgabe. In: Arnold, R. (Hg.): Qualitätssicherung in der Erwachsenenbildung. Opladen. S. 111–118.

Küchler, F. v./Meisel, K. (Hg.) (1999): Dokumentation der Fachtagung Qualitätssicherung in der Weiterbildung. November 1999, Deutsches Institut für Erwachsenenbildung, Bonn.

Küchler, F. v./Meisel, K. (Hg.) (2000): Herausforderung Qualität. Dokumentation der Fach-tagung Qualitätssicherung in der Weiterbildung, DIE, Frankfurt.

Küchler, T.(1996): Kommentar zu Margret Bülow-Schramm: „Peer Review in Deutschland: Impuls für Veränderung oder Legitimation für Beharrung?" im Workshop „Vielfalt durch Selbstevaluation. Die Zukunft der Hochschulen" auf dem 28. Kongress der Deutschen Gesellschaft für Soziologie. Dresden, S. 3/4.

Kühl, S. (2001): Paradoxe Effekte und ungewollte Nebenfolgen des Qualitätsmanagements. In: Wächter, Hartmut/Vedder, Günther (Hg.): Qualitätsmanagement in Organisationen. Wiesbaden, S. 75–114.

Kuper, H. (2002): Stichwort Qualität im Bildungssystem. In: Zeitschrift für Erziehungswissenschaft, 5. Jg. Heft 4, S. 533–551.

Lange, H. (2001): Qualitäts- und Standardsicherung im allgemeinbildenden Schulwesen. In: Arbeitsstab Forum Bildung Qualitätsentwicklung und Qualitätssicherung im internationalen Wettbewerb. Materialien des Forum Bildung 8, Köln.

Lepsius, M. R. (1995): Institutionenanalyse und Institutionenpolitik. In: Nedelmann, B. (Hg.): Politische Institutionen im Wandel. Opladen, S. 395 ff.

Liston, C. (1999): Managing Quality and Standards. Philadelphia, S. 102–113.

Löffler, S. (2005): Qualitätsmanagement unter genderrelevanten Aspekten. Gutachten im Auftrag von Margret Bülow-Schramm, Gleichstellungsbeauftragte der Fakultät Erziehungswissenschaft, Psychologie, Bewegungswissenschaft, Hamburg.

Lortie, D. (1972): Teamteaching. Versuch der Beschreibung einer zukünftigen Schule. In: Dechert, H.-W. (Hg.): Teamteaching in der Schule. München, S. 37–76.

Mächtle, Th./Witthaus, U. (2002): Bildungstests – mehr Transparenz für Bildungsinteressierte? In: Wiss. Diskussionspapapiere des BiBB, Heft 62, S. 45–84.

Mangold, W. (1960): Gegenstand und Methode des Gruppendiskussionsverfahrens, Frankfurt a.M.

Meyer-Althoff, M. (Hg.) (1978): Evaluation II, Versuche und Erfahrungen mit Selbstevaluation. Hamburg (Hochschuldidaktische Arbeitspapiere 11).

Ministerium für Bildung, Wissenschaft, Forschung und Kultur des Landes Schleswig-Holstein (2000): STEVkonkret, Februar 2000.

Moldaschl, M. (1997): Arbeitsorganisation und Leistungspolitik, In: Hirsch-Kreinsen, H. (Hg.): Organisation und Mitarbeiter im TQM. Berlin/Heidelberg, S. 63–95.

Neumeier, M./Grabowski, R. (2001): Zentrale Regulierung von Qualitätsstandards versus kundegerechtes Qualitätsmanagement in der pluralistischen beruflichen Weiterbildung. In: Arbeitsstab Forum Bildung (2001): Qualitätsentwicklung und Qualitätssicherung im internationalen Wettbewerb. Materialien des Forum Bildung 8, Köln. S. 67–72.

Ollenschläger, G. (2001): Von der Qualitätskontrolle zum Total Quality Management. In: Qualitätsmanagement – Aspekte, Ansätze und Entwicklungen. Bundeszentrale für gesundheitliche Aufklärung, Köln, S. 98–112.

Öss, A. (1994): Total Quality Management: Eine Ganzheitliche Unternehmensphilosophie. In: Stauss, B. (Hg.): Qualitätsmanagement und Zertifizierung. Wiesbaden, S. 199–222.

Pasternak, P. (2001): Hochschulqualität: Ein unauflösbares Problem und seine Auflösung. In: Olbertz, J.-H./Otto, H.-U.: Qualität von Bildung (Arbeitsberichte 2001). Wittenberg, S. 105–126.

Pellert, A. (1999): Die Universität als Organisation. Wien.

Pellert, A. (2000): Organisationsentwicklung. In: Hanft, A. (Hg.): Grundbegriffe des Hochschulmanagements. Neuwied/Kriftel, S. 342–348.

Pellert, A. (2002): Hochschule und Qualität. In: Reil, Th./Winter, M. (Hg.): Qualitätssicherung an Hochschulen: Theorie und Praxis. Forum der Hochschulpolitik hg. von der HRK. Bielefeld, S. 21–29.

Petrick, K. (1994): Auditierung und Zertifizierung von Qualitätsmanagementsystemen mit Blick auf Europa. In: Stauss, B. (Hg.): Qualitätsmanagement und Zertifizierung, Wiesbaden, S. 93–126.

Pollock, F. (1955): Gruppenexperiment, Frankfurt a.M.

Posch, P. (2002): Erfahrungen mit dem Qualitätsmanagement im Bildungswesen in Österreich. In: Zeitschrift für Erziehungswissenschaft Heft 4/2002, S. 598–613.

Reil, Th. (2004): Verbindung von Evaluations- und Akkreditierungsverfahren. In: HRK/Projekt Q (Hg.): Evaluation und Akkreditierung. Beiträge zur Hochschulpolitik 1/2004, S. 97–106.

Reil, Th./Schade, A./Tauch, C. (2000): Slowly but surely. EAIE Forum, S. 25.

Reil. Th./Winter, M. (Hg.) (2002): Qualitätssicherung an Hochschulen: Theorie und Praxis. Forum der Hochschulpolitik hg. von der HRK. Bielefeld.

Sauter, E. (2001): Qualitätssicherung in der beruflichen Weiterbildung – Stand und Handlungsbedarf. In: Arbeitsstab Forum Bildung, S. 60–66.

Schade, A. (2002): The System of Accreditation in Germany. Bonn.

Schratz, M. (2001 a): Peers und andere kritische FreundInnen. In: Friedrich Jahresheft, o. Ortsangabe, S. 67.

Schratz, M. (2001 b): Methodenkoffer. Erste Hilfe zur Selbstevaluation. In: Friedrich Jahresheft, o. Ortsangabe, S. 113–136.

Schreiterer (2001): Benchmarking, In: Hanft, A.: Grundbegriffe des Hochschulmanagements, Neuwied/Kriftel.

Schulz von Thun, F. (1981): Miteinander reden: Störungen und Klärungen, Hamburg.

Schwan, R./Kohlhaas, G. u.a. (2002): Qualitätsmanagement in Beratungsstellen. Kap. 2 Konzepte des EFQM-Excellence Modells, S. 25–34. Weinheim.

Schwarz-Hahn, St./Rehburg, M. (2004): Bachelor und Master in Deutschland. Münster.

Schwarz, S./Westerheijden, D.F. (2005): Akkreditierung und Evaluation: Eine vergleichende Studie im Hochschulraum Europa. In: Schwarz, S./Westerheijden, D.F./Rehburg, M. (Hg.): Akkreditierung im Hochschulraum Europa, S. 9–52.

Shapiro, J. Z. (1985): Evaluation research and educational decision-making. A Review of the literature. In: Smart, J. C. (ed): Higher Education, Handbook of theory and research. Bd II, p. 331–347.

Simon, W. (2001): Die Qual der Wahl – das ‚richtige' Qualitätsmanagement für die Gesundheitsförderung. In: Forschung und Praxis der Gesundheitsförderung Band 15, Bundeszentrale für gesundheitliche Aufklärung, Köln, S. 116–128.

Sommerfeld, V. (1999): Qualität als Drohung und Chance – Professionalisierung in Kindertageseinrichtungen durch Supervision. In: Kühl, W. (Hg.), Qualitätsentwicklung durch Supervision. Münster, S. 163–173.

Spieß, C.K./Tietze, W. (2001): Gütesiegel als neues Instrument der Qualitätssicherung von Humandienstleistungen. DIW Diskussionspapier Nr. 243, Berlin, S. 19.

Sproß, K. (1999): Ernst genommen werden. DUZ 7/1999, S. 12.

Stiftung Warentest (Hg.) (2002): Machbarkeitsstudie Bildungstests. In: DIE Zeitschrift für Erwachsenenbildung, H III, S. 43–44.

Terhart, E. (2000): Qualität und Qualitätssicherung im Schulsystem. In: Zeitschrift für Pädagogik 46. Jg., Nr. 6, S. 809–829.

Tietze, W./Meischner, T./Gänsfuß, R./Grenner, K./Schuster, K.-M./Völker, P./Rossbach, H.-G. (1998): Wie gut sind unsere Kindergärten? Neuwied.

Tietze, W. (2001): Qualitätsfeststellung und Qualitätsentwicklung im Elementarbereich. In: Arbeitsstab Forum Bildung: Qualitätsentwicklung und Qualitätssicherung im internationalen Wettbewerb. Materialien des Forum Bildung 8, Köln. S. 21–28.

Titze, H. (2002): Die Evaluierung des Bildungswesens in historischer Sicht. In: Zeitschrift für Erziehungswissenschaft. Heft 4, 5. Jahrgang, S. 552–569.

Vedder, G. (2001): Informationsökonomische Analyse der Wirkung von Qualitätsmanagement-Zertifikaten. In: Wächter, H./Vedder, G. (Hg): Qualitätsmanagement in Organisationen, Wiesbaden, S. 51–71.

Voigt, P. (2003): Qualitätsentwicklung in der Jugendhilfe am Beispiel von Kindertagesstätten, Diplomarbeit an der Universität Hannover, Institut für Erziehungswissenschaften, Juli 2003, S. 71.

Weber, K. (2003): Innovation durch Evaluation in der beruflichen Weiterbildung. In: Gogolin, I./Tippelt, R. (Hg.): Innovation durch Bildung. Opladen, S. 422–436.

Weick, Karl E. (1976): Educational organizations as loosely coupled systems. In: Administrative Science Quarterly 21, S. 1–19.

Weishaupt, H./Preuschoff, C. (2002): Die Bewertung der erziehungswissenschaftlichen Forschung durch das CHE. In: Erziehungswissenschaft 13. Jahrgang, Heft 25.

Wenzel, H. (2001): Qualität von Schule. In: Olbertz, J.-H./Otto, H.-U.: Qualität von Bildung (Arbeitsberichte 2001). Wittenberg, S. 45–57.

Widmer, Th. (2000): Qualität der Evaluation – Wenn Wissenschaft zur praktischen Kunst wird. In: Stockmann, R. (Hg.): Evaluationsforschung. Opladen.

Zech, R. (2004): Lernerorientierte Qualitätstestierung in der Weiterbildung. Das Handbuch. Hannover.

Zink, K. (1995): Total Quality Management: Begriff und Aufgaben. In: Preßmar, D.: Total Quality Management I. Schriften zur Unternehmensführung, Band 54, Wiesbaden.

Zollondz, H.-D. (2002): Grundlagen Qualitätsmanagement, München/Wien.

12 Internetadressen

- Standards für Evaluation: http://www.degeval.de
- Anke Hanft 2003:
  http://evanet.his.de/evanet/forum/pdf-position/HanftPosition.pdf
- Deutsches Institut für Erwachsenenbildung (DIE): http://www.die-bonn.de
- Qualitätstestierung im Weiterbildungsbereich:
  http://www.artset-lqw.de/html/verfahren.html
- Lernerorientierte Qualitätstestierung in der Weiterbildung:
  http://www.artset-lqw.de/Abschlussbericht.pdf
  http://www.artset-lqw.de/Wirkungsanalyse_LQW2.pdf
- Bundesinstitut für Berufsbildung (BiBB):
  http://www.bibb.de/dokumente/pdf/wissenschaftliche_diskussionspapiere_62.pdf
- Deutsche Akkreditierungsagenturen:
  ZEvA
  ACQUIN
  AQAS
  FIBAA
  ASIIN
  AHPGS
- Akkreditierungsrat: http://www.akkreditierungsrat.de
- Bologna-Prozess: http://www.bologna-berlin2003.de
- Informationen, Handreichungen und Dokumente zu Evaluation im Hochschulbereich:
  http://evanet.his.de
- Jürgen Kohler: http://evanet.his.de/evanet/forum/pdf-dokumentation/Kohler.pdf
- Zielvereinbarungen: Elisabeth Michaelis, M.A. EvaNet – Netzwerk für
  Hochschulevaluation von HIS/HRK Zielvereinbarungen in Hochschulen:
  Eine Materialsammlung
- Qualifikationsrahmen für deutsche Abschlüsse:
  http://www.kmk.org/doc/beschl/BS_050421_Qualifikationsrahmen_AS_Ka.pdf

13 Best Practice:
Rationale and guidelines for achieving best practice
Colleen Liston, Managing Quality and Standards, Philadelphia 1999, S. 102-113

In order to integrate best practice principles, the following guide provides a list of key points to be addressed, and a checklist for each for assessing compliance. Guidelines are best developed at the institutional level. However, faculties, divisions and operational units (schools and departments) should interpret the criteria within their own structure and context to work through the guide.

Under each list of best practice principles relating to seven key points, questions targeted to specific elements are presented in checklists. Each question should be answered contextually, and in the light of the institution's diverse needs.

Best practice key point 1: Leadership

The leader should:
1. Provide clear strategic directions, communicate the vision, inspire and influence staff.
2. Create an environment for quality practices and management, such as ethical decision-making processes.
3. Reinforce the values of the institution.
4. Promote improvement and facilitate change by putting in place approaches, systems and structures, including reward mechanisms.
5. Pursue strategies for involving all levels of management in the integration of quality into day-to-day activities.
6. Encourage involvement with the broader community, including the international community.
7. Assess the extent to which the practices and principles of quality have become integrated within the institution.
8. Assess the extent to which the institution's values have been adopted and become part of the way in which activities are conducted.

Leadership (best practice checklist)

1. *Senior executives* (vice-chancellor, president, CEO, DVCs, executive directors, deans)
   (a) What training do senior executives have in quality management principles?
   (b) Do senior executives promote quality management principles?
   (c) How are institutional values introduced and reinforced through leadership at the executive level?
   (d) How are senior executives involved in managing change and implementing a quality culture?
   (e) What initiatives do senior executives take to promote unity of purpose and eliminate departmental barriers within the institution?

2. *Management involvement*
    (a) What key strategies for involving all levels of management and supervision in quality principles, management, practices and procedures are taken?
    (b) What are the principal roles and responsibilities at each level?
    (c) How are quality principles integrated into day-to-day management activities, including meetings, decision-making and planning?
    (d) What steps are taken by management to assess the effectiveness of its approaches and to improve or change its approaches to integrate quality into day-to-day management?

3. *Community leadership*
    (a) How does the institution incorporate ethics, social justice, equity, occupational health and safety and environmental responsibility into its policies and practices?
    (b) To what extent are staff engaged in the promotion of quality awareness in the sharing of experience and knowledge and in other quality-related activities among community, business, trade, education, health and government or other external organizations?
    (c) How does the institution and its senior management encourage such staff involvement?

Best practice key point 2: Strategy, policy and planning

Senior executives and managers should:
1. Generate values that reflect best practice principles.
2. Translate values and implement them in daily operations.
3. Involve the institution's community, both internal and external, in the development of the institution's values.

Policy and planning (best practice checklist)

1. *Integration of organizational values*
    (a) How do employees at all levels contribute to the development of the institution's values and related policies?
    (b) Are the institution's values clearly reflected in its vision and mission, objectives, policies and guidelines, and are they incorporated in best practice principles?
    (c) Are the institution's values communicated effectively to all employees at every level?
    (d) Are all employees at every level involved in ongoing communication and deployment of values and policies?
    (e) Can the institution's values be seen to have affected all its operations?
    (f) Does the institution measure the acceptance of and commitment to its values?

2. *The planning process* (how strategic plans are developed and deployed via business planning, operational planning and action plans to achieve the best use of resources)
    (a) How does the institution incorporate its values in plans and associated indicators to track performance?
    (b) How does the institution use the planning process to operationalize its values?
    (c) How are the needs of all stakeholders used in the development of plans and key indicators?
    (d) What is the role of employees at all levels in the development of plans?

(e) Are short-term and long-term goals prioritized at all levels in relation to the institution's plan?

(f) Do high-level short-term and long-term plans contain implementation strategies, performance measures, critical success factors and targets, and resource allocation commitments (e.g. people, physical, technological, financial, information)?

(g) Are goals and principles relating to quality incorporated into the planning process?

(h) Is the focus for improvement aligned to strategic objectives?

(i) Are client and stakeholder requirements, student and staff capabilities, competitive and benchmark data used in the development of plans, policies and objectives?

(j) Is the effectiveness of planning processes and implementation of plans monitored, evaluated and reviewed?

Best practice key point 3: Information and analysis

There should be evidence of:

1. Appropriate data and information which are valid and of high quality.
2. Competitive comparisons and benchmarks.
3. Analysis and use of data and information.
4. Organizational performance indicators.

Information and analysis (best practice checklist)

1. *Scope and collection of data and information*
    (a) What criteria are used for data and information selection, and how are the types of data linked to plans?
    (b) How are data reliability, consistency, standardization, timeliness, and access reviewed?
    (c) What steps are taken to evaluate and improve the reliability, consistency, standardization, cycle time, analysis and dissemination of data?

2. *Benchmarking*
    (a) Are comparative performance data collected?
    (b) Is there any involvement in benchmarking processes?
    (c) Are best practices found and adopted?
    (d) Are the processes for collecting such data, involvement in benchmarking and adopting best practice evaluated?

3. *Analysis and use of data and information*
    (a) Have steps been taken to develop the understanding of statistical and other tools for the analysis of data, including trend data?
    (b) Are variations reflected in key policies and activities?
    (c) How are assessment, and improvement of analysis and use of data, evaluated?

4. *Organizational performance indicators*
    (a) Are measures and indicators established to monitor performance; how are these reported and used in review and planning processes?
    (b) Are these measures used to predict future performance targets?
    (c) Are trends analysed and conclusions drawn to inform the planning process?

Best practice key point 4: People

Management should:
1. Create an environment conducive to participation, trust, teamwork, empowerment, personal leadership, personal growth and pride in performance.
2. Create an environment that enables the full potential of staff to be realized.
3. Involve staff at all levels (including casual) in day-to-day activities and continuous improvement.
4. Align human resource management objectives with the institution's objectives and strategic directions.

People (best practice checklist)

1. *Human resource management planning*
    (a) Are human resource plans integrated with the institution's plan, the vision, mission, goals and value statements, objectives, policies and guidelines?
    (b) Are human resource priorities related to the institution's priorities, including key strategies to increase the involvement, effectiveness, productivity and satisfaction of the organization's people?
    (c) What processes are in place to evaluate and improve human resource planning?

2. *Staff involvement*
    (a) Does the institution provide for and respond to teamwork, suggestion schemes and other forms of staff participation initiatives?
    (b) What specific mechanisms empower staff to act, take initiatives and accept responsibility?
    (c) Has the concept of the internal client been promoted and used?
    (d) What principal indicators are used to evaluate the extent and effectiveness of staff involvement, and how are these indicators (including trend data) used?

3. *Performance management*
    (a) Is a performance management system in place that recognizes and rewards individuals and groups?
    (b) Do the institution's staff development processes include career-path planning?
    (c) Are the above processes and systems related to the institution's value statements and objectives?
    (d) Is the effectiveness of performance management systems and processes evaluated, with findings used to improve strategies and plans in these areas?

4. *Education and training*
    (a) Do the approach and rationale used to decide the education and training needed by staff link directly to the institution's strategic directions and plans, including:
    skills training;
    multi-skilling;
    use of process control and improvement;
    general education for future needs?
    (b) Are statistics and costing maintained on staff education and training?
    (c) Are processes in place to improve, and to assess the effectiveness of, the institution's education and training activities?

5. *Well-being and morale*
   (a) Does the institution measure key indicators and trends in staff well-being and morale?
   (b) What action is taken to resolve identified problems and weaknesses, in matters such as:
   absenteeism;
   staff turnover;
   satisfaction;
   grievances;
   strikes;
   workers' compensation claims?
   (c) Do staff mobility, flexibility and retraining support the transition to new technologies, and lead to improved productivity or changes in work processes?
   (d) What special facilities, services and opportunities exist at the institution for staff, e.g. counselling;
   assistance (e.g. child care, health services, financial services);
   recreational or cultural facilities;
   non-work-related educational opportunities?
   (e) How are issues like safety and health, staff satisfaction and ergonomics included in improvement activities; what goals, methods and trends are identified?
   (f) How are internal or external environmental changes managed to promote the well-being of the institution's staff?

6. *Communication*
   (a) What principal mechanisms exist for communication between management and staff?
   (b) What types of information are provided and how frequently?
   (c) What processes are established for communication among staff?
   (d) Have special initiatives taken place to address the quality focus (such as discussion and information forums)?
   (e) Are communication processes evaluated for effectiveness; are supporting data gathered to reflect trends?

Best practice key point 5: Client focus

Management should:
1. Anticipate, identify, respond to and satisfy the needs and expectations of the institution's external clients.
2. Reinforce the importance of external clients throughout the institution's operations.
3. Develop and improve the institution's external client interface processes.
4. Improve and seek further to improve client satisfaction and loyalty.

Client focus (best practice checklist)

1. *Knowledge of clients' needs and expectations*
   (a) Are mechanisms in place to determine clients' current and future requirements; to identify their relative importance?
   (b) Are market and environmental-scanning data used?
   (c) How are identified requirements communicated to relevant areas throughout the institution?
   (d) What methods are used to ensure that requirements are understood, to assess effectiveness of the processes used and to collect data to show improvements?

2. *Client relationship management*
   (a) How does the institution evaluate the following:
       client relations' management;
       accuracy in responding to queries;
       timeliness of feedback and responses;
       client satisfaction?
   (b) How are these factors used to improve training, technology, customer-focused management practices?

3 *Client satisfaction*
   (a) Has the quality of product (e.g. courses, research findings, publications) and service (e.g. consultancy) been linked to trend shifts in market share?
   (b) How is such information used in the institution, and what are the resulting actions and consequences?
   (c) Is client satisfaction compared or benchmarked with others, internally, or against national and international competitors?

Best practice key point 6: Quality of process, product and service

Management should:
1   Understand the processes, products and services provided.
2. Empower staff to be innovative and creative in undertaking processes and delivering products and services to the satisfaction of clients.
3. Continuously evaluate the effectiveness of its processes, products and services to improve performance.
4. Embrace quality management in all operations which affect the delivery of products and services.

Quality of process, product and service (best practice checklist)

1. *Design and innovation*
   (a) How does the institution create, discover and evaluate new techniques and technologies?
   (b) How do such activities assist the achievement of sufficiently high levels of performance?
   (c) How does the institution encourage and enable innovation throughout its operations, in the design of its courses, in services and in the improvement of its core processes in teaching and learning and research?
   (d) Are the needs of students and other stakeholders incorporated into the design or redesign of courses and services?
   (e) What methods ensure that quality is built in at all stages of the creation of new courses and services?
   (f) How does the institution evaluate and improve the effectiveness of its designs and design processes so that the introduction of new courses and services progressively improves the quality of these products to meet established sufficiently high performance standards and the needs of clients?

2. *Supplier (secondary education sector and recruiting) relations and quality improvement*
   (a) What is the supplier relationship process – how are suppliers chosen and relationships established?
   (b) Does the institution involve suppliers and other education sectors in improvement processes?

3. *Management and improvement of processes*
   (a) What standards does the institution recognize and uphold?
   (b) To what extent has the institution been successful in meeting such requirements or what progress has been achieved?
   (c) How has compliance to meet performance criteria been incorporated into the institution's overall quality improvement effort?
   (d) What principal approaches does the institution use to assess quality of product and service?
   (e) With reference to key performance quality indicators, what evidence is there of improvement?
   (f) What key measures exist for evaluating process performance and improvement in:
      human resource management?
      capital management?
      budget management?
      research indices?
      teaching indices?
      student progress data?
   (g) Are these key measures used in determining the effectiveness of improvements, to provide evidence of, and to enhance, improvement?
   (h) Does the institution incorporate the standardization of procedures into operations and how are these standards continually reviewed?
   (i) How is the effectiveness of quality systems and quality practices reviewed, audited and improved?
   (j) How does product and service performance compare with competitors and world-class performance?

Best practice key point 7: Organizational performance

Management should ensure that:
1. Value is added to the organization and its stakeholders.
2. Benefits are gained for all stakeholders.
3. Financial performance is improved.

Organizational performance (best practice checklist)

1. *Results and outcomes*
   (a) How does the institution evaluate the depth and breadth of initiatives towards achieving best practice and the extent to which aims were achieved?
   (b) For each defined indicator, were trend data gathered?
   (c) Where appropriate, are results compared or benchmarked with similar national and international organizations?
   (d) How are data on performance indicators used to monitor business risks that could impact on the institution's performance?

2. *Improvement*
   (a) How does the institution review the effectiveness and appropriateness of the approaches described and their deployment, and build on the knowledge gained to improve continually?

Waxmann

MÜNSTER · NEW YORK · MÜNCHEN · BERLIN

STUDIENREIHE BILDUNGS- UND WISSENSCHAFTSMANAGEMENT

herausgegeben von Anke Hanft

Band 1

Ulrich Teichler

Hochschulsysteme und Hochschulpolitik

Quantitative und strukturelle Dynamiken, Differenzierungen und der Bologna-Prozess

2005, 160 Seiten, br., 24,90 €, ISBN 978-3-8309-1566-9

Die quantitative und strukturelle Gestalt des Hochschulwesens gehört seit jeher zu den interessanten wie kontroversen Themen der Hochschulpolitik. Fragen wie die nach einer Erhöhung oder Verringerung der Studierendenquote, nach der europaweiten Vereinheitlichung der Studiengänge (Bologna-Prozess) sowie nach der Qualität des Hochschulstudiums sowohl im innerdeutschen als auch im internationalen Vergleich haben in den vergangenen Jahren an Aktualität gewonnen. Die Zukunft der europäischen Hochschullandschaft im Spannungsfeld von nationalen Besonderheiten und Differenzierungen auf der einen Seite und dem europäischen Trend zur „strukturellen Konvergenz" erscheint offener denn je.

Zu diesem komplexen Themenfeld will diese Studie ebenso informierend wie erklärend beitragen. International und zeitgeschichtlich vergleichend werden Grundzüge des Hochschulwesens vorgestellt, nationale Unterschiede und Entwicklungslinien beschrieben sowie verschiedene Leistungsanforderungen an und politische Konzepte für die Hochschulen aufgeführt. Schlüsselbegriffe bei dieser Diskussion sind einerseits die Expansion der Hochschulen hinsichtlich der Studierendenzahlen, andererseits die Differenzierung von Hochschulformen und Studiengängen – sowohl innerhalb der jeweiligen nationalen Hochschulsysteme als auch auf internationaler Ebene.

Waxmann

Band 2

Hans Pechar

Bildungsökonomie und Bildungspolitik

2006, 148 Seiten, br., 24,90 €, ISBN 978-3-8309-1594-2

Der Begriff „Bildung" hat im deutschen Sprachraum einen besonderen Klang: Bildung gilt als Selbstzweck, nicht als Mittel für andere Zwecke. Dieses Buch thematisiert Bildung aber aus einer ökonomischen und politischen Perspektive. Es wird nach den Kosten von Schulen und Universitäten gefragt. Und diese Fragen werden in einen politischen Kontext gestellt, denn in allen Ländern befindet sich zumindest ein Teil des Bildungswesens in öffentlicher Verantwortung. Der Autor greift die ökonomischen Argumente auf, die in der bildungspolitischen Diskussion laufend an Gewicht gewonnen haben und zeigt zugleich die Grenzen einer „Ökonomisierung" von Bildungseinrichtungen auf.

Diese Analyse umfasst alle Stufen des Bildungssystems, von der vorschulischen Erziehung bis zur Weiterbildung. Der Autor greift dabei eine Reihe hochaktueller bildungspolitischer Problemstellungen auf. Unter anderem diskutiert er die Frage, ob Bildung als öffentliches oder privates Gut zu sehen und von wem sie zu finanzieren ist, und leistet damit einen Beitrag zur Versachlichung der Diskussion über die Einführung von Studiengebühren.

Band 3

Stephan Laske, Claudia Meister-Scheytt, Wendelin Küpers

Organisation und Führung

2006, 170 Seiten, br., 24,90 €, ISBN 978-3-8309-1595-9

Bildungs- und Wissenschaftseinrichtungen als lernende Organisationen besitzen eine andere Logik als „normale" Organisationen und benötigen als relativ lose gekoppelte Systeme (Weick) andere strukturelle Bedingungen und Führungsphilosophien für die eigene Weiterentwicklung. Band 3 der Studienreihe beschäftigt sich mit der schwierigen Aufgabe einer professionellen Steuerung von Bildungs- und Wissenschaftseinrichtungen angesichts der aktuellen komplexen wirtschaftlichen, technologischen und gesellschaftlichen Rahmenbedingungen (und deren Dynamik).

Waxmann

Band 4

Erhard Schlutz

Bildungsdienstleistungen und Angebotsentwicklung

2006, 148 Seiten, br., 24,90 €, ISBN 978-3-8309-1646-8

Bildungsinteressierte haben prinzipiell die Wahl, ob sie einen Kompetenzzuwachs allein durch Eigenleistung erzielen oder sich dabei durch Bildungsdienstleistungen unterstützen lassen wollen. Differenzierter werdende Bedarfe verlangen von Anbietern zudem, Angebote variabler zu gestalten und an innovativen Bildungsdienstleistungen zu arbeiten, die das klassische Seminarangebot ergänzen oder überschreiten.

Indem er bildungswissenschaftliche und betriebswirtschaftliche Aspekte miteinander verbindet, legt dieser Band Grundlagen für eine bedarfsgerechte und innovative Angebotspolitik.

Band 5

Ekkehard Kappler

Controlling
Eine Einführung für Bildungseinrichtungen und andere Dienstleistungsorganisationen

2006, 202 Seiten, br., 29,90 €, ISBN 978-3-8309-1647-5

„Controlling" meint Unternehmenssteuerung. Dies kann erreicht werden, wenn Menschen in Organisationen die Möglichkeiten und Grenzen der (Controlling-)Instrumente einschätzen können.

In Bildungseinrichtungen gibt es eine entfaltete Evaluierungsdebatte und -praxis. Sie hat deutlich gemacht, dass sich nicht alle entscheidenden Informationen in Zahlen ausdrücken lassen. Das soll nicht daran hindern, auch den zahlenmäßigen Ausdruck zu versuchen. Er wird in vielen Fällen hilfreich sein. Von vornherein wahrer als die Sätze ist er nicht. Auch Zahlen erzählen „nur" Geschichten – auf ihre Weise. Die Kommunikation von und über Zahlen und Wörter ist daher das besondere Thema dieses Buches.

MÜNSTER · NEW YORK · MÜNCHEN · BERLIN

Waxmann

Band 6

Margret Bülow-Schramm

Qualitätsmanagement in Bildungseinrichtungen

2006, 154 Seiten, br., 24,90 €, ISBN 978-3-8309-1752-6

Qualitätsmanagement in Bildungseinrichtungen ist seit Mitte der 1990er Jahre eine Kernaufgabe von Bildungseinrichtungen. Finanzmittelknappheit, Standortsicherung und internationaler Wettbewerb sind die Schlagworte, die mit diesem Prozess verknüpft werden.

In diesem Buch geht es darum, die Aufgaben von Qualitätsmanagement sowohl anwendungsnah wie umfassend zu analysieren.

Die Qualität der Angebote der verschiedenen Bildungseinrichtungen bei gleich bleibendem oder sogar sinkendem Etat zu erhöhen ist eine der zentralen Aufgaben des Qualitätsmanagements. Die optimale Nutzung der vorhandenen Ressourcen, der physikalischen Gegebenheiten und der Infrastruktur zur bestmöglichen Versorgung der Region mit Bildungsangeboten ist eine weitere. Und schließlich ist das Messen an anderen Anbietern, das Herausstellen der eigenen Stärken und der Nachweis der Fähigkeit, weltweit konkurrieren zu können ein drittes Feld.

In allen Bereichen ist eine Hinwendung zu ganzheitlichen Konzepten zu beobachten, die hierarchische Qualitätskontrollen ablösen sollen. Der Aufbau und die Inhalte der verschiedenen Qualitätssicherungskonzepte, die Frage ihrer Angemessenheit an die Erfordernisse des Bildungssektors sind Gegenstand der Reflexion. Die behandelten Bildungseinrichtungen reichen vom Kindergarten bis zur Weiterbildung mit jeweils differenten Zielen und Instrumenten. Ihre Analyse, ihr neuester Stand und ihre Handhabung stehen im Mittelpunkt des Buches, um so den Führungskräften und den Machern in Bildungseinrichtungen einen professionellen und kritischen Umgang mit Qualitätsmanagement zu ermöglichen.

Der europäischen Dimension von Qualitätsmanagement wird insbesondere im Hochschulbereich Rechnung getragen, der dabei ist, sich als Vorreiter einer europäischen Gestaltung von Qualitätsmanagement zu profilieren.

MÜNSTER · NEW YORK · MÜNCHEN · BERLIN